"十二五"国家重点图书出版规划项目
新视野教师教育丛书·当代教育伦理学译丛

伦理学与教育政策

〔美〕肯尼思·A. 斯特赖克（Kenneth A. Strike） 主编
〔加〕基兰·伊根（Kieran Egan）

刘世清　李云星　等译

著作权合同登记号　图字：01-2011-2204

图书在版编目(CIP)数据

伦理学与教育政策/(美)肯尼思·A. 斯特赖克(Kenneth A. Strike)，(加)基兰·伊根(Kieran Egan)主编；刘世清，李云星等译.—北京：北京大学出版社，2013.3

(新视野教师教育丛书·当代教育伦理学译丛)

ISBN 978-7-301-22201-0

Ⅰ.①伦… Ⅱ.①斯… ②伊… ③刘… ④李… Ⅲ.①伦理学②教育政策 Ⅳ.①B82②G510

中国版本图书馆 CIP 数据核字(2013)第 030398 号

Ethics and Educational Policy/Edited by Kenneth A. Strike, Kieran Egan/ ISBN 978-0-415-56415-1

Copyright © 1978 by Routledge Press.

Authorized translation from English language edition published by Routledge Press，part of Taylor & Francis Group LLC；All rights reserved；本书原版由 Taylor & Francis 出版集团旗下，Routledge 出版公司出版，并经其授权翻译出版。版权所有，侵权必究。

Peking University Press is authorized to publish and distribute exclusively the Chinese (Simplified Characters) language edition. This edition is authorized for sale throughout Mainland of China. No part of the publication may be reproduced or distributed by any means, or stored in a database or retrieval system, without the prior written permission of the publisher. 本书中文简体翻译版授权由北京大学出版社独家出版并仅限在中国大陆地区销售。未经出版者书面许可，不得以任何方式复制或发行本书的任何部分。

Copies of this book sold without a Taylor & Francis sticker on the cover are unauthorized and illegal. 本书封面贴有 Taylor & Francis 公司防伪标签，无标签者不得销售。

书　　　名：	伦理学与教育政策
著作责任者：	〔美〕肯尼思·A. 斯特赖克(Kenneth A. Strike) 〔加〕基兰·伊根(Kieran Egan) 主编　刘世清　李云星　等译
丛 书 策 划：	邱　懿
责 任 编 辑：	赵学敏(pupedu@163.com)
标 准 书 号：	ISBN 978-7-301-22201-0/G·3591
出 版 发 行：	北京大学出版社
地　　　址：	北京市海淀区成府路 205 号　100871
网　　　址：	http://www.pup.cn　新浪官方微博：@北京大学出版社
电 子 信 箱：	zyjy@pup.cn
电　　　话：	邮购部 62752015　发行部 62750672　编辑部 62754934　出版部 62754962
印　刷　者：	北京富生印刷厂
经　销　者：	新华书店
	787 毫米×1092 毫米　16 开本　11.75 印张　220 千字
	2013 年 3 月第 1 版　2015 年 4 月第 2 次印刷
定　　　价：	32.00 元

未经许可，不得以任何方式复制或抄袭本书之部分或全部内容。

版权所有，侵权必究

举报电话：(010)62752024　电子信箱：fd@pup.pku.edu.cn

当代教育伦理学译丛

丛书主编 陆有铨 杜成宪
编委会成员 （按姓氏笔画为序）
      卜玉华 刘世清 杜成宪 陆有铨
      武云斐 黄向阳 程 亮 鞠玉翠

教育部人文社会科学青年基金项目"教育政策伦理问题研究"成果(项目编号:07JC880032)

教育部人文社会科学规划基金项目"从管理走向治理:转型期我国教育公共治理机制研究"成果(项目编号:11YJA880066)

"当代教育伦理学译丛"总序

  严格来说,教育伦理学主要是从"道德的立场"出发,探究教育领域中的各种"道德"现象或问题。单就渊源来说,教育伦理学大体可以上溯到苏格拉底(和柏拉图)对"美德是否可教"的原初追问。其后,许多思想家和教育家往往"悬置"这一前提问题,直接将道德或美德作为教育的目的或内容提出来。启蒙运动后期,随着教育学的初步建立,伦理学逐渐构成了教育学的理论基础。只是到了19世纪末20世纪初,教育伦理学才在杜威(Dewey, J.)的推动下走到了历史的前台:他不仅在芝加哥大学开设了"教育伦理学"课程,形成了"教育伦理学"著作,更为重要的是将伦理的视角从教育的目的或内容层面转向教育的程序或制度层面,将关注的重心从"教以道德"转向"道德的教"。

  不过,杜威的这一开创性工作在其后的半个多世纪里并未引起应有的重视。直到20世纪60年代,英国分析教育哲学家彼得斯(Peters, R. S.)才通过语言分析的方法,以批判的方式厘清了"教育"概念所内含的道德标准。罗尔斯发表《正义论》(1971)之后,分析哲学式微,规范哲学重新焕发活力。在这一背景下,包括索尔蒂斯(Soltis, J. F.)、斯特赖克(Strike, K. A.)、古德莱德(Goodlad, J.)在内的一批教育学者纷纷转向,关注教育或教学的伦理维度;有的探讨教育(或教学)作为一项事业或实践的道德性质,有的分析教育(或教学)作为一门专业的伦理要求,还有的关注教师在教育实践中承担的道德角色、遭遇的伦理困境、采取的伦理反思等。由此,教育伦理学在西方进入了一个大发展的时期,论域更加丰富,方法更加多元,积累了众多卓有影响的成果。

  相比较而言,我国教育伦理学的发展要滞后不少。在20世纪二三十年代,我国就有了"教育伦理学"的称谓,比如,范寿康在《教育哲学大纲》中单列了"教育伦理学"一部,后又为唐钺等人主编的《教育大辞书》撰写了"教育伦理学"辞条;丘景尼先生出版了《教育伦理学》一书,只是实际讨论的主要是道德教育。直到改革开放以后,"教育伦理学"概念才重新回到人们的视野,虽又出版了一些以此为名的著作,但内容上主要是教师职业道德。新近也不乏讨论道德与教育的一般性论著,但总体来说,似乎都对当代西方教育伦理学的进展鲜有观照。更为重要的是,这些教育伦理研究在论域和视野上都显得有些狭隘,难以应对社会转型期我国教育领域所呈现的纷繁复杂的道德或伦理问题。实际上,不仅学生的道德教育和教师的职业操守,需要从伦理层面进行审视,而且包括国家或地方所推行的各种教育政策和制度,学校层面推进的各种改革举措,都不能仅仅只是在"有效"、"效益"或"效用"的框架下进行评判,还需要接受"是否公平"、"是否公正"、"是否尊重学生的权利"之类的正当性质询。当前我国教育领域凸显的各种道德或伦理问题,都对我国教育伦理学的学科建设和发展提出了更为紧迫的要求。

为了适应这种要求,我国一些高校(如北京师范大学、南京师范大学等)设立了"教育伦理学"的专业课程和专业方向。2006年,华东师范大学更是将"教育伦理学"列入研究生自主设置专业学位点,组建了一支教师队伍,成立了"教育伦理学"教研室,以加强这一学科建设的力度。这套"当代教育伦理学译丛"的编委会成员主要是华东师范大学教育伦理学教研室成员。选编该译丛的初衷,就在于译介国外相关成果,帮助我们研究和思考我国的相关问题,为该学科建设做出绵薄贡献。

在具体选译上,我们尽量含涉教育的各个领域(如教育政策、学校管理和变革、教师实践等),囊括伦理学的各种理论传统(如功利主义、康德的义务论、亚里士多德的德性论),关涉自由、平等、正义、关怀、共同体、公民资格等重要议题,但是我们更看重所选著作本身的理论丰富性和前瞻性以及实践批判性和创生性。其中,包括一些经过较长时间检验的经典著作,也不乏在观点上颇具视野和洞见的新近作品;有些是从伦理学理论出发推演教育原则,也有些从教育问题出发追溯伦理依据;有些属于条分缕析又不乏实践意味的理论探讨,有些则是趣味盎然又不乏理论深度的实践反思。总体来说,这套译丛的选编是开放式的,不拘泥于体系,更不限于某家某派。

这套译丛是在华东师范大学陆有铨教授的带领下,在教育学系主任杜成宪教授的支持下,编委会成员及各书译者、编辑通力协作的结晶。编、译肯定还有疏漏和错讹,敬希读者指正。

同时,我们期许在此基础上,能够走出一条适合中国土壤的教育伦理学建设之路!

"当代教育伦理学译丛"编委会
2012年9月

主 编 语

哲学系学子们对于教育哲学的兴趣,正如同他们对于具体与现实教育问题的关注一样,不断增长。当然,自柏拉图以降的哲学家们,就对教育怀有浓厚的兴趣,并在知识与良好生活的广泛意义上来讨论教育问题。但是,准确地说,直到 20 世纪,像科学哲学或者政治哲学一样,教育哲学才被视为哲学的一个具体分支。

然而,将教育哲学视做哲学的具体分支并不意味着它是一个与众不同的分支。一定意义上讲,它并不能与其他早已建立的哲学学科分支,如认识论、伦理学与精神哲学等截然分开。因此,将教育哲学看做是利用早已建立起来的哲学分支,并通过相关的教育问题将这些哲学分支整合在一起的哲学分支或许更为合适。就此而言,政治哲学与教育哲学极其相似。因此,在哲学中,许多应用分支经常是由早已建立或者存在的其他分支构成的。例如,在讨论诸如父母与子女的权利、学校中的惩罚、教师的权威等问题时,这些讨论更可能是哲学家关于"权利"、"惩罚"与"权威"等研究的应用与发展。换言之,在相关哲学分支中,并不存在诸如"教育"、"教学"、"学习"、"教化"等此类概念的研究。因此,在这些情况下,教育哲学家不得不在精神哲学中开垦新的领域。就此而言,研究教育问题不仅能够给生活带来新的意义,而且能够在哲学中给予由来已久的老问题以新的启示。例如,对于特定困境儿童的讨论能够为责任和惩罚带来新的思考。再如,乔治•摩尔(G. E. Moore)的老问题,通过追问在儿童生活中何种类型的事情是善的,也可以为学校课程内容选择的正当理由等此类亟待解决的问题提供新的启示意义。

就像在其他应用学科领域一样,教育哲学中也存在着一种非此即彼的极端化危险。具体言之,教育哲学这项工作可能在实践层面上是有意义的,但是在哲学层面上却是无力的;或者说,在哲学层面上此项工作是复杂的,但它却是远离实践问题的。因此,我们编辑教育哲学之新国际文库的目的在于,为既与实践相关同时又具有哲学意义的这一领域做些奠基性工作。除非它可以同时实现上述两方面的目标,否则它将无法满足有意于此的研究者,同时,也无法实现在国际文库中需要体现的教育哲学观念。

这一本关于"伦理学与教育政策"的论文集继续体现着国际文库编辑工作的一贯方针。它主要聚集于当前备受关注的问题,诸如当下的自由教育、学生的权利与义务、作为教育目标的自治和免费学校的自由、文化多样性和教育机会平等,以及技术与教育价值之间的联系等。这些文章大都是由美国教育哲学界的知名学者撰写的。但是,这些作者并非来自于一个地方,因此它将吸引大西洋两岸广大读者共同的兴趣。同时,它也将有利于回应那些对概念特别感兴趣的教育哲学家的批判,因为他们常常忽视或者想当然地对待主要的政策问题。

R. S. 彼得斯(Richard Stanley Peters)

前　　言

　　本书编辑的论文旨在为文献资料作些许贡献,这些文献资料虽然数量不多,但此类文献却能够恰当地运用哲学技能去辨析和解决诸多教育实践问题。诸如恰当运用哲学技能去分析教育问题这一目标,虽然早已在教育哲学中被明晰的告知,但能够实现这一目标的论文文献却少之又少。在教育实践问题与有效使用哲学技能之间要保持平衡,但是达到这种平衡的困难远远超过在直观上看似应该达到的程度。或者是教育问题清晰但使用的哲学工具不合适或不匹配,或者是源于学院哲学但占主导地位的方法在哲学研究中又不适宜,这两种情况频繁出现,使得教育中关键问题的核心之处常被遗忘而无法触及。如果说,我们将哲学自身的无能为力称之为斯库拉(Scylla)之门[①],那么,就可以将深陷哲学话语漩涡以至于使我们丢失教育目标的研究,称之为卡律布狄斯(Charybdis)之地[②]。

　　在 20 世纪,哲学应用于教育问题的尝试可以被划分为两个截然不同的阶段。而当前,人们通常在如下两者之间作出区别:一种是将教育哲学视为不断生产出一种系统的和一致的世界观,其可以为教育实践提供适宜的建议;而另一种则是近来将教育哲学看做是应用现代哲学工具去分析教育概念。

　　在前一阶段中,综合论立场的倡导者之间经常发生争论,这些综合论的观点常常贴有诸如实用主义(pragmatism)、本质主义(essentialism)、交互主义(transactionalism)、理想主义(idealism)等标签。哲学新手们的训练,包括分析各种观点的构成及其含义,同时还要或多或少给予他们一定的自由,以使他们选择并坚持他或者她在情感上最认同的某种主义。这种教育哲学的概念容易受到那些不合适或者无能为力之斯库拉哲学困境的影响而破产。这种教育哲学包括已基本上被遗弃的哲学思想,即这种被抛弃的哲学思想常被作为一种可以吸收并整合所有人类知识的超级科学。此类教育哲学家的目的是生产或拥护一种哲学观念,这种观念通过实施一系列的措施从而可以为教育实践提供一种宏大视野。然而我们期待最伟大的思想家在持续的与成功的措施下才能做出此类行为。至于其他方面而言,学院哲学与教育哲学之间的鸿沟并没有在哲

[①] 译者注:斯库拉是希腊神话中吞吃水手的女海妖,有六个头十二只手,腰间缠绕着一条由许多恶狗围成的腰环,守护着墨西拿海峡的一侧,常用来比喻凶险之地。

[②] 译者注:卡律布狄斯亦是希腊神话中的海怪,常被描述为一个大漩涡,守卫在墨西拿海峡的另一侧,常被用来比喻非常危险之地。

学训练中给新手们留下任何智力支持,但却导致不断增长的哲学虚无现象。

尽管其哲学意义可能是微弱的,但是在某种意义上来说,这个第一阶段的教育哲学比替换掉它的继任者更有实质意义。这是因为它所宣称的,被作为真正问题的,绝非是人们在一间黑暗的哲学教室里空自谈论的那些问题。这些现实问题被看做是在教育政策辩论中令人称赞的一个组成部分,它的实践者在某些时候也是观念的领导者,有时在教育实践中还可以产生出一系列结果。偶尔,它的主要实践者还是一些在文化上有相当分量的人物,他们的哲学和鉴言甚至可以简化为诸如此类的断言:"让人们像我一样毫无缺点(without the warts)!"这是值得教育者认真聆听的,因为受过此类教育的人们会有一个清晰的合理目标。

在20世纪50年代末和60年代初,第二阶段的教育哲学开始占据主导地位。这一阶段的教育哲学将其目的,尽可能地与曾经在学院哲学中流行的概念——在最普遍意义上与对"分析"(analysis)的强调联系在一起。它的目的是澄清(clarity),它的功用是精确话语的意义,它的焦点是着眼于教育语言。因此,教育哲学家们开始分析诸如认知、教学、学习等诸如此类的概念。

这种新的强调在提升教育哲学的学术质量方面看起来是成功的,但是,为此却付出了沉重的代价——它大大减少了与绝大多数教育者所关心的教育问题的关联性。毕竟澄清仅仅只是一种有限的优势,在诸如以翔实回答的方式叙述问题时,澄清可能是至关重要,但是它并不能回答实质性的问题。在规范意义上或者现实意义上来讲,澄清对于一个术语的意义而言,从未产生任何新的东西。任何人如果想从概念分析中获得事实或者规范意义都将会犯错误。就此而言,此类概念的哲学只是个次级学科。

对于这个次级学科而言,其引发的问题是影响了决策(decision-making)世界,当然,它确实需要去影响那些在现实中真正做过决策的消费者。被卷入哲学分析之卡律布狄斯漩涡的后果之一,是给那些应用大多数教育哲学家研究成果的消费者带来了沉重的损失。当然,许多教育决策者只不过缺乏处理分析类型哲学文献的技能与概念,也缺乏言之有理且令人信服的产品,而这些恰恰都是他们值得努力发展的技能。

这种失望伴随着学院哲学、伴随着从事规范与事实研究的诸多现代教育哲学家的不情愿,已经进一步恶化加重。例如,这种分析类型的哲学可以分析伦理道德话语,但是它却不能告诉一个人如何生活。正因为如此,伦理学被元伦理学(meta-ethics)替代了,同时,严肃的政治哲学和社会哲学也几乎消失了。概念分析意味着专心致力于让一个术语能够被一个合适的共同体使用它。如此,此类通常用法开始主宰着教育话语分析的领域。当前,在赞成审查、批判以及监察这些概念的使用过程中,这种概念分析的后果之一是已经潜在地逃避了试图生产出更多富有意义的功能性概念的目的。正如分析澄清语言一样,日常语言哲学或许可以作为一种有效措施,以促进这种潜在有用的技术词汇的无益发展。例如,教育者可能对于"学习"(leraning)这一概念日常使用的理性关注,相比于物理学家对于"力"(force)这一概念使用的关注来说,一点也不少。源自于学院哲学的这种占主宰地位的关注正逐渐地使教育趋向于意义虚无。

我们已经详述了这种教育哲学的缺点,但没有详论此类教育哲学模式的力量,因为这种缺点已经形成了好多年,并剥夺了对教育的思考与决策,而这些教育思考与决策恰恰是纪律最严明与训练最有素的成果与贡献。这种意义虚无已经被大量盲目的时髦主义所填充。对于教育哲学家来说,一个更有效的角色可能就要到来,这一角色不是作为他们任务中许多新概念构想的结果,而是来自于这些过去模式和有意识避免这种消极趋势的综合力量,当然这种消极趋势已经大大弱化了它们应该发挥的有益效用。

简言之,这些力量对于我们来说,是一种聚焦于教育问题的清晰,也是一种处理教育问题的能力,这种处理方式对于一个非哲学家来说不仅可以产生意义,还是一种哲学能力。这个文库中一系列的其他书籍已经贡献了这些综合的力量。这一论文合集在编选之初就非常慎重,其目的在于组织一系列极具哲学分量的、涉及重大现实教育问题的论文。在教育哲学中,这样一个目的或许是值得鼓励的,这是因为学院哲学的关注点看起来正在转向其自身概念,此类概念并不担心规范与事实,反而更希望去研究,甚至希望去建构概念系统,并应用它们以解决哲学范围以外的问题。

除了在一般意义上给教育者提供一些有用的文献外,我们希望本书还能够有利于鼓励那些正在不断接受训练以具备哲学能力的教育哲学家们,鼓励他们挽起袖子去插手处理那些常常因试图更好的教育儿童而引发的混乱问题。我们还希望,我们所追寻的体面之处不在于效仿学院哲学,而在于引起教育行政人员、教师等的注意并影响他们。因为,教育是一个实践活动,任何教育事业方面的成功最终都必须依据其在实践上的效果来检验。

> K. A. 斯特赖克(K. A. Strike)
> 康奈尔大学(Cornell University)
>
> K. 伊根(K. Egan)
> 西蒙弗雷泽大学(Simon Fraser University)

目 录

第一部分　自由与大学

第一章　自由教育的模糊性及其内容问题 ………………………………… 3
R. S. 彼得斯(R. S. Peters)

第二章　自由、中立与现代大学 …………………………………………… 17
肯尼思·A. 斯特赖克(Kenneth A. Strike)

第三章　学生的学术自由与学生/大学之间不断变化的关系 …………… 28
罗慕洛·F. 麦格希欧(Romulo F. Magsino)

第二部分　学生权利

第四章　从童年到成年：权利与责任的分配 …………………………… 47
弗朗西斯·施拉格(Francis Schrag)

第五章　义务教育：一种道德批判 ……………………………………… 60
伦纳德·I. 凯尔曼(Leonard I. Krimerman)

第三部分　自治、自由与学术教育

第六章　作为一种教育目的的自主 ……………………………………… 79
布莱恩·克里坦登(Brian Crittenden)

第七章　自由学校中"自由"的歧义与限制 ……………………………… 94
大卫·纽伯格(David Nyberg)

第四部分　平等与多元主义

第八章　文化多样性与教育 ……………………………………………… 109
理查德·帕莱特(Richard Pratte)

第九章　教育机会平等 …………………………………………………… 123
罗伯特·H. 恩尼斯(Robert H. Ennis)

第五部分　技术与工作

第十章　技术与教育价值 ………………………………………………… 141
H. S. 布劳迪(H. S. Broudy)

第十一章 职业教育与工作的病态 …………………………………… 153
　　托马斯·F.格林(Thomas F. Green)
索　引 …………………………………………………………………… 162
译后记 …………………………………………………………………… 168

第一部分
自由与大学

第一章　自由教育的模糊性及其内容问题
R. S. 彼得斯（R.S.Peters）

第二章　自由、中立与现代大学
肯尼思·A. 斯特赖克（Kenneth A. Strike）

第三章　学生的学术自由与学生/大学之间不断变化的关系
罗慕洛·F. 麦格希欧（Romulo F. Magsino）

第一章　自由教育的模糊性及其内容问题

R. S. 彼得斯(R. S. Peters)

导言

　　假如有人正竭力维护当今教育中某些独特的价值观,那么我想他肩扛着的应该是"自由教育"(liberal education)的大旗。自由教育这一术语本身表明了19世纪的教育是风平浪静的,它不像20世纪的教育那样富有"关联"(relevance)和"有效"(validity)。其实众所周知,自由主义政策既缺乏对于激进主义边界的积极研究,也缺乏对于保守主义与生俱来的防御型团结的关注。自由教育术语本身没能广为流传,尽管如此,但它背后的理念却广为人知;对于当代人来说,他们反对任何形式的约束与限制,而自由教育背后统一的理念就是人类理智不受阻碍与无拘无束的发展。这样一来,自由教育理念就吻合了当代人的特点,这也成就了自由教育的广泛传播。因此,不论一个人如何讨论自由教育这一说法,它所蕴含的观念必然具有重要的现实意义。

　　自由教育的另一个基本难点是它本身存在着地方性(endemic)歧义。地方性歧义之所以普遍存在,正如我之前已经讨论的那样,[1]是因为自由教育中"自由"之作用有"不受约束"之意,表明要消除限制,但限制的类型却多种多样。如果说清晰地沟通是必需的,那么,准确地表述清楚被限制的价值是什么,也是必要的。因此,倡导自由教育就一定存在歧义,这是自由教育的天性。同样的,当人们对"自由学校"提出要求时,进一步提出的问题必然是学校因何而存在,以及是否是课程、教学方法、学校组织或者外在的压力产生了限制。

　　然而,正是基于知识和理解之上的价值观,体现了有关自由教育全部解释的共同之处。在探索自由教育的时候,人们认为各种各样的限制会阻碍人类理智的发展。不过,正是在这一点上歧义最为显著,原因在于知识类型太模糊致使人们无法对自由教育展开研究探索。事实上,正如我将要讨论的那样,中学里获取的那些知识与大学里提倡的那些知识日益同化的立场趋势,使得自由教育的歧义引发的问题更加令人费解。

1. 自由教育的三种解释

学术界的一个民间传说充分体现了自由教育的歧义。一位导师询问一名牛津大学的奖学金获得者,问他为什么希望进入牛津大学。该名奖学金获得者这样答道:"先生,我之所以来到牛津大学,是想要受到自由教育的熏陶。""那我问你,什么是自由教育呢?"这位导师继续问道。"这正是我来这里想要弄明白的问题。"这位满怀渴望的奖学金获得者回答道。如果这位学子获得了学识,确实研究过古代典籍,那么他将很快了解到,自由教育的含义是由古希腊人提出来的。教育被理解为一个过程,在这个过程当中,针对知识和理解力的理智发展不会因为局限于职业(vocational)目的或者功利主义(utilitarian)目的而被抑制。追求知识必须纯粹是为了知识自身的发展(for its own sake),而不是把它视为工具,用来达到一些其他目的。这就是对自由教育的第一种解释。在技术培训和科学技术迅速发展的背景下,19世纪的思想家,如马修·阿诺德(Matthew Arnold)和红衣主教纽曼(Cardinal Newman),强烈支持这种理解。至今,作为大学教育的一个特征,这种解释仍然具有很大的影响力。

自由教育的第二种解释,可以说是用来反对理智发展仅仅局限于一门学科或者局限于理解形式的一种措辞。在很大程度上,纽曼关于全面发展(all-round development)的观点,是对19世纪知识日渐专门化和类型化作出的一种反驳。如今,至少在学校层面,自由教育或多或少地被等同于目前所提倡的通识教育(general education),它与专门化训练截然不同。保罗·赫斯特(Paul Hirst)的自由教育概念恰好证明了人们对通识教育的需求,这种自由教育包括在对于所有不同形式知识的启蒙之中。[2]

自由教育的第三种解释与由教条主义教学方法强加在理智发展上的限制有关。这方面一个明显的例子就是教条灌输,一定意义上,固定形式的信念被灌输给个体。这样一来,信念赖以存在的批判和探索的基础就受到了阻碍。权威主义便是另外一个例证,学生个体的逻辑思维能力的发展受到教师独断专横的阻碍,或因教师权威的吸引而受限制,或因教师的示范作用而受阻。

这三种类型的观点并非必然一致的。例如,玛丽·沃诺克(Mary Warnock)就积极主张学习是为了自身发展,她把为自身发展而学习视为教育本质的标志之一。但是,她反对通识教育,认为通识教育在追求品性的企图中却事与愿违。[3]纽曼的追随者们,一群天主教教育家们,通常对理智的全面发展更感兴趣。但是,他们都没有强烈谴责权威主义教学方法。另一方面,一些进步主义教学方法的主张者,例如杜威,也没有支持追求知识是为了自身发展这一说法,他们反而认为,追求知识是为了解决实践问题。当然,要弄清楚在自由教育的三种诠释中哪一种解释是真正有意义的,是代表"自由教育"这一尊称(honorific title)的,这项工作具有挑战性。

我已经对"自由教育"的这三种解释作出了区分比较。现在,我打算更加详细地顺次考查这三种解释,以清晰阐明每种解释的正面价值,当然这些价值被人们认为受到了某些限制;同时,我还将探讨人类应该自由追求何种类型的知识这一问题。

2. 自由教育即为了知识自身发展而追求知识

那些功利主义目的和职业目的影响着自由教育的第一种解释。例如，人们发现几何学（geometry）对开发灌溉系统有很大用途；不过，即使没有实践目的强加于其上的这些限制，几何学依然会受到广泛研究。的确，根据柏拉图（Plato）的观点，理解几何学的基本原理是发展理智的根本所在。因此，几何学成为教育中一个至关重要的元素。隐藏在自由教育这一经典概念下的积极思想，是指自由教育实践的最高形式体现在其理论追求中。在柏拉图看来，教育是一个训练与鼓励男子能力及其气概发展的过程，是通过最大限度地发挥其理性而成长为一个充分发展的人的过程。

理智的"自然"发展是自由教育这一诠释的衍生含义，就"为了自身发展"的知识追求而言，它与因功利主义目的或职业目的而追求知识是不同的。这就意味着，学习的理由蕴藏在学习自身内部，是固有的，与从日积月累的学习中受益截然不同。这些观点或许可以被简单地解释为，一个人的学习纯粹是出于好奇心和兴趣。或者用柏拉图的话来说，学习受追求真理的热情引导，为了寻找出事实中的规律。或者更有说服力的理由是，个人受到了消除错误、寻找真相的想法所吸引而去努力学习。最终，这样的学习可能被认为是一种驾驭的形式，是一种愉快而富有挑战的冒险。所有追求知识的这些理由都有一个共同特点：它们是追求知识的内在动力，并且因此决定着理智不受阻碍无拘无束的发展。它们与以实践为目的的追求知识截然不同，以实践为目的的追求知识被认为会阻碍与限制个体理智的发展。

在古希腊思想中，追求知识纯粹是为了知识自身发展这一理念是受到赞美的。这是因为，人们认为实践性知识由于与地球上的物质材料混合在一起会影响其纯粹性，进而就会使个体的灵魂受到贬低，而且还把其描绘成"机械呆板之人"（banautikos）。但是，在道德与政治学中表现出来的实践性知识类型，却没有以同样的方式使人类的灵魂受贬。尽管如此，此类实践性知识依然缺乏理论性知识独有的不受阻碍的纯粹特点，这样一来，它的价值也就小了许多。以艺术（fine arts）为特征的"创造型"知识，由于诸多不同理由被认为更次一等，而这些理由都与形而上学（metaphysical）的地位及其产品的纯粹性密切相关。最终的结果是，这里就形成了一种持续且有影响力的传统，这种传统在培训人的过程中把支持追求理论知识作为自由教育的典范（paradigm），伴随的结果是实践性知识的地位也就自然而然地降低了。例如，在大学中，医学学院、工程学院和教育学院的设立并没有受到像文学学院和科学学院一样的尊重。其中的理由是复杂的，但是理由之一是上述学院的设立显然与实践性的世俗问题密切相关。

本文的目的既不是赞美理论性知识的优点也不是称赞实践性知识的长处，更不会长篇累牍地叙述古希腊人关于人类职责或本质的讨论，当然古希腊人关于理论知识的强调也来源于此讨论。然而，关注实践性目的并不需要特别的限制。弗洛伊德（Freud）的基本关注点是要治愈病人，但是他关于病人精神的猜想推测却远远超出此范围之外。要解决教育问题就需要在某种程度上涉猎心理学、哲学和社会科学，可是在一定意义上却很难具体界定涉猎的程度和范围。调查研究是源于问题的。有些实践性问题需要超出范围之外的调查，但有些类型的实践问题则不需要。同样，理论性问题亦如此。

我想，一个重要的不同之处是在实践探索之中，追求知识不仅仅只是"为了知识自身发展"。一名医学院学生如果意识到某种实践性知识对于他以后治疗病人是必需的，那么他就会去学习；除此之外，兴趣或好奇心很难将医学院学生的注意力吸引到生理学学习中来。如果缺乏专门的伦理学理论，如古希腊的人类职责学说，那么实践性探索就没有什么意义了。不过，为什么"为了知识自身的发展"就会导致实践性探索无意义，这很难解释清楚。对于实践性目的而言，消除痛苦和维护安全肯定是有价值的。在理论性调查中有一些价值类型必须存在；同样在实践性调查中，也会要求避免错误，围绕这一要求的还有一致性、条理性和清晰性等优点。确实，如果实践结果在某种程度上依赖于支持信仰的真理，那么它们就会产生其他观点，比如不正确的诊断所建议的治疗可能会导致病人的死亡。当然，我并非要说，可以用这种后果的方式来判断围绕着真理发现过程中形成的诸种美德的正义性，而是说这些后果给了人们其他想法。在这些能够观察到的调查中，为什么这些令人深省的方面使实践性知识产生的价值，远远低于人们因为纯粹出于兴趣或者好奇心追求知识而产生的价值，这很难解释清楚。

尽管如此，我必须坚持我的初衷，不能陷入为自由教育的价值进行辩护的漩涡中，而是要坚持完成我写作此文的任务：尽力界定哪些是被这种诠释包括在内的，哪些是被这种诠释排除在外。当然这很难，因为把"为了自身发展的知识"和"为了实践目的的知识"一分为二过于突兀，根本无法清楚阐述学习者对待知识的态度。的确，正如我下面将要讨论的那样，它是在知识创新情景中发展出来的特征，这种特征通常会被转移到学习者的环境中。

第一个难点是关于"为了实践目的的知识"。因为描述此类知识，会揭示出在中学或者大学等机构考察学习动机结构时必须进行重点区分的一个特征。典型例子如下：如果一名在校男孩在未来要成为一名工匠，那么他就必须在车床或铣床上练习；或者如果一名医学院学生将来想治愈病人，那么他就必须学习解剖。这两个例子都说明知识和技能的获得对于实践活动来说是必不可少的，并且他们可能并没有进一步的目的，仅仅是为了练习实践活动。男孩子也许只是要制造工具；那个医学院学生也许只是很关心如何减轻病痛。他们有可能完全忽视了通过这些实践获得金钱回报、表扬、身份地位等等。然而从另一方面来讲，这些获得金钱、表扬和身份地位的想法可能也会产生极强的吸引力，并进而影响到他们在实践活动中的学习和整体行为表现。这些想法甚至还可能会对专心致力于科学研究的科学家产生影响：科学家有可能变得"心绪不定"（double-minded），对于自己名望的重视可能等于、也可能远远超过他对于追求真理的重视；在研究中，他可能会被自己自恋的雄心目标所驱使。

在学校学习中，这些更进一步的目的显得尤其重要，这是因为，学习经常被异化为获得奖励、做得比其他同学好、避免惩罚、赢得身份和赞扬,以及通过考试,而这些通常被认为是获得财富和地位的前提条件。这些更进一步的目的有两个特点,这些特点表明它们与工匠仅仅对制造工具感兴趣,或者是医学院学生仅仅对人们遭受痛苦充满关心的情况不同。第一个特点是动机,如贪婪、嫉妒、害怕不被认同和野心,这些外在的目的对学习行为会产生不稳定的、外在的影响。学生可能会为了比对方做得更出色而作弊;为了避免老师的不赞同而应付学习。他的在乎和努力不是由学习内在的本质决定的。相比之下,医学院学生应该关心的是要减轻人类的痛苦,正是与这一目的密切相关的因素决定着他要专心致力于学习。从理想上讲,他坚持学习是因为他关心病人的痛苦。与之类似,工匠可能受到他本身喜爱追求精密、准确和整齐而驱使他努力学习,这些都是他学习内容价值的具体化和实体化。因此,学习动机并非仅仅依赖于外在的以及不稳定的人际因素和制度因素。第二,为了达到这些外在目的获得的知识,对他们成功来说并非必不可少,这些知识并不会以任何形式构成成功本身。一名学生能够为了比对手更加出色或者是取悦于老师而学习几何学。但是也还有达到学习几何学这一目的的其他途径,而且他的几何学知识对于他获得满足感并非极为重要。他关心的是分数或者是老师微笑,而非欧几里得(Euclid)几何知识本身。然而,在其他一些例子里面,缺乏这种知识或技能就根本无法达到目的。除非一个人已经完全精通车床和铣床,否则就没有人能够享受制造工具这一活动本身。相关知识或技能的应用对于获得满足感是至关重要的。如果不利用相关知识和技能,那么治愈一名病人的目标或者是制造出一个完美工具的目标是不可能达到的。

"为了自身发展的知识"和"为了实践目的的知识"两者之间的差异非常模糊,很难区分达到实践目的的这些方式。这些方式也有其不足之处,因为理论性活动和实践性活动都可以是"为了知识自身发展"而进行,或者是受无孔不入(all-pervasive)的动机的驱使,如野心、嫉妒和贪婪。现在,许多人认为,正是这些动机对生活和学习造成了最普遍且有破坏性的影响。由于这些动机对学校系统产生了很大影响,因此可以认为,将"自由教育"提出的解释一分为二(dichotomy),即"学习为了知识自身发展"和"学习为了实践的目的"的做法毫无意义。这主要是因为它们两者之间的差异过于模糊,无法一分为二。确实,由于进一步的目的,如野心、贪婪、嫉妒等可以被看做是"实践性的",与好奇、追求真理等引起的理论性活动截然不同,我们可以说一分为二会产生很大的误导,它往往混淆了实践和纯粹的工具之间的区别。

也有观点认为,在某种程度上这样的"目的"常常被描绘得太理性主义(rationalistic)了。许多学习发生在对欲求之东西含蓄的期待中或是与之密切联系的情境中。但是在这些情境中,学习并没有自然而然地被看做是获得此东西的工具。孩子模仿长辈或者一点一点学习长辈们的观点或态度,并非有意识地要获得别人的认同或赞扬。他们也许只是崇拜他们关心的某些人;在这个有利于集中他们注意力的情景中也许存在着他们需要的温暖;他们也许害怕失去什么,也许是害怕脱离群体。不过他们的学习并非明确为了"实践目的"这一缘由。

在一分为二的替代性方案中,相对于"为了知识自身发展而追求知识"而言的"为了实践目的而追求知识",在应用其分析学习者的情景时,其理由并不充分,这是因为"为了实践目的而追求知识"已经被用来掩饰了至关重要的差异。但是,"为了知识自身发展而追求知识"的理由亦不充分。这种不充分性可能把各种各样的学习动机排除在外,但是它又把哪些动机包括在内了呢?很显然,它包括了纯粹基于好奇心而学习,或者是因为兴趣、新鲜,及因为创作题材中令人迷惑之处而学习。然而,这两种情况难道是应用"为了实践目的而追求知识"进行分析的仅有选择吗?

假设某人热心于弄明白为什么朋友对他无礼,或者是他为自己容易产生偏见以及毫无慈善之心而担忧,或者是他顾虑自己是否应该爱国或是敬畏大海或恐惧死亡。假如他带着这些不安来学习心理学、伦理学、政治学和宗教,那么,他追求知识还仍然只是为了知识自身发展吗?诸如"为了知识自身发展而追求知识"这类观念和好奇心,表明他的态度太容易分散且对事情漠不关心,以至于无法公平地对待他所关注的这些问题。另一方面,很显然,对于这些问题的回答并没有与任何特定的实践课程,或者是需要进一步达到的目标联系起来。这是因为,这些无疑是人类的普遍信仰与人生态度的具体体现,而人类的普遍信仰和态度则构成了他的人之为人的理解力水平和敏感性。他如何看待自然世界的物体,以及如何看待黑暗、雷电、潮汐、时间和季节变换等现象?他是如何看待他人的、如何看待他人对他的反应,以及他们之间的相互反应?他是如何考虑他自己应该思考的问题,以及如何考虑这些问题的所有权?他对待生死轮回、婚姻和死亡的态度是什么?对于权威、苦难和暴力他将以何种方式作出回应?这些问题是从人类生活的基本状况中引发出来的。对于这些问题的回答构成了人类信仰和态度的一般框架,而在这个框架内,人们探究特定的目的,同时特定的迷惑也因此而起。这样的实践和理论探究经常会导致在这个一般框架内部发生变化。但是,框架本身不能被纯粹看做是为了知识自身发展而追求知识,或者是为了一些实践或外在的目的而追求知识遗留下来的一份积淀。

当专门机构或者是为了知识自身发展,或者是为了帮助人们为职业做准备,也或者是为了解决社区中的实践性问题而这样做时,这些分类很可能正好是在文明的社会里对上述情况的反应。因此,他们倾向于将人们在受教育过程中获取知识的情况,看做与人们进行知识创新的情况一样,并可以用同样方式进行分类。因而,他们将会讨论是否该鼓励学生基于对事物的内在兴趣而学习,或者是为将来职业准备而学习,抑或是对生活有其他实用意义而学习。并且他们会把获得知识的这些观察方式传递给他们的学生,因为老师们正是从这些学生中招聘而来的。被忽视的往往是需要发展的信仰和态度,而这些信仰和态度却能够帮助一个人明白他作为一个人将必然会遇到的各类情况和困境,并对此持有自己的立场和看法。

当大学老师们讨论一门学科的教育价值时,如玛丽·沃诺克一样,[4]他们强调要基于事情本身而去享受做某件事情,并且希望要基于事情本身持续性的喜爱做这件事情。的确,人们当然可以在广阔范围的活动中体验到乐趣,诸如做饭、修剪花园和做工艺活。专心致力于历史学或地理学这样的学科并享受它们也并不奇怪。正如她所指出的那样,任何一个人都可以在许多领域进行学习;但同时他在学习的过程中,又能纯粹基于事情本身去探索发现,这是不可能的。那么,假如像历史学或地理学这样的学科,能够为一个人对于世界和人类生活领域可能提出的种种问题提供各种各样的回答,这些人类遗产又是如何被传授给他的呢?玛丽·沃诺克是从潜在的科研工作者的角度来看待学科知识的;但是一个同等重要的教育问题也值得思考:由于人们从来不会通过自己的活动来改变这些知识产品,那么,这种研究工作的成果如何才能够对大多数人来说产生意义。一个人如果对当前的社会问题缺乏历史维度意识,那么他受到的教育必定很糟糕;但是,他需要像历史学家那样有条不紊的工作以培养这种历史意识吗?一个人对历史学、地理学或人类学进行专门学习,但是了解度假城镇的布局、熟知岩石和河流的特点,或是推断当地居民的习俗知识并非是这种专门学习活动的必然产品,而是附属物。不过这正是一个受过教育的人的标志。他是为了知识自身发展而获得这些知识呢?又或者是为了完成某些实践目的而学习这些知识呢?或许这些只是他学习知识的一部分而已。但是,他很有可能是因为对他不得不对生活于此的地方环境的重要性多些关注而获得了这些知识;或者也可能是与健谈朋友在喝酒聊天中偶然习得了这些知识。

简而言之,我认为存在一种知识形式,它随着理解力程度的变化而变化。由于它决定一个人的整体信仰、价值观,也决定一个人对人类生活普遍状况的反应,因此,它对个人而言极其重要且极富意义。这种知识的获得完全没有必要是为了自身的发展,这是因为一个人深入学习这些知识或者是纯粹出于兴趣或好奇心,也或者是因为它们对达到某些特定的目标有帮助。在第一种诠释中,自由教育常常与一个学者探索他所喜爱学科的观点相提并论。这种类型的活动具有极大价值,因为它不仅包括习得知识后的愉悦和探索过程中的冒险精神,还包括知识分子探究的美德,如理智的清晰、谦逊和公平。但是并非我们所有的信仰都是通过这类活动获得的,恰恰相反,也有许多人根本就没有被这种类型的活动所吸引。因此,他们常常会抱怨学习了一些毫无用处的知识,而且如果可以的话,他们仅仅愿意学习那些他们能够看得到回报的知识。然而这不完全是他们的错,如果这种知识和认识能够以一种更加富有想象力的形式呈现给他们,让他们更加深入思考他们对人类的关心,那么他们对待学习的态度可能就会有所不同。

把学习动机仅仅看做一连串的兴趣或需求的趋势愈演愈烈,而这些兴趣和需求可以让个体在进入学习情景时做好准备。实际上,这些兴趣与需求只是在其中可以发现自身之学习情景的附属品,而这与一个人在学习情景中带有的一种东西差不多。如果一所大学准备好为人们提供资格等级,以决定他们什么时候可以进入职场中,那么,这些资格等级将会是大学生们努力学习的动机信息,他们将不会在乎教师们如何以不同方式努力呈现其学习内容。当然,一些天才教师也可能会激发部分学生的不同看法。但是在其他学生那里,一旦他们开始工作,通过规定考试的急切愿望可能会比学科本身引起的兴趣更强烈。但是,对于大多数学生而言,可能对这种非目的性的学习态度依然感到陌生。如果他们需要继续学习的话,那么还是以制度情景所需要他们学习的逻辑方式去学习。

然而,现在这里有一个疑问,即那些谈论"自由教育"第一种解释的人主要关心的是不是学习动机呢?在他们看来,学习动机形成了教育"过程"的特色。他们也许更加关心教育"产品"的理智发展状态。例如,一个人或许是因为了解了数学的实际用处而学习数学,但他也有可能,用一个俗话来说,会渐渐"爱上"数学。他可能最终因为"自身发展"而惊讶不已。抑或者,他如此致力于数学学习只是因为他喜欢解决这些抽象问题,但是他也可能会渐渐重视它的应用价值。确实,对学习动机的关注可能只是间接的。例如,当英国哲学家怀特海(Alfred North Whitehead)强烈批评"懒惰思想"(inert ideas)的时候,他并非直接从动机角度出发。他为在学校里学习——仅仅学习书本上的知识——这样学习到的东西很少能够提升一个人理解所遇到事情的能力而感到悲伤,他也会为这些知识很少能够应用到实践中而悲伤。他可能跃进到了另一个极端,并且认为知识应该是"有用的"。的确如此,他声称教育就是"运用"知识的艺术。[5]但是,难道这就是他真正的意思吗?他真正要表达的,难道不是受过教育的人的知识和理解力在他的人生当中应该有所运用吗?难道不应该给予他更好理解他可能遭遇事情的观念和归纳能力吗?从严格意义上来讲,他说的"有用",是指所学知识有助于实现一些实践目的吗?

在描述知识类型的特点时,可以把知识类型分为"无用的"(inert)和"有用的"(useful)两种类型。这种一分为二的区分,对于受过良好教育的人要去掌握知识来说十分重要;同时,这种一分为二的区分还会进一步强化在学习动机中的"为了自身发展"和"为了一些实践目的"的两分法。这种两分法导致人们忽略了同样的知识形式,即随着理解力程度的不同而发生变化。至今为止,这种知识形式对于个人来说仍然非常有意义,或者说与个人关系紧密。之所以这么说是因为它决定了一个人的信仰、态度和对人类生活普遍状况的反应。在任何普遍意义上,它既不是"无用的"也不是"有用"的知识。

我说过,英国哲学家怀特海在进行这一区分的时候,只是间接的关心学习动机。因此,我认为,他似乎只是对与个人情况明显"相关的"知识感兴趣。据我推测,与大多数人一样,因为这类知识对于学习者而言是有意义的,他可能也会认为学习活动也会因此得到改善。但是并非所有的知识都对学习者有意义,这同样需要弄清楚与人类生存状况密切相关的知识种类。就此我认为,人类生存状况的知识对于任何人来说都是有一定程度上的情感意义。由于是情感问题,因此在某些时候每个人都可能会面临处理死亡、人际关系、权威、暴力等问题,但是当他在学校的时候,这些情感问题对于他来说似乎没有任何特别意义。这就是为什么在讨论自由教育的时候,把有关动机的论点与怀特海发展形成的关于知识与理解力特点的论点区分开来非常重要;而对于怀特海的论点来说,可能任何人都会被鼓励形成这一论点。

我自己的观点是,在任何特定的时候,教育的内容都不应该由学习者认为什么是有趣的或什么是重要的来决定,尽管如此,这显然是任何一名好教师应该注意的内容。教师的任务是既要激发学生的兴趣,又要基于学生现有的兴趣。这同样适合于对于各种困境的关注,像死亡、痛苦、沉迷肉欲(sexual infatuation），当然用诸如"兴趣"和"好奇"等术语来描述这些困境是不合适的。由于这些困境会引起人类的普遍情感，因此它们也很可能会引起学生的注意。但是，即使它们不会立即引起学生的注意，也应该做一些事情来发展这个领域的信仰和态度。这是因为在任何人生命中的某个阶段，这些困境可能具有不可预知的重要意义。随着传统上处理这方面问题的宗教影响越来越弱，因此，在遇到此类困境的时候很多人并没有针对此做过多少准备。当然，我不是说教育内容应该完全围绕这个方面进行。我只是说它是一个重要的方面，但它却正在被忽略。这种忽略正在被或者是为了自身发展而学习知识、或者是为了实践目的而学习知识的要求而助长强化。

3. 自由教育即通识教育（general education）

对于一个受过教育的人来说，界定知识的范围似乎很关键，但是它在上文中被证实很难将其清楚地划分为两类，即为了自身发展获取知识还是为了一些进一步的实践目的而追求知识，不过它似乎与自由教育的第二种解释，即通识教育的关系紧密。它之所以与之相关，是因为有三种类型问题是任何一个主张通识教育的人都必须面对的，而他们必须在这个知识范围内才能回答这三类问题。三类问题中的第一类，是避免割裂的信息聚集；第二类问题，是赫伯特·斯宾塞（Herbert Spencer）问题——"什么知识最有价值"（what knowledge is of most worth）；第三类问题，是隐藏在培养"完整的人"（the whole man）理念背后的"整合"（intergration）要求。因此，在处理与"自由教育"第二种诠释中的模糊性相关的这三类问题时，我将不时地提到知识的这个范围，它对任何人而言都有意义。

（1）尽管对有害影响的约束以各种伪装的形式出现，从大学书呆子只知道死读书或卖弄学问，到政府或工厂对专门的人力资源（specialized manpower）的需要；从消极意义上来讲，这种允许人们向多个方向自由发展而不是受限于某些特定的固定思想的观点太直截了当了。但是这种观点的积极意义却是模糊不清的。例如，显而易见，一位科学家不应该仅仅只受到狭隘的科学方面的训练，他难道不应该既富有哲学思想，又对审美很敏感，同时还对历史很精通吗？如果要避免不开明的专门化，应该如何简单或细致地区分这些呢？例如，对于一位科学家来说，他通过发展对于音乐的欣赏开阔了眼界，但是却错过了文学，这是一个问题吗？又或者，一个学文学的人理解热力学第二定律（the Second Law of Thermo-dynamics），却对现代遗传学之父孟德尔（Mendel）、伟大的精神心理学家弗洛伊德、社会学创始人迪尔凯姆（Durkheim）一无所知，这也是一个问题吗？

要回答这类问题，就必须坚持认为自由教育的这个概念仅仅意味着一个连续统一体，它的一端是狭隘的专门化。在连续统一体中确定任何一个特点作为活动起点，由这一点再向着理解和敏感性范围的其他端点移动，而其中移动的部分可以称之为一个人受过教育，但是这样做根本不可能。因此，有些观点必须被排除，例如赫斯特关于知识内部任意性（arbitrariness）或者非任意性（non-arbitrariness)分类的观点。在哲学史上,这种区分是逐渐产生的。由于真理的标准和检验的程序存在不同之处,实证科学(empirical science)并不被认为仅仅是数学(mathematics)的一个分支。基于同样道理,人们认为道德体验知识既不同于数学,也不同于反科学,具有一定程度的独立性。这样一来,这个问题出现了——即宗教的地位作用有多大,人文学习,如心理学学习和历史学学习等同于或者区别于自然科学学习的可能性有多大。而且,美学鉴赏力和哲学思考力似乎也都具有自成一格(sui generis)的特点。

如果以真理标准、检验程序和不同的概念主题来区分非任意性知识,那么一些原初思想可以用来回答这些隐含在连续统一体中看似完美的问题。例如,期望一个人能够掌握并实施所有这些不同学科的检验程序,就像让一位帮助他发展理解力并受过专门培训的专家进行检验程序的操作一样,这是很荒唐的。另一方面,让一个人从各种不同的学科中收集很多毫不相干的信息似乎也是不可取的。从长远来看,适宜可取且具有实践意义的做法是一个人应该通过各种信息的分布和组织方式获得不同概念系统的精髓要素。他也应该学会批判性地运用这种系统,当然这种系统需要理解真理的不同标准。一个人将尝试理解原理,这将会极大地增加他的阅历并使之结构化,而且能够帮助他以各种方式组织经验,并会进行批判性的和有想象力的思考。

（2）随着所有这些不同学科知识的广博发展,在它们内部哪些分支将分离出来单独学习的问题就出现了。例如,在自然科学内部,是应该学习化学还是天文学呢？换句话说,也即将面对什么知识最有价值这一问题。在这一点上,如果先前已经讨论过哪类知识与任何个体都必须面对的人类生活基本状况的知识相关,那么现在也能够作出一定回答。在这个意义上来说,例如,在哲学中,伦理学明显比数理逻辑更有意义;而在历史学中,社会历史比外交史更有意义,等等。

当然了,这不是进行课程学习选择的唯一标准。课程选择还有其他许多标准。我只是要引起人们的注意,让人们明白什么知识有"价值"的标准是多么重要,但是可惜老师们常常忽略这一标准的重要性,而仅仅把学科看做是专门化学习的第一步。在大学里,老师所教授的科目是为大多数学生服务的,这些学生并非天才也不想像大学老师那样深入学习成为一名科研工作者,因此,对于任何一名大学老师来说,他都需要认真考虑所授学科中应该有哪些知识。但是,无论是中小学还是大学都忽略了这一标准的重要性,以至于学生对他们所学的知识缺乏"相关意义"而充满了诸多抱怨。

（3）内含在通识教育中存在的第三类问题,是全面理解是如何被理解的。这个标准的一个方面是一个人如何从不同方面看待他正在做的事情或者是正在发生的事情的能力。例如,一个科学家不应该忽视他工作的道德维度;一个工程师应该对他的建筑具有审美方面的敏感性。但是通常包含更多内容,这是因为组织经验的不同方式不应该被区分开来以至于相互独立。在这些区分之间应该保持一定程度的"融合"。本文并不想探讨哪些不同内容可以被"融合",但是与本文密切相关的一个论点是要讨论,在任何一个人都会面临的人类生活的基本状况的知识范围内,不同类型理解力之间相互渗透的方式。例如,在遭遇死亡这个问题的时候，人们拥有关于自己不是神、必定会死的经验知识，但是这也不可避免地带有关于意识及其本体状况关系的哲学假设。这里还会存在无法避免的伦理宗教(ethico-religious)问题，即这些普遍存在的困境是由什么构成的。这种同样类型的困境也适用于在对抗人类暴力或欺诈行为时。首先，是关于此行动的直接性的事实性问题，但是这些问题迅速遮掩成为个人动机或个人所关心事情的深层次问题。并且，有意思的是，诸如羡慕、嫉妒和贪婪等动机不仅仅是起到解释的作用，而且它们本身也是广泛存在的恶习的名称。道德判断和人际间的理解力无法摆脱地相互交织在一起。这两种类型的知识都在人类信仰的环境中不断地被执行，而人类信仰在很多层面上都是关于人类社会如何运作的诡辩。

我的观点不是仅仅说在这个领域，在这个领域内能够恰好被标签为"经验主义的"或"伦理的"或"需要人们理解力的"问题很少出现。而且，我们用来解释特定方面问题的诸多理解力形式之间是相互渗透的。虽然是无关紧要的联系，抽象数学和道德理解力之间也存在着联系。但是，抽象数学在道德理解这个领域中能够获得的东西很少。道德知识和人际理解力之间存在数不清的联系，它们在这个领域内似乎都有无处不在的应用。因此，易于使不同知识形式融合产生意义的领域，是那种可以对"什么知识最有价值"这一问题至少给出一种答案类型的领域。

4. 自由教育即自由人(free man)的发展

自由教育的经典论点认为，对于理性自身目的运动而言，它是自我导向的(self-originated)，自由教育是任何个人内在潜能的发展。教育过程对此提供了支持和鼓励。无论如何，从柏拉图的观点来看，"自由人"是能够恰当地控制自己理智的人，他是不受难以驾驭的激情影响的人。这种思想的现代变体着重强调与柏拉图观点的不同方面，而忽视了其基本教义的作用，即把人类的发展限定于一个普遍意义的目标上。后来这些变化了的思想更具有了个人主义的性质，它们认为，不同的人应该发展成为不同的人。但是这些思想有一个共性，即由个人选择自己成为什么样的人，这是至关重要的。

现代个人主义(modern individualism)的极端观点强调指出，个人做自己的事情非常重要，成为"对自己真实的人"(true to himself)亦相当重要。就其真实性而言，不论是对于一个女人还是对于一个服务员来说，自我发展被解释为，不照搬照抄他人或者是不履行社会角色，因此，涉及被他人告知、被要求学习市民传统，或者是被榜样影响的任何一种教育过程，都被认为是对个性发展的压抑。他必须通过他自身的体验和发现来寻找他自己的方式，并最终学会成为自己，做他自己的事情，甚至于对此种观点的部分解释，是说要建构他自己的现实世界。

通常是一些不介意自己被称为自由主义者(liberal)的人提出了比个人主义(individualism)更易理解同时又远非极端的观点，这些观点强调个人选择，同时还同样强调影响这些选择的理性作用。这些观点强调的重点是自治，也具有真实性。换言之,就是强调直接经验(first-hand experience)的重要性、强调直接(not second-hand)信念和不是权威推行的行为规则的重要性。但是在达到这些思想独立的过程中,理性的作用被放到了一个重要的位置。从这一观点来看,自由人的发展[6]并不必然会受到对其教育的其他人的阻碍。的确,可能会有人辩论,如果不考虑极端自由主义者视之为限制的那些社会事务,那么人类的理智发展将无法解释。这里的关键之处,是鼓励个人进行批判,这样他就能够在理性的基础上最终接受或拒绝他所听到的、看到的或被告知的。对这种发展不利的情况,诸如教导或训练,是会阻碍或者削弱一个人理性能力发展的任何过程。

关于自由教育的第三种解释使得"什么是最有价值的知识类型"这一问题再次脱颖而出,当然这一问题也与自由教育的前两种解释关系密切。这是因为,如果自主是一个远远无法实现的愿望,那么个体必须拥有相关信息以便作出现实的决定,并且刺激他自己的想象力以便于他能够想象出全部的可能性。除了专门化知识对于追求特定的职业来说是必要的之外,个人还需要选择作为一个公民和人类一员所需要的各种相关常识。在这种通识教育中,对于政治教育的关注太少了,但是作为一位民主社会的公民,任何个体都应该知道是谁在做出明智的选择。除了对于政治教育的关注太少之外,它也很少关注知识形式,而正是这种知识形式直接包含了人类生活的基本状况。对于这一点而言,前文已经有所提及。人文学科项目委员会(The Schools Council Humanities)提出了为数不多的、尝试发展关键领域的理解力,诸如暴力、法律与秩序、性和人际关系等领域,与自主发展联系在一起的方案。对于这个项目强调教师"中立"(neutrality)而言,许多人表示怀疑,尽管这种强调应该被理解,因为它是反对教师教导其学生如何处理这些争议性问题的趋势所在。但是就这个项目强调特定的教学程序这一点而言,它必须与重点强调特定领域中的理解力的自主发展区分开来。

这种自主的理念,与前文中对于自由教育的第一种和第二种解释中将学生视为潜在的研究者这种不切实际的趋势,似乎有些不协调。当然,这是一个宏大的话题,在本文有限篇幅里只能提出几个简要观点。首先,自主更多的是一个程度问题,它表示的是理智态度而不是它已经达到的状态。知识的迅猛发展已经达到了出现诸多专业分支的程度,而这些专业中的许多分支知识已经影响到了我们的日常生活,以至于我们几乎无法选择只能不加思考地对其采取极大的信任。而且,即使是在诸如道德等领域,有理性能力的自主的人们的生活也是受到各种各样的规则控制,他们很少会进行深思。例如,有多少英国人对排队中"先到先服务"(first come, first served)的伦理原则进行过深入地思考?大多数人是在一些固定的行为方式中被教育长大的,并且他们会根据他们不断成长的经验思考这种行为方式的各种要素。从自由主义思想的角度理解自主,与未经考虑就遵守规则和僵化地固守某一教条截然不同。这种思想,并不要求把从各种渠道挑选出来的每件事情都弄清楚,也不要求让它完全受制于连续不断的批评。这种思想,要求乐意学习,而且当挑战原有观点和假设的情境出现的时候,它能够自动修正这些观点和假设。从逻辑上来说,批评也必须把某些特定预设当做理所当然。当然也不是所有事物都可以立即受到质疑。

其次，作出如下区分十分重要，即必须把通过批判性告知形成的观点或者个人把自己听取或阅读得到的信息加以组织消化形成的观点与一些权威人士或其他高度原创性的观点区分开来。自主最常出现的领域是道德领域，但是在道德生活中，获得相当程度自主的人很少是道德的革新者。这也就引出了第三种观点，即对于各种不同的思维方式而言，在无须权威就能够实现的管理方面存在着巨大的差异；当然这些思维与对任何一个人而言都至关重要的知识范围密切相关。截至目前，对于自然科学而言，由于它们对日常生活有着重要影响，因此，大多数人必然地会去依赖于权威人士。他们可能最多是去理解一些基本的理论；尽管他们意识到这些理论也会存在错误，但是鲜有受到过必要训练的人能够指出这些错误的可能来源。但是，道德领域却是非同寻常的，这是因为它的基本原理不是特别的深奥难懂，高度专业化的训练并不必然会对道德问题敏感。在道德领域中所需要的是去判断和想象它们在各种不同情境下应用的状况。当然在这一领域中还有相互关联的不同原理所占权重的问题，而这些原理的权重优先问题往往是最容易引发道德争议的最强有力的来源之一。人类研究的各种分支学科中，存在着诸多对于他人和我们自己的"常识性"（common-sense）理解，这些常识性理解往往是由专门化的学科，如心理学、经济学和社会学等学科提供的理论来阐明的。在评估这些理论的时候，或者是在解释这些理论所支持的行动和政策的时候，特定人群在特定环境中的行动知识与处理苦难的知识，至关重要。我们都不同程度地拥有这些知识，因此，我们对于批判、判断以及自我综合形成的观点就有了共同的知识基础，而自我综合的观点来自于对各种"权威人士"观点搜集的综合。当然，我们必须充分深入到这些学科的内部，从而理解它们的原理结构并会运用它们。但是仅仅是为了形成我们自己的一些观点，我们没必要成为这些学科的专家。

通过上文针对自主概念的大致探索可以发现，需要更加谨慎地注意与自主相关的一组素质，诸如批判的、独立的、有判断力的、真实的和有想象力的素质，等等。而当在诸如道德和政治这些领域中应用自主概念时，一方面需要理解上述素质，另一方面还需要更加高级的素质，如独创性的、创新的和发明的素质。截至目前，由于自由教育与自主密切相关，它的目标显然是要让人们超越仅仅理解和被良好地告知这一水平。但是，自由教育也确实没有走向另一个极端，即要求全部的独创性和创新性。由于大学教师要训练出专家以进行知识创新，所以这些素质对他们来说极其重要。但是它们对于那些关心自主发展的自由主义教育者来说，却是个意料之外的收获。

结论

实际上，这篇论文没有结论。一方面是因为本文的目的不是要完成任何形式目标，而只是去探究自由教育内部存在的一些模糊性。但是另一方面也是因为，随着探讨进程的不断展开，我开始感觉到，我对自由教育两分法的通常解释存在着越来越多不满。尤其是我发现了两分法的困境，在于"为了自身发展而追求知识"和"为了某些实践目的而追求知识"之间；这种两分法对于我而言,似乎是知识创新过程中的应用,但是它对于获取知识而言却应用很少。它似乎很难完全应用到某一个知识领域中,有时候在广义上它与"人文学科"有关,而就"人文学科"来说,它对于任何试图形成自由教育内容的决定性知识类型而言都是至关重要的。因此,这里已经到了文章的最后,我确实感觉到,我现在应该踏踏实实地进行一项困难的任务,即更加精确地界定这种类型的知识,检查它与传统学科、职业学习等之间的关系。尽管在列举彰显不受阻碍的追求知识的典型事例时,这种列举可能是"自由的",但是这可能导致,本论文仅仅在最低限度上关注通常意义上理解的"自由教育"；当然,从篇幅上而言,它也肯定是太"自由短小"了。

注释

我要感谢保罗·赫斯特先生的建构性批判理论,它帮助我修改了本文的初稿。

1. 参见：R. S. Peters, 'Ethics and Education'(London：Allen&Unwin, 1966), pp. 43—5.

2. 参见：P. H. Hirst, Liberal Education and the Nature of Knowledge, most easily available as reprinted in R. S. Peters(ed.), 'The Philosophy of Education'(Oxford University Press, 1973), pp. 87—111.

3. 参见：M. Warnock, Towards a Definition of Quality in Education, in R. S. Peters(ed.), 'the Philosophy of Education'(Oxford University Press, 1973), pp. 112—22.

4. 参见：ibid.

5. 参见：A. N Whitehead, 'The Aims of Education' (New York：Mentor Books, 1949) p. 16.

6. 更多关于这一观点的发展参见：R. S. Peters, Freedom and the Development of the Free-Man, in J. Doyle, 'Educational Judgements'(London：Routlege &Kegan Paul, 1973).

第二章 自由、中立与现代大学

肯尼思·A. 斯特赖克(Kenneth A. Strike)

西方国家举办的大学普遍认同某些特定的自由理念。这些大学把它们自身的基本目标设想为追求真理和传播真理,并进而认为要想成功地保持和实现这些目标,自由和宽容的环境气氛是必不可少的。这种基于自由和宽容的承诺也就暗示着大学还需要一个额外承诺,即保持中立。这是因为有一些争论指出,在针对一些国家重要议题时,大学可能会站在官方立场,但同时大学就不能在自由与开放的氛围中讨论它们。所以,自由的大学必须是中立的。

近年来,这种关于大学中立的主张受到了强烈的攻击。这里应该考虑三种不同的观点。

第一种反对的观点是,因为有人认为那些为大学买单的人有权利(right)决定大学所信奉的宗旨或目标,故而大学保持中立招致反对。例如,一个作者这样写道:

> 首先,基于大学创始人和校董们的哲学理论,没有任何一所大学能够实现完全的中立。但是,大学完全中立不仅仅是无法实现的,还可能因此而招惹到麻烦,尤其是对于政府税收支持的大学来说更是如此。当美国公民自身一部分的收入被以税收方式没收用以支持美国其他公民的教育时,那么他们至少也应该得到保证,保证他们上缴的税收是用来培养忠诚的公民,而非反叛的革命者(revolutionaries)。[1]

当然,这里是以传统形式提出这些议题的。大学的自由立场就是想要避开这种侵蚀它们知识自由的做法。这种对于中立的反对,要求大学应该捍卫自己的自由理念,还要求其反对更加保守的大学宗旨,即反对大学的存在是为了满足一些既定社会利益或者是为了保护特定的社会意识形态。

第二种反对中立的观点,则是由更为激进的团体提出的。其典型的主张有两点。第一,大学中立的信条通常是为了遮掩大学实际上是社会统治阶级利益之附属品这一事实。第二,中立的理念不仅是令人反感的,而且还是不可能的。一所大学不可能在尊重社会统治阶级利益或社会重大议题的情况下保持中立。大学必须谨慎选择一种正确的社会发展导向。罗伯特·保罗·沃尔夫(Robert Paul Wolff)为这种观点提出了一个值得引用的看法:

> 作为对大学行为提出的一种建议,有意义的中立说法遭遇了最为严重

的障碍,这种障碍可以影响一个标准规范:其对于大学所提出的建议不是错误的,而是不可能的。美国当代的一所巨型大学完全不可能采取一种有意义的中立立场,不论它是外在的还是内在的,也不论它是多么努力地尝试着去实践……在伦理学的导论课上最早阐明的第一条真理,就是无法做某事的行为与正在做这件事的行为是一样的。让一个人为他应该纳税却没有纳税的行为负责,让一个人在开车时为他没有的谨慎和小心驾驶而负责,让一个人对应该为需要帮助的人提供帮助却没帮助的行为而负责,这些都是完全有道理的。在公共生活中,当一个拥有政治权力(power)的人拒绝使用权力时,我们都会认同他所表现出来的政治行为……这在政府行为中是默许的,但是在公平无私的伪装下,他的这种政治行为实际上是强化了已有法律法规的效力,而且也使得反对中立的情况更加困难。[2]

在本文中,我将就第二种和第三种问题论点进行讨论。同时,在讨论的这段时间里我将会假设,自由主义者和保守主义者之间的战争已经打响并持续了一段时间,但最终获胜的将是自由主义者。毋庸置疑,要不是来自于社会上的热情总体上都在关注大学的自由,如学术自由与终身教职等,那么,清理意识形态上不受欢迎的教授的活动将依然相当成功;但是大学校园里的流行导向是自由,而且自由已经达到了默认的程度。

然而,第二种和第三种议题论点是崭新的,并且还没有得到深入充分的研究。因此,我将集中于这两种论点进行讨论。由于中立这一问题能够让我形成一些必要的概念工具,且这些概念工具对于理解深涉其中的政策问题是必要的,因此我将从中立的可能性这一问题展开论述。因此,在初始阶段去区分出两种类型的可能性、区分出三种类型的中立,这对于本讨论将是非常有意义的。

就事件的状态而言,它或者是逻辑上可能,或者是事实上可能。如果说某件事是逻辑上可能的,意思就是说它与它的概念是前后一致的。如果说某件事是事实上可能的,意思是指它与它的概念是前后一致的,而且没有任何事情阻碍它的发展变化。例如,从逻辑上来说,一个圆形的正方形是不可能存在的,因为从概念上来讲它必须既有角同时也必须没有角。然而,从事实的角度来讲,把一个物体的温度降低到绝对零度则也是不可能的。虽然绝对零度的概念是前后一致的,但是就我们所知道的物理学而言,绝对零度这种状态是不可能达到的。

现在,那些争论中立性问题的人对于上述两种逻辑上与事实上可能性的主张都给予了否认。通常,政治上和经济上的压力或者隐藏的偏见是被寻求的各种各样类型的事实,这些类型的事实常被用来说明中立是事实上不可能的。同样,中立也被认为是逻辑上不可能的。例如,沃尔夫看起来已经考虑到了这一点。他声称,试图保持中立就是尝试既不做 A 事,也不要做非 A 事。因此,在沃尔夫看来,主张大学保持中立不是在否认事实,而是在否认"排中律"(Law of Excluded Middle)。在他看来,中立不仅是无法达到的,而且其存在也是无法想象的。

这种对于可能性的区分很有意思,不同的结论主要依靠一个人在头脑中持有哪种类型的可能性。重要的事情是,在事实上是不可能的情景却可以被估计出来，尽管这种情景在逻辑上是不可能被估计出来的。这样一来，就会得出这样的结论：一个事实上不可能存在的目标并不会成为试图实现它的致命障碍，但是对于一个逻辑上不可能存在的目标却会成为实现它的致命症结。

也许我们无法达到绝度零度，但是我们可以接近于它。并且，在不断尝试接近的过程中也是有收益的。因此，如果中立在事实上是不可能存在的，但它仍然可能是想要尽可能地保持中立。因此，在我看来，既然不管我们是否尝试保持中立都没有什么结果，那么在这种情况下，关于事实上不可能存在中立的这一说法也就显得不那么有趣了。

另一方面，在逻辑上也不可能存在中立的这种观点将是最有趣的。由于在逻辑上不可能存在这样一种情景，即一方面它必须拥有一些性质，但同时它又必须不能具备这些性质；因此，一种在逻辑上不可能存在的事件状况是无法想象的。这样的话，如果一个目标被证明在逻辑上不可能存在，那么这对于它的可行性来说是致命的打击，同时，对任何想要实践它的政策而言也是致命的。

基于上述分析，接下来我将把讨论的重点转移到如下论题，即是否存在逻辑上不可能存在的中立。那么，至少有三种类型的中立是需要考虑的。

首先，将中立之结果与中立的观点区分开来十分必要。此处中立有两层含义。第一层含义是指要保持中立就是对一个议题不采取任何一种立场，或者是不要对一个议题采取任何一种立场。第二层意思是指要保持中立就是要采取这样的行为（或者不采取这样的行为），即一个人的行为不会对议题产生任何后果。

这两种含义的中立在逻辑上是不同的，而且事实上也可以是相互独立存在的。一个人或一所大学对一个议题没有任何立场，或不带有任何一种观点是相当可能的，但是这个人或者这所大学这样的行动表现却是能够影响到这一议题。同样的，一个人或一所大学也可以对某个议题持有某种看法，但是却以不影响此议题的方式行动。

要理解对于大学政策的特定争论的本质，进行上述的区分非常重要。例如，让我们假设，一所大学的投资政策正受到多方攻击。（我们假设）这所大学把它获得的捐赠投资到了某家特定的石油公司，不过这家石油公司的重大收益都是在南非，这样实实在在地促进了南非经济的发展。可是这样一来，也导致了大学受到指控，说它把基金投资给了这个石油公司，实质上是间接地支持南非的种族政策，并要求这所大学或者是从这家石油公司中清算其资金，或者是利用手中已有的资金向这家石油公司施加压力以要求关注其对于南非的政策。

对于这个指控，大学可能作出如此回应，对于上述问题我们坚持大学中立的投资政策。在此意义上上，所谓中立是指在决定投资政策时，财政收入是唯一需要考虑的。对于其他问题，我们大学不采取任何立场。也许这所大学还会加上一条：我们大学的自由理念是不容许我们对这些问题持有立场观点的，大学的自由理念要求我们在制定投资政策时，不能把这些问题考虑在内。这是第二种中立。

在这一点上，大学对指控它没有在某些问题上保持中立的说法，是通过声称它事实上的中立来为自身辩解的。但是，当然了，这里的指控（charge）和否认

(denied)不是对同一个问题的指控和否认,而这里的指控和否认并非不可以协调一致。这里的指控是说大学的行动并不是中立的,这是因为它们影响着某个特定问题。而它们的回应则说,大学保持了中立,这是因为大学在相关问题上并没有采取任何立场。在这个争论中,其实存在两种类型的中立,并且没有合乎逻辑的理由能够解释,为什么指控和回应不能够同时成立。

因此,可以得出两个结论。首先,即使中立仅仅是一个单一的事情,讨论中立仍然是充满危险的。因为存在着许多不同类型的中立,虽然一个人在讨论某个问题的时候可以在某个方面保持中立,但是在问题的其他方面则不行。要是没有认识到这一点的话,就易于导入重大混乱并进而引发争论。其次,我们还必须准确地问询,在我们的自由理念中到底需要的是哪一种类型的中立。是要求秉持自由理念的大学对问题不表明立场,还是不允许大学对问题产生影响?抑或是自由大学持有的中立是否还存在中立的第三种意义呢?当然这还有待发现。

我将提出第三种意义上的中立,并尽量把在面对这三种类型中立概念时的自由主义思想要求简要地整理分类出来。在这一点上,我们需要转向这样一个问题,即对于这三种中立类型中的前两种意义而言,设想大学可以采取其中任意一种中立类型。那么,这里难道不存在逻辑问题吗?

要处理这个问题,可以通过问询沃尔夫建议的观点是否成功实现了目标。沃尔夫观点的精髓就在于此。在任何情况下,只要一所大学想要保持中立,那么它就会发现它必须要做某件事,如 A,要么就不做(当然,A 与非 A 具有排他性,在逻辑上是正确的)。此外,大学还将会发现,做 A 事不能保持中立,同样不做 A 事也不能够保持中立。

我将辩驳此种观点,我认为一所大学可供选择的观点是,通常不会简简单单地在 A 与非 A 之间作出一个选择。第一,要考虑中立观点。对于 O 有一些观点,而观点 O 当为了表明某人对其不能够持中立意见时,他必须如何表达呢?大概是必须表明事情必须如此,即一个人必须要么相信 O 要么就相信非 O。但是当然了,事情也未必如此,即一个人必须要么相信 O,要么就相信非 O。必须如此的情况是一个人必须要么相信 O 要么不相信 O。在这里此说法可以用两种方式来说明。首先,当我们恰当地阐述问题时,就是说当我们将中立的观点理解为不相信 O 是真实的,也不相信 O 是虚假时这种方式时,这样看起来是清楚的,但这自然而然地就证明了还存在第三种观点。一个人是可以对事情不持有看法的。第二,如果一个人坚持在沃尔夫的 A 或者非 A 观点框架中作出选择,那么大家关注 O 的选择观点,就是在于一个人必须要么相信 O,要么不相信 O。并且,虽然一个人要么相信 O,要么不相信 O,这是实实在在的情况,但是我们不能从一个人不相信 O 的事实中推断出他也相信非 O 的情况。因此,就上述两种情况下的任何一种情况而言,一个人会对某个问题没有任何看法并因而对此保持中立,这都是非常可能的。而且,我们宁可把一些意思附加到一个机构的理念上去,也不愿设想一个人对某件事没有看法,就此而言,对于一所大学来说观点中立的可能性似乎也是可能的。

对于结果的中立而言,也是可以进行同样的论述。这里的情况是,一个人必须要么做 A 或者要么不做 A 吗？但是同样也必须指出的是，在许多情况下 A 或者非 A 错误地表示了现有选择的实际特征。在某些争论中保持中立，就是要以不对争论的结果产生实质性影响的方式采取行动。就是要以这样一种方式行动，即一个人的行动既不帮助也不破坏任何一个争论者的目标，并且这种情况确实存在，即确实拥有一种可以选择的行动做法。

说一个人通常可以有上述刚刚提到的选择，可以通过我称之为狂热者之策略（zealot's ploy）而得到验证。狂热者之策略是，把任何一种行为看做要么是对他的事业有害，要么就是帮助他竞争对手的事业，从不将该行为看做是对他自己事业有帮助。这样的口号，如"不站在我一边就是与我为敌"（He that is not for me is against me），或者是"如果你没起到解决问题的作用，那么你就制造了问题"，这些均是显示了狂热者之策略的普通实例。

现在，狂热者之策略充其量认为，一个人对特定的争论不保持中立至多是真实的。这将淡化狂热者自己的观点，因为它将表明，即使是当狂热者事实上根本无法实现中立时，他的行动依然倾向于避免陷入到争论之中。但是问题将变得更加糟糕，因为狂热者之策略可以表明，如果争论的焦点是他自己不关心的或者可能是与他远远无关系的事情，那么一个人是能够同时反对争论双方的。例如，假设围绕着半人马座 α 星系公转的第三颗行星上的 A 组和 B 组之间发生了一场战争。那么，根据狂热者之策略的看法，我和你都已经是积极地反对他们战争双方的。我们在他们的争端中没有成功保持中立，这包括了我们没有做任何事情去援助战争中的任意一方，这不是向支持狂热者之策略的人妥协。但是，显然这是一种反证法（reductio ad absurdum），并且有些事情确实是错了。其错误之处在于，强迫在 A 或非 A 观点之间进行选择，但是要承认这个错误也就是承认中立的可能性。

然而，在这里作出这样的注解非常重要，即 A 或非 A 通常并非表示既有选择的一种理性方式；但是这个事实并没有表明，有时候它不是一种代表既有选择的理性方式。通常一所大学可能会发现，它自身与某议题以这样一种方式牵涉到一起，即它在行为上采取中立的处理方法的可能性已实际上被排除在外了。一个很有说服力的例子，是许多美国大学在越南战争（the Vietnam War）早期所遭遇的困境。多年以来，大学一直向征兵部门（the Selective Service）提供男同学的学术成绩，征兵部门会根据这些信息来决定应召入伍者是否合格。但是，当战争在大学里开始成为激烈批判的对象时，在许多人看来，提供成绩信息的这一政策就应该受到质疑了。大学通过这种方式为战争提供人力，不就是说明它也成了战争的同犯吗？他们中有许多人都认为这场战争是邪恶不道德的，它能够为继续支持战争而把它的学生送到战争进行合理辩护吗？另一方面，一所大学拒绝向征兵部门提供这种征兵所需的信息，似乎是一种明显的抵制行为。

的确，结果似乎是，大学被有效地阻止而无法采取自己的中立立场。为什么呢？从根本上来讲，是因为有两组条件必须被满足。第一，将大学观点解释为 A 或者是非 A，这看起来似乎是有道理的。比如大学要么是向征兵部门提供信息，要么是不向他们提供信息。第二，这两种观点均需要采取一定立场，并且不论采取哪种观点都会对事情产生影响。介于当时那种情况,继续与征兵部门合作只能被解释为支持战争,而与反战者一边则缺乏合作。

这些观点所表明的是,只要当这种说法能被理解为,大学在任何一个问题上实现中立都是先天不可能的时候,这所大学所声称的不能够中立的说法都是错误的。但是,也许在一些情况下这些观点也是可以成立的,即在这些观点被巧妙地解释为是矛盾的而非截然相反的情况时,以及这些观点在某个议题上会影响选择的情况下。这些情况常常会引起对于大学共同体和社会之间关系的关注。典型的情况涉及诸如对捐赠资金的管理、军事研究的行为、对待少数民族的态度和大学作为一个消费者在加利福尼亚州抵制葡萄园(the California grape boycott)劳动争议中的影响。在这些领域中,一所大学很容易以中立而不是二选一的方式牵涉其中。

我们现在正处于试图发展一种中立概念的处境之中,我们希望这种中立可以反映自由主义理念的种种要求。当我们作出如下问询时,可能还会遇到这样的问题,是中立的观点还是中立的结果能够提供一种适宜的理论概念。我们需要立即弄清楚,中立的结果并不是我们所期待的。中立的结果关注的是行动的领域;而自由主义理念所要求的中立类型,却是一种主要关于想法和意见的类型。正如已经指出的那样,自由主义的中立的主要作用,是促进对不同意见(dissent)和多样性(diversity)的宽容。

那么,或许此种关于中立的观点正是我们所期待的。乍一看起来,这种关于中立的观点将要求一所大学对任何的思想或意见都不采取立场,也不采纳官方的政策,从而为了可以在大学共同体的成员之间尽情进行自由探究和发现。这种关于中立的观点似乎是与我们所需要的观点很接近了。

但是它也不是完全的正确。它不完全正确,是因为大学确实是以某些特定的方式对知识分子的争论(intellectual disputes)进行了干预。大学主要是通过证明自身能够在知识分子生活中胜任参与者这一角色,来达到其干预目的的。典型的代表是,假如大学的教员们是评判职责所需要的那些智囊团中的熟手,那么这种干预作用就是通过准予大学教员在诸如成员选举和学生的学术生活领域进行控制来实现的。

当这种类型的判断是通过大学的知识生活来得到练习的时候,它将会有效地把一些观点排除在外。天文学系不会聘任占星家(astrologers)或者是托勒密的弟子们(disciples of Ptolemy),同样,化学系也不会雇用炼金术士们(alchemists)。一个大学也许会容忍这样的人在他们知识生活的边缘进行活动,但是他们却会断然拒绝这样的人进入知识生活的中心。

大学的这种做法是对中立的违反吗?在我看来不是的,但是它却需要一种全新的中立概念。在这里,此种类型的适当中立与比赛中裁判员或者仲裁者的中立作用是相似的。在比赛中,理想的中立是指游戏规则的公正执行者。就让我们把这种类型的中立,称为公正的中立(impartial neutrality)。公正的中立,就像观点的中立一样,要求大学在特定的知识争端中不选择这个或者那个党派作为立场的依靠,但是它又与观点的中立不同,公正的中立要求大学(或者是其他以大学为基础而形成的学者共同体)在相关争论中要进一步强化与执行知识标准的积极作用。

共同体中知识分子学术生活的仲裁者角色是以多种多样的方式得以体现的。我已经提过大学教师的选举和留任。但是,如果说有些时候是较为隐蔽的话,那么,权威学术期刊(refereed journals)的编辑(注意"refereed"一词)和一个涉及范围广泛的奖惩系统,(有时)也会起到维持知识分子生活中的能力标准的作用。

因此,在我看来,大学通常是运用自由开放的市场思想中的自由主义概念来抵制社会批判的,基于自由开放的思想市场的自由主义概念之间的主要区别是指,大学中的市场是受到仲裁的,其思想的贩卖者(ideological venders)也是受到监督的,因此可以说,大学中的市场是基于能力的而不是基于所谓的正统学说(orthodoxy)。

这种类型的中立是可能的吗?这里至少需要三个假设。第一,这种中立的概念假定,一门学科的内容和它的评判标准之间存在着可以辨别的差异。公正的中立要求,在应用奖赏和处罚时,只能依据其能力进行,永远都不能根据其持有的意见展开。它认为,有一种系统能力可以区分出一门学科中争论的质量,而这不是简单的依据一个人不同意已经得到的结论。就我的感觉而言,在大多数的学科中这种区分是很容易被理解的,也易于被应用。当然了,在一门学科的有能力的研究者之间,它在一定程度上也确实成了问题,这是因为一个学科的评判标准自身往往因为研究者的不同而遭受争议。

第二,一个中立的概念还假定,一个学科的评判标准是理性客观的。决定谁能够在知识上胜任只能与一门学科的方法一样地客观。因此,一个学科越是"主观",就越难以理性地识别胜任该学科的从业研究者。

上述两种情况的假设是从逻辑上讲的。第三个假设则是从心理上讲的。如果公正的中立是可能的话,那么人类必须能够以一种理性的公平与客观的方式恰当地应用评判的标准。这就既需要他们理解这些标准,又需要他们能克服其偏见和歧视。

关于前述两个逻辑假设,我认为,在大多数学术环境中它们是可以得到充分满足的。或许,第三种假设是最有问题的。即使在一定程度上偏见和歧视是无法避免的,但是也可以从中吸取经验,注意到这一点是很有用的。这表明,即使公正的中立不大可能完全达到,但是它仍然可以一直被视为目标。因此,就这一点而言,关于公正的中立的两种结论是可以被证明的。首先,公正的中立是大学中的自由理念所要求的中立类型。其次,公正的中立是可能的,因此也可以是一贯的目标所在。

在这一点上,我将讨论一些与大学中立密切相关的不同的问题领域,并且我们将看到,我所界定的区分方法是否可以清楚的显示任意政策问题。

起初,有一些领域对于公正的中立的要求是很明显的。公正的中立阻碍着大学把奖赏或处罚与个人之观点联系起来,也阻碍着大学为任何正统学派之学说提供便利以使其成为现实。但是这种要求已经足够清楚了。我认为,我们需要关注一些更加有意思的灰色领域(grey areas),其中最富有成效的探究领域,是大学把自身与更大的社会联系在一起。为了方便起见,我将把大学的外界关系分为两类。第一类,是与一所大学的核心功能不相关的那些活动。如大学的资金消费和投资、资源消耗、教职员工的雇用,甚至包括对交通形式的影响。所有这些活动都会对大学共同体以外的那些生活方式产生影响。第二类,事关一所大学的核心目标的那些活动,但是却以外在于大学的观众视角来指导大学的这些核心目标。现代大学为商业或工业消费者生产知识,并把劳动力培养成为各种劳动市场所需的人力,因此,它们是在为外在的客户提供教育服务。

对于第一类而言,这里有那种有趣的事件类型,即大学是以一种导致中立结果不可能的方式参与进来的。大学在这里的义务是什么呢?我希望可以有理由证明,与大学同等重要的其他机构也有义务,在任何一个这样的争端中表明自身的立场态度。在这些情况下,大学也许会如实地声称自己是中立的,这样声称是因为,对于这样一个争端,它不会有相关正式政策声称它的行动对争端产生的影响。但是这样的回应,仅仅说明了在这些情况下意见中立是可能的。但是它还没有表明它也是可取的。而且,也很难发现当拒绝对一个议题表明立场时会有什么价值,这个议题是指一个人的行动势必会对其产生影响。除了拒绝思考和为个人的行为结果负责任外,这样的一种策略似乎什么也无法达成。到目前为止,由于呼吁中立仅能让一个研究机构忽视其行为的一部分结果,所以尽管研究机构处理外部事件时深思熟虑,其中立的态度仍然令人反感。

在这些情况下,公正的中立也不会真正的受到争议。情况是这样的,因为当争端把这些外在关系偶然的与大学的目标联系到一起时,大学通常会采取一定的立场而不需要对持有异议的学生和教职工强迫实施处罚,也不需要限制信息和思想的自由传播。因此,在大学的行动不可避免的产生结果的情境下,大学似乎有一种道德的义务去采取立场,而且采取这种立场的时候也不需要违反它的自由理念的要求。

第二类最令人头痛的情况是关于大学和社会之间的联系,这些联系可以看做是大学目的的外在延伸。我们首先需要注意的是,现代大学的核心功能概念已经经历了相当大的进化变革。理想大学是与持有宽容和中立的自由观念相联系的,它把追求和传播真理,或者是减少过时的研究和教学作为自己的核心价值。现代大学目标已经逐渐演化发展为教学、科研和服务三位一体的职能。

然而,现代大学目标的这种发展演变并不是通过简单地多加一种功能就达到的。它已经改变了大学三个目标中前两个关于教学和科研的概念。在大学的自由理念中,追求真理和传播真理被当做大学的固有功能,并不需要以一些社会议程的方式去评判。举办大学就是为了把其发展成为一个对社会有用的机构,但是以一种相当间接的方式来发展的。为了知识自身发展而生产的知识依然可以对社会有用。受过教育的人,虽然没有受过专门的职业训练,但是仍然能够发现他们是适应性好与能力强的人,他们能够把工作做好。社会作用是大学成功完成的事情,但是大学却并不以此为目标。

但是,在现代大学里,许多研究和教学是以外在于大学的专门需求为目标的。研究被认为是为了解决早已存在的特定问题,而教学被认为是为了训练人们以成功完成特定的任务。因此,大学的这种服务理念也同样影响了它的其他目标。

这种大学的新观念是如何影响大学自由理念的本质及其应用的,又是如何影响它自身的中立观点的呢?首先,这似乎是显而易见的,如果大学要为社会问题提供直接的解决之道,那么它就必须对这些问题采取一定的立场并且尝试着为它们提供一定的结论。任何服务社会的尝试都将设想一些有益于社会的观点。因此,如果一所大学为犯罪学(criminology)开发了一套程序,但是并没有将此专长应用于诸如黑手党(Mafia)等组织,那么它就不是中立的了。似乎是采取立场和试图产生结论都无法中立。

然而,或许大学能够作出这样的承诺而不用牺牲自身公正的中立。例如,坚持认为这种服务社会的承诺并不需要转化为奖赏或惩罚的方式,并以这种方式去限制自由研究或建立任何官方的意识形态,这似乎是合情合理的。大学共同体的成员们将保留他们内心持异议的自由。因此,公正的中立没有被违背。

但是,这种观点看起来太幼稚和不成熟了,至少有三个理由可以说明它的幼稚和不成熟。首先,承诺为社会提供研究和教学服务,将明显地变为对于人员配备的需求,这样一来,同意服务的特定承诺将变成雇用人员的一个条件。其次,即使是对那些工作有保障的人来说,为了确保制度的奖赏和避免惩罚,也通常会要求他们承担当前流行的社会服务事项。因此,如果一名大学教师不同意他的同事曾经承诺过的一个项目,那么他将发现自己会被孤立,且地位和薪水也都将受到影响。制度化激励因此与此类观点联系在一起。最后,一所调整自身以满足提供社会服务需要的大学,将会发现它奉献的本质明显地受到一种服务市场的强烈影响。毕竟,人们可以期待大学为它的顾客提供服务,它的顾客是指那些能够表达和资助自身需要的人。这就是说,大学将不是服务于任何一种需要,而是仅仅服务于那些能够带来财富和权力的需要。简而言之,大学将要服务的社会概念将是那些工厂或政府倡导的概念。被剥夺社会公民权的团体(socially disenfranchised groups)不大可能在现代大学里找到其拥护者,除非他们首先能够通过政治权力表达他们的需要。

这里得出的结论是,社会服务大学很可能会创造出一种机制,通过这种机制可以将大学的激励系统与大学外部机构持有的观点联系起来,而这似乎又是对公正的中立的明显违背。这里还值得一提的是,这种趋势产生的后果可能是微妙的,并会逐渐侵蚀大学的容忍和中立理念。而且,既然这个侵蚀的过程会通过激励而非胁迫的方式来更多地显示自身,那么它将倾向于完全不引人注意,并且不会遭受到激烈反对的形式。持异议者将不会受到威胁。他们将被指定为代表或是被孤立。

我觉得,这种对公正的中立的制度化侵蚀仅仅是对公正的中立思想的一种概念性替代的体现。我已经说过,从大学自由的理念向大学为社会服务的观念转变在某种程度上是被概念化的,其中部分地体现在教学和科研目标概念地位的变化之中。在自由理念的大学里,教学和科研是其本质的功能,而在社会服务理念的大学里面,教学和科研则是手段的功能。紧随着自由主义理念,如公正的中立而发展的,有两件事情。第一,既然截至目前,科研和教学继续作为大学的核心活动,那么自由思想在大学中仍将继续占有一席之地;第二,这些思想将会在一个不同的框架下被评估和理解。

对于第二点而言,可以通过下面的模式进行解释。让我们设想一种情境,大学的课程被调整为适应一些社会目标,教学和科研将作为一种手段服务于社会目标,且自由思想也同样作为手段服务于社会目标。当前,只要它们被认为是发展与履行社会目标过程的一部分,而不是被认为是与社会目标相对立时,那么伴随而来的内容则是批判、争论和宽容受到重视。因此,在社会服务型大学里面,自由思想像公正的中立一样,将会受到重视,但是这些思想也将导致更多的限制存在,并且当这些思想看起来与服务目标冲突的时候,它们还可能会被拒绝。

这些概念性观点,部分地解释了对自由制度如学术自由和终身教职的抵制日益增加的原因,制度的设计旨在去执行公正的中立,因为它们阻止了将观点与奖赏或惩罚联系在一起。从自由主义的角度来看,这样的制度被视为是一种机构的本质特征,这一机构的目的就是追求和传播真理。但是在社会服务型大学里面,这些制度很容易被视为实现服务目标的障碍。拥有实质自由的个人,很难让自身束缚于法令和管理条例之下。因此,那些觉得有义务把大学目的局限于公共服务的立法者和管理者,似乎不可避免地会将自由制度视为是大学对社会目标进行灵活适应和积极响应的阻碍。的确,他们相当正确。能确保他们成员个人实质性独立的自由制度的灵敏性,将远远低于它们对于社会目标的回应。因此,由于现代大学从自由理念向社会服务理念的转变,自由制度,诸如学术自由和终身教职将会遭受实质性的侵蚀或调整,而这将被认为是合理的。

伴随着这些分析得出的结论是,由于现代大学在概念上用同一种制度把自由和社会服务理念糅合折中在一起,关于中立和自由的一致的解决方案在未来将不会出现。很难从冲突的价值观中得出始终如一的政策。虽然事物的这种状态非常有悖于我的哲学敏感,但是我并不相信这种糅合起来的制度是令人反感的。确实,可以从并列起来的自由和社会服务思想中获得一些实质性的启发。这样的制度或许是提供实用知识的有效方式,而同时也能够避免不加批判地服从社会统治阶级利益的困境。在这里,我的基本建议,是制定一项容许激励与意见挂钩,但是不容许惩罚与意见挂钩的政策。这样的政策提供一种杠杆作用,即通过资源的利用来为目标服务;而同时,又能够最低限度地降低专门批评家批判造成的不利影响。

或许本文可以得出两个主要结论。第一,中立不容易被概念化。我的观点至少说明,关于中立的议题需要通过彻底地分析特定内容的方式来处理,而不是通过概念上的猛烈抨击来处理。第二,分析结果表明,关于中立和其他自由思想最有意思的问题,是从制度价值发生的基本变化中产生的,正是在这个领域对此进行深入的探究将是最有用的。

注释

1. Dougla Peterson, The American Cause and the American University, reprinted in Immanuel Wallerstein and Paul Slar, 'The University Crisis

Reader' (New York: Random House, 1971), vol. 1, pp. 72—3.

2. Robert Paul Wolff, 'The Ideal of the University' (Boston: Beacon Press, 1969), pp. 70—1.

第三章 学生的学术自由与学生/大学之间不断变化的关系

罗慕洛·F. 麦格希欧(Romulo F. Magsino)

■ 导言

阿尔弗雷德·诺思·怀特海在他的《观念的冒险》(*Adventure of Ideas*)一书中评论说:"伟大的思想通常是以一种奇怪的伪装并带着令人生厌的同盟进入现实。"对于一位已经研究过当代学生的学术自由发展的人来说,也许不需要有多少犹豫,就可以作出这样的评论。如果一个人承认这种说法——至少是在教育领域中——接近怀特海所提及的意义重大的男性的实质平等(essential equality),那么学生的学术自由的出现确实就是"奇怪的伪装并带着令人生厌的同盟"。这种自由意味着破烂的衣服、长长的头发、粗鲁的行为、粗暴的语言、性的开放以及反对权威。但是进一步而言,它最初的出现不是作为学生反叛集结的道德理由。用西德尼·胡克(Sidney Hook)的话来说,它反而是"紧随着其他学生对事实真相的要求而意外出现的"。[1]

那种积极的,有时候甚至是暴力的行动,迫使学生学术自由的思想被我们意识到的情况似乎正在逐渐消失。如果最近关于校园学生情绪的报道没有错误的话,那么我们目前所拥有的这一代学生却是"自我中心的一代"(selfcentered generation),他们主要关心的事情是,能够为赚钱且令人满意的工作做好前提准备,并且不受政治激进主义(political activism)和不太遥远的历史中的革命热情所影响。[2]

尽管如此,学生学术自由的时代已经到来了。由于这种强有力的思想是正确的,因此它很可能会继续影响大学的发展。在英格兰(England),学术自由与法律委员会(the Commission on Academic Freedom and the Law)是由全国学生联盟和全国公民自由委员会(the National Union of Students and the National Council for Civil Liberties,简称 NUS-NCCL)共同组成的,并管理着影响学生所有学术自由和法律方面的事情;学术自由与法律委员会建议对学生与大学之间的关系进行激烈的改革。[3]在加拿大,多伦多大学的治理委员会(the Commission on the Government of the University of Toronto)制定出来的报告可以作为当前学生学术自由思想中所呼吁的支持原则。因此,这个报告以"大学治理中的共同体趋势"(Toward Community in University Governance)为题,赞同在大学治理的所有层面都要实行教职员工——学生之间的平等原则,并且支持学生参与大学教师的招聘、升职、终身教职的评定、解雇,以及制定研究政策等事项。学生学术自由的思想似乎是需要这些全部权利,正如多伦多大学前校长克劳德·比斯尔(Claude Bissell)自己所公开表明的:

> 学生的自由日益增多……这意味着他有权力对他的周围环境作出决定,并且有权力受到保护以防止受到制度的强制和不公平对待。他可以否认大学所具有的代替其父母(in loco parentis)的这一理论功能。在有关纪律的事件中,他关注恰当的合法程序,以及在作为公民犯法和作为学生犯法时进行清楚的区分。所有的这些自由都是防御性的。但是坚持不懈的学生试图给出一种更加积极的自由内容。自由是指个人有权利且有权力对自己周围环境有重大影响的事情作出决定。[4]

遗憾的是,如果不是令人不安的话,学生对于学术自由的这些呼吁听起来也是令人费解的。因为不论是在联邦或者是州的宪法、成文法(statutes)以及法律案件中,我们都没有看到有关规定学生学术自由的条款。大学宪章或章程如果确实规定了什么的话,那么其中可以肯定有的内容是规定了该机构拥有管理学生的广泛权力。[5]此外,在大多数国家的教育传统中,确实没有赋予任何一名学生以学术自由。因此,例如在美国,教育家也只是在20世纪60年代的时候严肃地考虑过给予学生学术自由。[6]当时的历史情况似乎是那些在德国受过训练的教育家们,把德国关于学生拥有学术自由的丰富概念带到了北美。这种学术自由的概念,包括学生在大学里自主决定他们所学的课程以及他们的个人生活与社会生活方面的具体自由。遗憾的是,这些教育家们未能把这些概念成功地变成事实。[7]因此,当前声称需要学术自由的学生无法证实这样一种假说,即他喜欢这种自由——顺便提一句,这种假设却似乎是他的大学教师们非常喜欢享受的,尽管大学终身教职的思想近年来遭遇到不断的打击。[8]

当前,在大多数地方我们都没有发现这样的教育传统,即在这种传统中赋予学生学术自由从而能够保障他们不受独裁大学的行为伤害,这样一种现状确实令人感到遗憾。然而,从另一个角度,即大学教育者的角度来看,用一种虚无的、模糊定义的原则去证明大学共同体里面的角色颠倒,尤其是那些角色颠倒的学生是正当的,这种呼吁也是一个非常严重的问题。当然,我们可以在感情上聆听、理解这些坚持不懈的学生的要求。我们应该用智慧而不仅仅是谨慎去考虑学生们这些需求,其中一个典型例子如下:

> 当代问题研究已经开始把学生的学术自由定义为,学生在学术共同体的自由——而不仅仅是探索思想的自由和在学术共同体内部自由表达自己的想法……
>
> (学生学术自由)要求学生必须承担起真正的责任——是真正的参与,

而不仅仅是咨询;是实质性的,而不是形式上的。

真正的责任……必须容许学生在影响他们自身的所有因素中发出决定性的声音,包括学术研究本身也要容许学生这样做。[9]

如果始终如一地执行这些要求,那么在大学内部,尤其是在那些与学生和教师角色有关的方面,这些要求将会产生深刻的变化。正如杜威(John Dewey)在 30 年前就指出过的那样,特权(liberty)或自由(freedom)是权力——是有效的做特定事情的权力。现在,拥有这样的权力同时总是会遇到分配此权力的问题。在某种程度上,要求增加权力也就意味着要求重新分配权力,即有的人在其他地方的权力要变小。[10] 因此,同意赋予学生他们要求的权力,也就是要减少大学(教职员工和行政管理人员)目前正在享有的权力,当然也会包括处理学术事务的权力。无疑,这是一个非常复杂的难题,需要我们进行细致的研究。我们需要提出这样一个问题:学生的学术自由能够证明学生所要求的范围广泛且特定的自由是合理正当的吗?

本文将尝试着走出第一步,试图对我们的问题给出一个合适的答案。然而,在开始之前,有两点还是需要强调的。第一,目前为止,学生学术自由的每个主张尚未形成任何一个统一构想。但是,几个相互矛盾的构想却已经被提出来了,[11] 因此,这就令我们很难同意这些构想最初所指的是同一件事情或者思想。由于缺乏确定的语言用法,缺乏确定的体现学生学术自由思想的教育安排,使得学生学术自由的思想的呈现不过是一种难以捉摸的概念。然而,在这里绝不能让这一思想蒙蔽大家,否则,我们就无法决定,是否应该给予学生在他们学术自由范围内所提出的特定自由。因此,本文的核心任务之一,是至少明晰学生学术自由的本质。

第二,虽然关于学生学术自由的构想各式各样,然而这些构想设计者的目的却是清晰的,即试图通过提供充分的理由让我们信服他们所提出的这些构想。因此,当构想者从构成学生学术自由(这种自由不过被认为是由或多或少的具体自由组合而成)的具体自由内容角度来解释他的构想时,这些特定的自由内容被看成是经深思熟虑而得出的。所以,这一构想,以及学生学术自由中必须包含的思想,在一定程度上,只有当这种提供的理由本身被人接受时,这种构想才能被别人所接受。

在本文中,我将详尽阐述关于学生学术自由的有关理由,并对它们作出评判。本文将指明,这些理由并没有产生能够反映学生学术自由本质的构想。在这样做的基础上,我还将努力详述我所认为的学生学术自由的本质。最后,我将试探性地指出一些特定的自由,它们可能会理直气壮要求其成为本文所提倡的学生学术自由的组成要素。

1. 学生学术自由的正当理由

学生学术自由,不论在过去它以什么形式展现,一般来说它自身都没有被看做是目的。相反,正如大学教师的学术自由一样,[12]它们被理解为实现某些目的的手段。1967年,美国大学教授协会(the American Association of University Professors,简称 AAUP)在《学生权利与自由联合声明》(*Joint Statement on Rights and Freedoms of Students*)的开篇之言也证明了,学生学术自由是作为实现一些目的的手段:

> 学术机构存在的目的是为了传递知识、追求真理、促进学生发展和促进社会全面的幸福安宁。自由探究和自由表达对于实现这些目标来说是必不可少的。
>
> 学生学术自由的最低标准……对于任何一个共同体的学者来说都是必不可少的。[13]

如果学生学术自由确实是一种手段的话,那么这种理由将至少满足两个要求:第一,在某种程度上,手段与目的是联系在一起的,因此接受手段就需要首先接受它的目的;第二,由于在某种程度上手段是实现目的的用以凭借的方法或对策,因此这种手段必须是可以实现目的的一类事情,并且它能够以最有效的方式实现目的,且与目的的本质相符。[14]

现在那些支持学生学术自由思想的人,有充分的理由主张学生在大学里享受这种自由。他们坚信它的必要性可以得到充分的证实,并且相应地他们还给出了诸多理由。这些理由可以简单地分为两大类。[15]一类,我们或许可以称之为"合法理由"(legal justification),即把学生主张的自由当做是合理的,因为他们处在一个民主的社会,而这个社会保障其成员的特定利益和自由。所以,学生学术自由被看做是个人政治自由、法律自由和平等自由的子类(sub-species)。在美国公民自由联盟(the American Civil Liberties Union,简称 ACLU)中,约翰·塞尔(John Searle)、威廉·范·埃尔斯丁(William Van Alstyne)和威廉·比伦鲍姆(William Birenbaum)等人支持这种观点。[16]另一类理由认为,大学的本质是一个独特的、专门的完成某些特定任务的机构,而要完成这个任务就需要一定的自由,这不仅仅是教职员工需要的,也是学生需要的。这种"作为机构的理由"是由美国大学教授协会、R. M. 麦基弗(R. M. MachIver)、菲利普·莫尼彭尼(Philip Monypenny)和 E. G. 威廉姆斯(E. G. Williamson)等人主张的。[17]

(顺便说一下,在最后的分析中必须指明,这两种理由实际上都是基于自由主义民主思想,它注重知识和理性在人类习惯约定俗成中的地位。所以,为学生学术自由进行辩护的这两类理由虽然在最终的目的方面存在不同,但是与实现最终目的的手段相比,其差异要小得多。为了实现上述理想,有的人强调有必要为社会的所有机构制定统一的标准或关系模式;而有些人则坚持认为,每个社会机构内部都要保持着独一无二的标准或关系模式。[18])

(1) 合法理由

在最近的一份权威声明中,美国公民自由联盟是这样宣称的:

> 一般说来,学术自由与共同体中的公民自由是相似的,它不仅包括自由探究、自由表达和持不同意见的权利,还包括法定诉讼和平等对待的权

利,这些都是为了确保教师和学生充分享有宪法规定他们享有的自由。[19]

由于公民自由优先,他们可以无视教育因素。因此,比伦鲍姆(Birenbaum)指出:

> 教育政策……在考虑言行、集会、出版和联盟自由时,其不是唯一用来决定提出什么建议的因素,也不是决定性因素。从根本上而言,这些问题实际上是宪法问题。我们必须求助于最高法院(Supreme Court)的决定,因为它才是这些问题的唯一可靠的方向。[20]

接受这一观点的意义是相当容易辨别的。考虑到大多数的大学生已经达到了法定年龄,而且美国当前非常关注公民自由,因此,传统的大学/学生之间的关系正面临着剧烈的变化。支持大学对学生拥有绝对权威的理论[21]已经放弃了最后一片领土,而且,由于影响学生的法院裁定已经被详细阐明,同时,立法机关也考虑通过法令保障学生自由,[22]因此学生自由的内容越来越丰富。在美国,20世纪60年代的法院激进主义(court activism)作出了过量地否决父母替代作用的决定,并且还放弃了契约关系中的学生权利。这样做的结果,是导致大学/学生之间的关系发生了不可逆转的变化。不仅如此,更令人不安的是,由来已久的、神圣的大学自主权实际上也受到司法部门的挑战。大学或大学法定代表们时不时地会突然收到法庭的传票。学生骚乱的受害者、康奈尔大学(Cornell University)前任校长珀金斯(Perkins)表达了他对此种情况的忧虑:

> 我们惊恐地发现,它犹如从灰烬中升起的幽灵,粗鲁地以法院案件的形式挑战曾经被认为是教育世界中特有领地的决定。这些案件的卷宗档案似乎是要证明司法程序可以代替学术程序。[23]

这种惊恐是可以理解的。然而,如果认可大学管理学生的广泛权力是建立在无论是从道德上还是从法律上都受到质疑的原则之上;如果赞同大学生在大学当局独裁自治下要想获得司法和立法更多的保护只是时间早晚的问题,[24]那么,就不用再惊恐了,而这种惊恐还要让步于实际情况的现实评估。马尼托巴大学(the University of Manitoba)西布里(Sibley)教授所持的观点似乎是比较合理的。虽然他的观点处理的是加拿大大学的自治问题,但是他的评论却可以轻松地用来解释美国或英国大学的情况:

> 我很乐意作出这样的假设:如果我们决心坚定地行动,那么我们会在半途中渐渐地遇到社会和政府的阻碍。现在对大学所产生的波涛汹涌的敌意可能会受到检查,并且理智的适应也会到达。我们之前的许多自治将会消失;我们作出决定的界限将受到严格的限制。我认为它肯定会这样发展,这点毋庸置疑。基于这些变化,我们的任务是不惜一切代价地限定并保护我们的核心价值观念,同时放弃那些次要与附带的价值观念。[25]

不论我们高兴与否,似乎司法行动和立法程序都会赋予学生以具体的自由。但是,我们关心的问题是:我们能够把这些具体自由累积起来并将其看做是学生的学术自由吗?

作为对这个问题的回应,至少有两点是可以提出来的。第一,必须承认,正当的合法理由足以摧毁那些在面对学生时大学所拥有的绝对权威的理论。而且必须承认，这种理由可以作为决定大学中学生自由内容的一个原则。尽管如此，这并不是说赋予学生作为公民身份的自由就包括学生的学术自由了。简单而又更准确地来说，我们这里要说的自由，是任何社会的其他成员享有的公民自由，不论是医生、销售员，还是垃圾清洁工。如果仅仅是因为这些自由是在学术机构的限定范围内由学生所享有的，而我们就将其称为"学生的学术自由"，那么，我们肯定会牺牲学生的学术自由这一概念的清晰性——甚至会误导人们对这一概念的理解。

第二，很显然，如果学生的学术自由，是用来代表那些从法律角度所赋予学生的具体自由的话，那么我们在实施这些自由的时候，就会把大学追求它自己独一无二任务过程中所产生的那些学生自由概念排除在外。如果仅仅是因为这些具体自由是与大学作为教育或者学术机构运行而独特地出现，就把它们排除在我们关于学生学术自由的观念之外的话，那么很遗憾，我们是牺牲不起的。例如，一位教授可以给他的学生们自由设计其课程内容的自由，而这种自由只要服从其监督即可。在这里我们所享有的自由，可能也是在教育意义上值得享有的自由，但是在任何可以想象到的层面上，这种自由从源头上都不可以被看做是法律自由或者公民自由。同样的，学生选择选修课的自由、选择他们自己的教授导师或者选择课程模块的自由，以及以他们自己认为合适的方法进行指定主题研究的自由，都会受到教授的监督。从根本上而言，这些自由在法律上不可能是无可非议的，然而，它们却正是我们所认可的在学术领域应该赋予学生的那种自由。

这些构想设计者们从合法角度出发设计学生学术自由概念，这样一来，这两点实在与他们自身的举棋不定有关系。一方面他们关于大学对学生的独裁统治和绝对权威性感到愤愤不满，并因此致力于制定学生学术自由以便让学生能够享有每位社会成员都应该享有的自由。但是，以这种方式获得的学生学术自由实际上也就证实了，此种自由与其说是实现大学目的的一种方式，还不如说是实现预期的社会安排的一种方式。例如，作为学生学术自由的一部分，学生有权向大学游行示威，也有权罢课；这样的大学与其他任何一种服从于这些活动支配的社会机构一样，没有什么差异。进一步说，情况必须如此，这是因为社会的利益需要这种安排，每个社会团体，无论是少数人团体还是多数人团体，都能够借以表达出他们自身的利益。当然了，除了大学被寄希望能够做一些不要参与为利益冲突方进行调解的事情，学生能够这样做是没有任何错误的。如果我们可以引用"格林的隐喻"（Green's metaphor），即大学可以被视作"市场"，在这种市场内部，各种关系源于对资历和要求的考察检验。在市场模式中，被考察检验的内容不是理性，"它是影响力（power）和欲望（wants）；它不是普通的优质商品，而是我的利益。市场机制提供的不是考察思维力而是考察讨价还价的能力（bargaining power）……"[26] 当今的大学如此复杂，如它的集体宿舍、自助餐厅，以及与学生的契约关系，以至于大学的大部分关系都可以依靠市场模式得到解决。

但是，再次引用一下"格林的隐喻"则可以发现，由于大学与知识有着天然的联系,它也是以"法院"(tribunal)模式运行的。可以这么说,这是一种经过深思熟虑后的裁决,利用理智的指引,它决定着相信什么是合理的以及做什么是合理的。[27]如果学生能够在这种"法院"模式的与众不同的活动中培养出一定的能力,而且如果自由在培养这些能力的过程中起到了一定的手段作用的话,那么赋予他们自由以为他们参与"市场"活动做好准备,这简直是不合适的。毫无疑问,我们需要为他们提供的是自由,是那些能够有助于培养学生胜任"裁决"活动的自由。如果不这样做——学生的学术自由似乎被理解为是由与"市场"活动相关的具体自由组成的——这实际上也就违背了其最终的目的,即违背了将其理解为作为手段的学术自由这一思想。

另一方面,合法地基于学生学术自由的构想者们可能会注意到大学的学术活动。随后,他们可能会提出建议,即这里存在着可以把特殊的学术自由纳入自由的各种可能。尽管可能有些令人担心,但是如果听到事情会这样发展还是令人非常兴奋的。然而,此时把学术自由纳入构想之中的可能性是没有的。美国法院(The United States courts)以干预大学事务而著名(或者是叫臭名昭著),总体上来说一直努力抑制对大学的基本学术事务发表声明。[28]当然了,如果他们愿意的话,他们可以通过促进包容性的程序来界定学生的学术自由。如果能与大学捆绑在一起,那必将非常有效。[29](而且,非常确定地说,法院在此之前肯定也凭空做出过类似奇怪的事情。)但真正的问题是:法院有必要这么做吗?

毫无疑问,这个问题相当复杂难解,本文不会对此问题给出回答。[30]不过,如果法院这么做,必定会激烈颠覆大学在传统上令人尊重(法院和立法机构都尊重的)的学术自治问题。很显然,证明的负担在于,司法部门需要表明,剥夺大学的自治权力是非常必要的。在很多问题中,司法部门至少需要令人满意的回答好下面这些问题:

① 大学在履行其与学生的学术关系的那些职责时有没有失职?
② 法院有能力处理大学学术问题吗?
③ 对学术问题的司法干涉将会如何影响大学目标的实现?
④ 对社会某一个机构进行的司法干涉将对社会整体以及其他机构产生什么影响?

如果不能对这些问题给出令人信服的回答,那么学生学术自由的司法干预构想将不得不继续等待。同时,这也是我们该讨论另一个理由的时候了。

(2)制度理由

许多支持学生学术自由的教育者试图证明,大学作为一种独一无二的社会机构,从其功能或本质角度而言,学生拥有的广泛自由无可非议。有一位教育者直言不讳地说,这些争论的真正问题在于它是一个教育问题:"允许一个公认的学生组织根据他们自己的喜好邀请演讲者到大学讨论任何一种主题,无论讨论的这个主题是多么的富有争议,这可能是一个最理想的有效案例,判断这个有效案例的依据应该是教育而非政治。"[31]大概,自由言论也同样可以这么说:"从教育角度来说,应该鼓励学生出版发行他们自己的报纸、期刊和宣传手册,交换思想,对重大议题进行评论,检验和质问他们老师的观点。"[32]

与法律理由相比,就学生学术自由作为实现大学特定任务的手段这一情形而言,制度理由采取了一种旗帜鲜明的立场。尽管如此,这个理由似乎也没有产生出一种可接受的学生学术自由的构想。有两个理由可以解释这种情况。

首先,我们无法确定大学的制度独特性体现在何处。毫无疑问,公众和教育者分别从不同的角度来看待高等教育机构。借用"罗伯特·保罗·沃尔夫的隐喻"(Robert Paul Wolff's metaphors)来说,即这些大学机构被看做是学术者的圣殿、职业的训练营、社会公共服务站和权威人士的装配生产线。[33]在学生骚乱的极大压力下,大学也必须为爱批评的公民提供试验基地。[34]但是,我们遇到的问题是,除非我们可以与为学生学术自由所服务的精确目标达成一致,否则我们就无法对其有效性进行评价,即对其建议的、制度上合法的对组成自由要素的有效构想进行评价。

在后文我们将指出,这个问题并没有像我们想象的那样走进了死胡同。但是现在,让我们设想,我们已经在大学独一无二的目标方面达成了一致。应该如何看待基于这个目标的构想呢?对这个问题的回答将同时表明第二个理由。

关于制度上合法的构想中(例如,由美国大学教授协会、威廉森、米勒和皮尔肯提出的构想),相当出乎我们意料的是构想内容,它包括了一些法律上的合法构想(例如,由美国民主自由联盟 ACLU 和比伦鲍姆提出的构想)所包括的具体自由。就如同后者法律上的合法构想一样,制度上的合法构想所表现出来的范围并不广泛。因此,制度理由可以解释所有这些具体的自由内容吗?例如,下面是米勒和皮尔肯所列出的部分自由内容:

① 不论是建立一个学生治理机构去管理他们自由的校园活动,还是提升其共同的教育、社会或政治目标——即使这些目标中有一些目标在本质上也许是冲突的,学生都应该有成立组织和加入团体以增进他们共同利益的自由;

② 就学生个人或者集体来说,他们有发表言论的自由;

③ 他们应该与其他人一样,有不受制度限制参与校外活动的自由。[35]

在米勒和皮尔肯看来,这些自由是为了确保一个目标,即保证对于知识与真理的探索研究——这一功能是大学所特有的。但是,上述第一种自由会支持社会团体的促进发展活动,并有利于这些团体积极寻求社会目标和政治目标的实现。然而,一方面虚心地探求真理,另一方面却通过施加压力或者是游说的方式来持续维护一个集团的利益,可以确定这两个方面之间存在着显著的区别。一个是学术性质的、不带偏见的努力尝试,另一个则是社会—政治行动,它对于真理的关心远远少于对于一个团体观点的接受程度的关注。第二种自由可能也会有类似的评论,其概念内涵经常会被扩展(例如威廉森就是这样做的),包括举行游行示威、监督、请愿或者是室内静坐罢课的自由。非常明显,这样的过程就是一种权力策略,这种策略被设计为是将一方的观点强加给另一方,但却没有对利益进行合理的探究。原则上而言,这些内容是与客观追求真理相悖的。最后,第三种自由明显是多余的,因为高等教育机构根本无权插手管理大学以外的学生活动。

然而,追求真理也许可以被看做是大学的唯一功能。也许有人会争论说,其他功能能够合理地解释有着广泛学生自由的构想。最近,在批判性公民社会发展过程中,人们对大学的角色提出了热烈的建议。正如布鲁克(Broek)等人指出的那样:"学术领域的自由并不比社会中的自由缺乏真实性,如果学术自由要想幸存下来并服务于它的目标的话,那么它就需要定期且有力的执行。"[36] 如果学生要成长为一名有责任感的、有判断力的公民,那么他们需要广泛的自由吗?要回答这个问题,必须考虑下面两点。

第一,社会批判主义者(social criticism)或是有道德的公民在利益团体、游行示威或者是监督等类似的方面需要让学生插足,这根本不明显。那些主张培养有判断力公民的人,并不想成为无政府主义者。相反,他们认为,个人是可以从事严肃的道德话语和道德行动的。现在,从事道德话语和道德行动至少需要两个方面的条件。一方面,它要求参与者拥有与特定问题或者即将发生问题相关的知识,或者如果他不具有某个问题方面的相关知识,也至少掌握获得这些知识的技巧。另一方面,它要求参与者理解并坚持某些特定的原则或者价值观念,这些原则与价值观念是构成道德话语的基础,诸如考虑其他人的观点、尊敬他人、公正、诚实等等相似的道德品质。当学生进行游说、游行、监督或是静坐罢课的时候,没有人会相信,上述两个方面得到了促进和发展。

第二,即使认同学生需要经历诸如游行示威或者任何一种活动,从而成长为富有批判性的公民,不过这些大学同意与监督的活动应该是符合秩序的。如果在大学里培养所需的公民需要具有责任这一素质,有关当局决定学生应该参与哪些活动就顺理成章了。否则的话,就无法解释为什么大学应该承担责任。因此,如果游行示威等类似的自由被看做是有批判性的公民所必不可少的,那么向学生确保这些自由就离不开大学或者大学教职员工的评价和监督。由于上述原因,这些自由不能够与学生的合法自由等同起来,是否践行这些自由完全依靠学生们自己。

现在,所有问题的关键是,那些试图通过寻求大学的教育本质而对学生学术自由的组成部分进行分类的人,还不能够提出任何一种令人信服的构想。这种失败非常令人遗憾,因为大学的教育本质确实是指学生享有一定学术自由,正如我将在下文指出的那样。

回顾前文,我们发现关于学生学术自由主张的阐述既不清楚,也不连贯,更不充分。一方面,法律理由的主张者得出的理由确实是合法的或是公民的自由,但不是学术的自由。就算大学生被赋予了公民自由,还是需要正当理由来解释学生声称所要拥有的其他一些自由,这些自由是作为学生而非作为公民应该享受的。否则,就无法形成最初想要达到的全面的学生学术自由。可惜,法律理由看起来无法解释这些。即使它能够解释,也会招致部分教育者的异议,因为在大学里,这些教育者非常有理由相信,他们在决定影响教育事业的发展方面拥有决定性的意见。很显然,此种异议是合情合理的。因为要根据学生的公民权利而赋予其全部的自由,这实际上也就毁灭了大学在学术领域的自治权。

另一方面,制度理由主张者常常形成明显超出法律允许的概念。这种状态的最终发展结果是学生声称其拥有的大学自由将变得很微弱。这是最不幸的事情了,因为类似例子确实发生过。

不过,相比先前的讨论,这已经清晰多了。大学生可以坚持声称他们至少拥有两种类型的自由,不过把他们所有要求的自由都简单地纳入到学生学术自由的标题下,肯定对他们没有好处。如果他们与两个阵营即法律的和学术的阵营进行斗争的话,那么或许他们对自由的追求会更加理智且有效。任何一个阵营的主张者都不得不为实现他们目标所需要的相关自由而奋战。我们有必要将此留给法律阵营的人去讨论。而在接下来的部分中,我们将尝试站在学术阵营这一角度对学生自由的正当理由进行初步的探讨,我们将给出一个试探性的但却是更加可行的关于学生学术自由的概念。

2. 形成一个能够接受的概念

很明显,第一步是明确作为手段的学生学术自由所要服务的目标。跨出第一步的困难是我们正面临着价值观问题——通常这些问题都是不容易轻松解决的,道德哲学的历史已经证实了这一点。通常情况下,这类问题是通过暴力解决的,或者是如果没有解决此类问题,那么在社会多元性的民主思想下就要允许保持这类问题的未解决状态并且要保持其神圣不可侵犯的状态。

尽管如此,无论情况如何,人们无法相信大学也同样难以同时实现这些价值。一所大学的教职员工是形形色色的人,而且他们的活动也是各种各样的。在一所现代大学里,建议一个人追求他自己的目标,可以为职业做好准备,为社会服务做好准备,为工厂就业或者为成为有批判性的公民做好准备,这个建议并不完全是不合情理的。但是这涉及两个关键之处:第一,大学能够为所有这些目的提供帮助,而这仅仅是因为它建立了知识体系本身,大学可以使这类知识体系满足各种目的;第二,我们希望能够更加容易地实现我们的目标,而这是因为在大学里能够追求更加高深的知识。因此,不论我们规定大学应该承担什么任务,我们都能够找到一个共同之处,即大学对于知识的关注。不论人们认为大学应该是什么样子,或者应该做些什么,但它在探索知识和传播知识方面的独一无二的作用却是无可争辩的。

现在应该陈述一下与大学关注知识有关的一些特征了。第一,只要大学关注知识,那么教职员工的地位就必然是至关重要的。如果说没有学者共同体不断地致力于知识的完善和扩展,那么知识也将无法独立存在,这种说法并没有什么不合适。由于大学的教职员工及时且直接地探索知识和传播知识,因此他们是决定大学知识活动的最佳人选。

第二,如果前面的观点有充分的理由,那么大学(关键是教职员工,他们在那些促进大学知识活动的行政管理人员的帮助下)就是相对于法院、立法机构和整个社会的特定机构。当然了这并不是说,大学的独立就是完全彻底的。正如克里滕登(Crittenden)所指出的那样,学术自由是一种特殊的自由,它依赖于"至少是某一些领域内社会成员是否相信知识进步,这对于实现他们高度重视的其他目标来说是非常关键的"。[37]不过,由于知识的社会价值无处不在,而且有能力的学者参与知识活动之中,因此,允许大学学术自治的理由相当明显。

第三，在决定学生可以正式参与的活动和通过知识引导的活动时，处于与知识生产相关的特定立场的教师们显然认为学生处于从属地位。但并不能因此就表明，不需要考虑学生的观点。在决定哪些知识活动影响学生时，有一个完美的好例子可以用来呈现和代表上述观点。然而，很明显，最终的决定必然在于教职员工。

那么，必然涉及大学自治的可能是哪些活动呢？我们试探性地列出了一系列的活动，可能包括以下方面：

① 决定教学、学习和科研行为的活动；

② 对那些即将从事教学、学习和研究活动的学术资格进行具体界定的活动；

③ 为授予奖励、授予学位、评定等级、评定奖学金等方面制定标准的活动；

④ 为满足个人持续参与大学共同体的活动确定最低学术标准的活动；

⑤ 制定大学校历以及确定课程的活动；

⑥ 为执行上述任何一种活动制定规章和程序，并相应制定出违反它们应受到的处罚的活动。

正是因为与这些活动相关联，大学才能够完全自治，而不用担心逐步出现的、构成当代社会生活重要特征的法律文牍主义（lealism）。同时，也是因为与这些活动密切相关，大学，尤其是其中的教职员工才感觉到在学生追求知识的过程中，他们有权决定应该给予学生什么样的自由。而且，他们用来决定这些自由的原则可以阐述如下：这一特定的自由可以促进学生探索和理解知识或真理吗？根据这一原则，我们所谓的学生学术自由概念又需要包括哪些具体的自由？

要想圆满地回答这个问题，我们需要非常仔细地审查与大学传播和探索知识直接相关的活动流程，并随之确定在这些活动流程中学生的学术自由是否是必需的。毫无疑问，这是一个非常艰巨的任务，已经超出了本文的探讨范围。尽管如此，我们还是可以大致地设想一下这些自由可能是什么样子的。它们很可能正好属于下面两类中的一种：① 因为它们的目的及它们的内容的学术本质而具有学术性自由；② 因为其所涉及活动的目的而具有学术性自由。

第一种自由，如选择课程、选择个人的教授导师、决定个人的课程内容等等，由于它们的目的和内容性质，因此可以被看做是学术性的。当把这些自由赋予学生的时候，是希望这些自由能够鼓励学生积极地探索他们感兴趣的知识。同时，这种类型的自由只能在学术机构里面出现。

第二种自由，是在从事某些活动的时候也许会给予学生一定的自由，在更为广泛的社会中也可以发现这些自由。当一个学生质疑并反对他的教授所讲授的观点时，教授是容许他这么做的，因为学生的质疑与反对，可以进一步加深该学生对教授呈现给他的主题知识的了解。然而，需要指出的是，这种质疑和反对在大学之外的日常话语中也是经常发生的，并且受到法律的完全保护。这之间的不同在于，大学里的参与者的质疑和反对的目的——是他们作为学者和学生在探求知识时的内在目的。但是一个令人疑惑的问题是：这种类型所引发的自由与部分的学生学术自由之间的差异是什么呢？答案是，我们希望能够进行区分。

例如,我们可以设想一些教授,他们教授有关色情描写(pornography)及其对个人和社会影响方面的课程,这些教授允许他们的学生仔细观察,并在上课的学生之间传阅必然被定义为色情的素材。当然了,在许多共同体中,传阅和仔细观察这些素材并非罕见,但他们通常会受到法律的惩罚。然而,大学里面这么做的目的,就是让我们进一步理解一种令人讨厌的社会问题,但是这些活动很可能超出了法律禁止的范围。

大学中可能还有其他受到保护的自由允许学生参与享用。例如,教授和学生同样可以坦诚、全面地研究对抗政府的反叛或革命理由。可以想到的是,在更广阔的社会里面,此类活动可能被解释为煽动造反,法院很可能宣布它是非法的并对其进行处罚。但是,由于这种活动发生在大学里面,我们认为这种活动不需要受任何惩罚。同样的,修读现代意识形态课程的学生也许可以邀请知名的无政府主义者(anarchist)来演讲,这些无政府主义者从来都是向他的听众鼓吹无政府主义并且倡议他们进行革命。有理由相信,在这样的演讲中演讲者和学生都应该免于法律的制裁。因此,正如合法的正当自由一样,学生的学术自由能够为学生提供一些保护措施。

然而,对学生的保护不是学生学术自由的唯一理由,或者甚至是最主要的理由。从根本上而言,这种自由源自于满足学生理解人类智慧遗产的双重任务的需要,至少是其中有一些人,他们将会进一步拓展人类知识的边界。以迈克尔·奥克肖特(Michael Oakeshott)的话来说:

> "学术自由"已经成为好心的但却糊涂的主张者口中的行话。但是实际上,它只支持一个意思:学术的自由,即大学拥有研究人类理解力领域的自由,也拥有接纳后继学生成为这个知识遗产领域成员的自由。[38]

类似地,我们可以说学生学术自由只包括一个意思,即成为学术研究中一个参与者的自由,享受大学追求人类认识的自由。学生享有其他的自由,即法律规定的那些自由,而且我们一定要在大学里面遵循这些。但是作为人类知识遗产后续接班人的传授者,大学教职员工迫切需要关心的是:不论给予学生什么自由,都应该能够促成学生在知识领域中取得他们最大的成就。

注释

1. Sidey Hook, "Academic Freedom and Academic Anarchy" (New York: Dell, 1969), p.35.

2. 参见:Now, the Self-Centered Generation, "Time" (Canada), September 23, 1974, pp.58—9.

3. The National Union of Students and the National Council for Civil Liberties, "Academic Freedom and the Law" (London: Goodwin Press, 1970).

4. Claude Bissell, The Student Version, in "Student Power and the Canadian Campus," ed. Tim Reid and Julyan Reid (Toronto: Peter Martin Associ-

ates, 1969), p. 128.

5. 加拿大纽芬兰省立法通过的法案,又称做《纽芬兰纪念大学(修正案)法案(1974)》,与其他有关大学拥有处罚和惩罚学生的权力的法案一样,它赋予大学董事会惩罚学生的完全权限,并且提供所有上诉和定罪的程序,给予大学诉讼自身的权利。

6. 例如美国大学教授联合会,只是在1964年成立之初声称保护学生学术自由是教师的义务,呼吁给予学生学术自由。美国民主自由联合会(ACLU)同样早在1925年就呼吁过,但是此后他们的工作远远脱离大学,直到近来才又开始听取大学的呼声。

7. 但是,美国大学确实尝试过让概念变成现实。参见:Romulo F. Magsino, 'The Courts, the University, and the Determination of Student Academic Freedom,' Ph. D. dissertation, University of Wisconsin Madison, 1973, ch. II, pp. 9—47.

8. 对于这个问题的解释还没有得到彻底的认可。参见:Walter P. Metzger, Essay II, in 'Freedom and Order in the University,' ed. Samul Gorovitx (Ohio: The Press of Western Reserve University, 1967), pp. 63—8.

9. Greg Lipscomb, A Student Looks at Academic Freedom, in 'The College and the Student,' ed. Lawrence E. Dennis and Joseph F. Kauffman (Washington, DC: American Council on Education, 1966), pp. 289—90.

10. John Dewey, 'Problem of Men' (New York: Greenwood Press, 1976, 1968), pp. 112.

11. Among the formulations available are the following: American Association of University Professors, 1967 Joint Statement on Rights and Freedoms of Students, in 'Academic Freedom and Tenure,' ed. Louis Joughin (Madison: University of Wisconsin Press, 1969), pp. 66—74; American Civil Liberties Union, Academic Freedom and Academic Responsibility, 'AAUP Bulletin' 42(1956), pp. 517—23; American Civil Liberties Union, 'Academic Freedom and Civil Liberties of Students in Colleges and Universities'(New York: ACLU, 1970); William Birenbaum, in 'The Campus Crisis: Legal problems of University Discipline, Administration and Expansion' ed. Barbara Flicker (New York: Practising Law Institute, 1969), pp. 19—51; Rubin Gotesky, Charter of Academic Rights and Governance, 'Educational Forum,' 32 (November 1967), pp. 9—18; Robert M. MacIver, 'Academic Freedom in Our Time' (New York: University of Columbia Press, 1955), pp. 205—22; Theodore K. Miller and George P. Pilkey, College Student Personnel and Academic Freedom for Students, 'Personnel and Guidance Journal,' 46(June 1968), pp. 954—60; Student Bill of Rights of the United States National Student Organization, 'School and Society,'68(August, 1948), pp. 97—101; E. G. Williamson, Students' Academic Freedom, 'Educational Record,'44(July 1963), pp. 214—22; and DO Students have Academic Freedom?

'College and University,'39(Summer 1964) pp. 466—87.

12. 这个观点在美国大学教授联合会的文件中说得非常清楚,以下几点是此联合会自创始以来的立场的典型代表:

很显然,大学不主动接受学术自由的最大化原则并且最大化实现学术自由,它就无法履行它自身的三重功能。大学的整体责任对于社区和任何限制学术自由的教育者而言,必然损害大学的有效性及其道德,并且因此最后对社区利益产生危害。

参见:the American Association of University Professors, The 1915 Declaration of Principles, in 'Academic Freedom and Tenure,' ed. Louis Joughin (Madison:University of Wisconsin Press, 1967), p. 165. 也可参见:Brian Crittenden, 'Education and Social Iedals' (Don Mills, Ontario:Longman Canada, 1973), pp. 62—6.

13. American Association of University Professors, 1967 Joint Statement on Rights and Freedoms of Students, in 'Academic Freedom and Tenure,' ed. Louis Joughin (Madison:University of Wisconsin Press, 1967), p. 66.

14. 两个与这两个要求有关的观点可能需要提及。第一,这些要求将会成为我们试图达成的原则;第二,"与一个目的的本质一致",我仅仅是说我们关心道德目的(这正是我们这里所关注的),并且如果我们集中在道德课程中寻找实现我们目的的方式,只有道德方式值得考虑或满足要求。

15. 我使用"分类"一词来说明两种理由,每一种理由都可能得到进一步细分。因此,合法理由可能是强调既有程序,也可能强调实质自由,或许这也可以称为制度化理由。若想进一步了解关于这些详细理由的讨论,请参看 Magsino, po. cit., chs Ⅲ, Ⅳ, and Ⅴ。

16. American Civil Liberties Union, 'Academic Freedom and Civil Liberties of Students in Colleges and Universities,' (New York:ACLU, 1970); John Searle, 'The Campus War' (New York:The World Publishing Co., 1971), pp. 184—97; William Van Alstyne, Student Academic Freedom and the Rule—Making Power of Public Universities:Some Constitutional Consideration, 'Law in Transition Quarterly,'2(1965), pp. 1—34; William Birenbaum, in Flicker (ed.), op. cit.

17. American Association of University Professors, 'Academic Freedom and Tenure;' MacIver, op. cit.; Philip Monypenny, Toward a Standard for Student Academic Freedom, in 'Academic Freedom:The Scholar's Place in Modern Society,' ed. Han W. Baade (New York:Oceana Publications, 1964); E. G. Williamson, Do Students Have Academic Freedom?, 'College and University,' 37(Summer 1964), pp. 466—87.

18. 当然是反对司法活动的一个理由,法院正式通过此理由把统一的标准(如既有法定程序)加诸于社会机构之中,这使得社会机构的本质和作用受到了威胁。参见:Lon Fuller, Two Principles of Human Association, in 'Voluntary Association,' Nomos Ⅺ, ed. J. Roland Pennock and John W. Chapman

(New York: Atherton Press, 1969), pp. 3—21.

19. American Civil Liberties Union, 'Academic Freedom and Civil Liberties of Students in Colleges and Universities' (New York: ACLU, 1970), p. 4. 这与瑟尔的论述一致:

基本原则是教授和学生一样都拥有发表言论的自由、询问的自由、参与联合会的自由、出版的自由,这些是一个自由社会中教授和学生作为公民必然享有的权利。但是截至目前,实现这些自由的方式受到了严格限制,以保护大学的学术功能和其他附属功能。

参见: Searle, op. cit., p. 191. Searle's formulation is more sophisticated than the ACLU's, though no less questionable as student academic freedom.

20. Birenbaum, op. cit., p. 31. 最高法院拥有至高无上的权力,在这里反映了美国的传统,即法院的司法评论权得到充分的认可,特别是在关于权力方案的解释和履行方面。

21. 理论和学说:一是关于父母地位,二是大学入学特权,三是在合同关系中放弃学生权利。要知道对这三个观点的简要评论,请参看 Developments in the Law-Academic Freedom, in 81 'Harvard Law Review', 1144(1968)。

22. 如1973年冬天,美国威斯康星州立法机关召开听证会听取关于学生的权利法案提议。

23. James A. Perkins, The University and Due Process, in 'American Library Association Bulletin' (September 1968), p. 977.

24. 我认为这些观点是无可争辩的。请参看 Roy Lucas, Student Rights within the Institutional Framework, in Flicker (ed.), op. cit., pp. 30—86. 更多论述,参见:45 'Denver Law Journal,' 502—678(1968).

25. William M. Sibley, Accountability and the University: Is Whirl to be King?, in Proceedings of the Third Annual Meeting (1972) of the Canadian Society for the Study of Higher Education, no paging.

26. Thomas F. Green, 'The Activities of Teaching' (New York: McGraw-Hill, 1971), p. 223.

27. Ibid.

28. For instantce, in Mustell V. Rose, 211 So. 2d. 489 (1968). 一个医学院学生因为成绩不好被勒令停学,他对此进行法律诉讼,但是法庭拒绝受理此案件。参见: D. Parker Young, 'The Legal Aspects of Student Dissent and Discipline in Higher Education' (Athens: University of Georgia Press, 1970).

29. 法院说法律是什么样,它大概就是什么样的。用贾斯蒂斯·霍姆斯先生的话说是:"事实上关于法院职责而言,我可以毫不自负地说,就是我所谓的法律。" Quoted by Clark Byse, Procedure in Student Dismissal Proceedings: Law and Policy, in 'Student Rights and Responsibilities,'. ed. J. W. Blair (Ohio: S. Rosenthal, 1969), p. 135.

30. The question of judicial intervention in university affairs is evaluated in Magsino, op. cit., ch, Ⅴ, pp. 173—217, and ch. Ⅵ, pp. 215—29.

31. Sidney Hook, Freedom to Learn but not to Riot, 'New York Times,' 3 January 1965, p. 16. Later in his 'Academic Freedom and Academic Anarchy' (New York: Dell Publishing Co., 1969) he uses 'freedom to learn' interchangeably with 'academic freedom for students.'

32. Hook, Freedom to Learn but not to Riot, p. 18.

33. Robert Paul Wolff, 'The Ideal of the University' (Boston: Lincoln Press, 1969), pp. 1—57.

34. 参见: Richard Lichtman, The university: Mask for Privilege? in 'The University Crisis Reader,' 2 vols, ed. Immanuel Wallerstein and Paul Starr (New York: Vintage Books, 1971), vol. 1, pp. 101—20; and Theodore Roszak, On Academic Delinquency, in 'The Dissenting Academy,' ed. Theodore Roszak (New York: Vintage Books, 1968), pp. 3—42.

35. Thedore K, Miller and George P. Pilkey. College Student Personnel and Academic Freedom for Students, in 'Personnel and Guidance Jornal', 46 (June 1968), pp. 956—8.

36. Jacobus Ten Broek, Norman Jacobson and Sheldon Wolin, Academic Freedom and Student Political Activity, in 'The Berkeley Student Revolt' ed. Seymour Martin Lipset and Sheldon Wolin (New York: Doubleday, Anchor Books, 1965), p. 447.

37. Crittenden, op. cit., p. 64.

38. Michael J. Oakeshott, The Definition of a University, 'The Journal of Educational Thought,' 1 (December 1967), p. 142.

第二部分
学生权利

第四章　从童年到成年：权利与责任的分配
弗朗西斯·施拉格（Francis Schrag）

第五章　义务教育：一种道德批判
伦纳德·I. 凯尔曼（Leonard I.Krimerman）

第四章　从童年到成年：权利与责任的分配

弗朗西斯·施拉格（Francis Schrag）

1965年，艾奥瓦州（Iowa）首府德梅因市（Des Moines）的公立中学勒令三名学生停课（两名是高中生，一名是初中生），原因是他们戴上黑色臂章抗议越南战争。他们的家长对停课的合法性提出了质疑：美国宪法第一修正案（the First Amendment）保护言行自由的承诺是否也适用于学校中的学生呢？这是法院在此之前从来没有面临过的情况。[1]这实际上不过是更大问题的一个小方面，所谓更大问题是指年轻人，尤其是青少年的合法地位问题。在20世纪60年代中期以来，这个问题是法院内外持续引发争论的根源。[2]关于最高法院最近做出的决定，正如一个时事评论员评论的那样："很久以来法院是持续关注儿童权利案件的，但是处理案件的结果却是混乱的，有时候甚至前后不一致。"[3]

这里将要讨论的问题是，一个孩子什么时候算是成年了，更准确地说是我们将如何决定在何时给予一个孩子成年人的身份地位？这个问题的前提是假定成年人和儿童之间的区分是合情合理的，即儿童就不应该被赋予与成年人一样的权利和义务。正是这种假定近来遭受到各种自称是儿童权利倡导者（child advocates）的反驳与挑战。在进行本文主要论述之前，首先来认识一下他们的观点。例如，一位知名作家约翰·霍尔特（John Holt）在他的著作《逃离童年》（*Escape From Childhood*）一书中采取了如下的立场：

> 迄今为止，我已经开始认识到，作为一个"儿童"，一个完全处于依附地位，被年长者看成是只会挥霍的讨厌鬼、奴隶和超级宠物的事实，给大多数年轻人造成的伤害远远超过这一事实所带来的好处。与之相反，我提议，成年公民具有的权利、特权、义务和责任应该也给予任何一个年轻人，不论他们是什么年纪的，只要他们想要充分使用这些权利和责任。[4]

约翰·霍尔特声称，儿童在成年人的法律面前没有享受到公平的对待是正确的。儿童不被允许工作或者是结婚。他们既不能够签订有约束力的合同也不能够购买酒水或者香烟。他们或许也无法通过投选票、任公职或任陪审团成员等方式参与公共事务。最后，儿童必须与父母居住在一起，生病时要接受医院治疗，并且至少要完成10年教育。霍尔特主张，这种儿童不平等的地位给儿童造成的伤害要大于它所带来的好处，这种说法是否也是正确的呢？我将简要地证明,赋予儿童不相等的地位是可取的,并且确实保护了他们的最佳利益。为了更清晰地说明这个观点,接下来的论述将仅仅围绕幼儿(the very young),为了方便起见,就让我们暂定为4岁以下的儿童。

1. 幼儿的地位

即使是霍尔特的理论也必须承认,非常年幼的儿童缺乏理解他们自己行为产生的结果的能力,并且无法成功行动。有时候人们会说,是因为他们不成熟所以不能够完全意识到他们行为产生的结果,也是不成熟让他们的行为鲁莽或者是缺乏远见。[5]这是一种非常温和的说法,并且低估了年幼儿童缺乏能力的本质。要想在行为的意义或本质与它的结果之间划分出明确的界限,并没有什么简单的方法。似乎并不见得年少的儿童就没有远见。在无力理解行动结果的情况下,他们无力从根本上认识到活动的重要意义。幼儿不能够意识到在他们按按钮或触碰电线,或是生病了拒绝看医生的时候,他们要冒着失去生命的危险。他们也不会意识到,若是把尿布别针粘到兄弟姐妹的肚子上或是把一捆让人尖叫的东西扔到地上很可能会伤害到他人。他们同样不会意识到,仅仅是宣读某些话或是在纸上签下自己的名字,由此他们就要承担起义务,并且要承担数月甚至数年。幼儿的时间、原因和结果意识尚没有发展完善,即无法理解超越他们自身之外的事实,确切的说是他们不知道自己做了什么。因此,由于没有行为能力,他们需要的不是从成年人的干涉中争取到自由,而是成年人的关心和保护。既需要保护他们不被可能利用他们的人所伤害,也要保护他们不被他们自身行为的结果所伤害。因此,法律加于他们身上的限制,剥夺了他们的自由却并没有对他们造成伤害。恰恰相反,这反而保护了他们的利益。[6]

当幼儿被任何阶层的成年人利用以去救助智障者或者是精神病者时,上述逻辑确实是令人憎恶的。但是我们认为,拒绝作出必要的区分与制造出假的区分以满足我们(成年人)的利益,这同样是错误的。年幼儿童的各种能力与成年人是截然不同的。因此,年幼儿童的权利和责任也应该与我们成年人不同。正如亚里士多德(Aristotle)所评论的那样,在把不同等的人同等对待和把同等的人不同等对待方面,我们的不公平是一样的。[7]

那么,年幼儿童的利益就要求赋予孩子们以不同于成年人一样的权利。第二条理由也支持这一结论。我们所认为的公平的根本含义,就是要求在权利和责任之间保持平衡。如果孩子们被赋予了签署合同的权利,那么我们必然坚持认为他们也有义务遵守合同。如果他们有权利坐在陪审席上作为陪审团成员评判他人的罪行,那么我们也将要求他们自己在违反法律的时候有义务承担刑事诉讼。儿童没有能力理解和控制他们的行为,正是我们拒绝赋予他们成年人权利或要求他们承担成年人责任的根源。如果我们赋予了他们前者,即权利,那么我们就需要要求他承担后者,即责任。这种公平的含义也延伸到他们和他们的监护人(guardians)之间的关系上。因此父母有权利将他们的意愿强加于他们的孩子,代表孩子作决定。这个"好处"来自于父母的义务,即他们必须从经济上养活孩子,并在心理上支持他们。

我在这里所采取的立场,似乎否认了儿童的基本人权(basic human rights)。那么,儿童就不应该被看做是人类一份子吗?他们就没有权利吗?什么是权利?不需要过分深入到丰富的哲学意义上去谈论权利,这样做肯定就离题了,就让我们借用一下英国哲学家约翰·普拉梅纳茨(John Plamenatz)的定义:"一个人(或是一个动物)拥有一种权利,在任何时候其他人都不应该阻止他做他想做的事情或是拒绝为他提供一些他请求或需要的服务。"[8] 当所有权利被视为受保护的行动自由时,那么儿童权利就确实应该受到限制了。不论年龄大小,所有人都需要食物,需要受到保护以远离恶劣天气,与他人保持接触联系,消除病苦。我们也许会说,任何一个人都有这些权利。[9] 作为儿童,儿童确实也有权利受到关心和抚养,如果没有这些,他们就不可能正常成长和发展。这种与提供关心权利相关的义务,正常情况下是落在父母肩上的,但是如果禁止他们干涉孩子们的自由,那么他们就无法履行此项义务。行动自由对于任何一个能够理解替代性的行动方案和评估其结果的人来说,都是完完全全有益的。行动自由对于几乎所有的成年人(严重的智障者除外)来说,都是有益的。但是如果幼儿的行动自由受到法律的保护,如果成年人因为强迫他们的孩子做违背孩子意愿的事情而受到法律的制裁,那么将很少有儿童能够在婴儿时候活下来。

迄今为止,这些案例几乎都表明:赋予非常年幼的儿童的权利和责任应该与赋予成年人的不同。并且,不给予儿童一些成年人才有的权利和责任实际上更加符合儿童自身的利益。然而,未成年人年龄必须限定为18岁的观点就很难得到认同了。为什么实足年龄(chronological age)应该被当做标准呢?这里仅仅只有两种身份地位——儿童和成年人吗?而且,获得选举的权利无论如何都得与获得结婚的权利联系到一起吗?这些问题将是我们下文要讨论的。

2. 成熟的概念

我们将提出人类发展的两个核心事实,并以此作为论述的开始:① 儿童既不是突然地、戏剧性地跳跃长大的,也不是突然变形长大的,而是多年以来慢慢发展变化的;② 儿童不是以相同速度成长的。不论我们选择什么维度来衡量成长,同样实足年龄的儿童在这个维度内的成长速度一定是不一样的。但是社会必须通过立法系统在每个人的生活中制定一个特定的时间点,并用来宣称:现在你可以参加选举了,现在你可以结婚了,等等。这种承认应该是基于什么样的基础呢?一个看似合理的答案是:只要这个人成熟了,就可以承认他拥有这些权利了。这里的意思是认同第二个事实,这种认同方式是法定年龄(legal majority)的转折点依赖于个人的成就造诣而非实足年龄,但是这充其量不过是发展一种不精确的衡量。就像著名的心理学家戈登·奥尔波特(Gordon Allport)所评论的那样:"一个各方面均衡发展(well-balanced)的11岁的小伙子,'有着超越他年龄的智慧',他可能会比一个自我为中心的且神经质的成年人表现得更加成熟。"[10] 我们必须承认,之所以反对以年龄作为标准是因为我们对公正的关心。当拒绝将基本权利给予能够使用它们的人群时,严重的不公正就产生了。主观规定18岁或21岁作为法定年龄的界限,实质上也就剥夺了成千甚至可能是上百万人的权利,这些人虽然成熟但却不足法定年龄,但是从伦理上来说,这些人似乎应该拥有这些权利。

如何决定一个人是已经成熟了还是没有成熟,还远远没有弄清楚,这是非常遗憾的。首先"成熟"是指什么?我们首先必须区分生理成熟和个性成熟(physical and personal maturity)。几乎每个人只要其活得足够长就可以达到生理成熟。但是,不是每个生理成熟的人同样也是个性成熟的。此外,在一定程度上而言,个性成熟表示着一种成就,然而生理成熟却不是。也就是说,一个个性成熟的人可以控制,或者说至少正在控制自己能否以一种成熟的方式行动,而不是说控制自己是否长得更高或者发育出第二性特征(secondary sex characteristics)。因此,无论是赞同还是不满,说某人"成熟"或"不成熟"主要是指他的行为方式。更进一步来说,个性成熟的情况因文化不同而不同,但是生理成熟却不是的。霍皮族(Hopi)成年人*看重的品质并不必然与中国或美国成年人看重的一样。

然而,当我们说一个人"成熟"的时候究竟是指什么呢?成年人经常说儿童"成熟",这是说这些孩子在生理上或心理上的发展程度超越了他们大部分的同龄人。这显然不是决定他们向成年人过渡意义上的"成熟"。我们也会用"成熟"来描述成年人,但是我们似乎是根据我们最重视的品质和态度来描述其个性的不同方面。一个人在面对不幸的时候,即使是在辞职时候也表现得非常坚毅,这似乎在某些人眼中特别成熟,但是有些人却会认为他是个失败者或冷血无情者。一个人在面对人生起起伏伏的时候表现出许多幽默和轻率,可能会被一些人看做是成熟但却被另一些人看成是愚蠢。同样的,一个人执著地为他自己选定的目标奋斗,在有些人看来是成熟,而另一些人则认为他是只顾自己观点的刚愎自用的人。奥尔波特进行了一个实验,并公布了他的实验报告。在他的实验中,他把研究生分成独立的两组,然后分别计算"个人在处理他与他人关系中表现出来的平衡与和成熟程度"的比率。这两组比率的相关性(correlation)是0.41。[11]无可否认,这里存在着模糊却普遍的理解,即成熟的个人比不成熟的个人拥有更多意义上的责任感和更多意义上的自主性。但是,在什么样的行为可以算做是成熟的层面上,我们可以达成精确的共识吗?除非可以发现这样的共识,在实践上成熟的标准可以等同于与"那些官方权威人士所认可的特定的价值和态度",但是,这却是一个作为延伸或拒绝个人基本权利的最危险的基础。

让我们从社会的角度而非个人的角度来看待成熟概念的问题。然后,我们就可以重新阐述我们的问题:不是问一个成熟的个人的标准是什么,相反我们可以问,如果要赋予一个完整的社会成员以权利和责任,那么其最低要求是什么呢?[12]这个问题可以细分为几个子问题,如一个人在社会赋予他选举权、婚姻权或签订合法合同等权利之前应该表现出哪些最低限度的能力和爱好。这种决定人们何时可以拥有社会完全公民权资格的方法,更少受到各种不同的价值偏见的影响,更适合作为给予法定年龄身份地位的标准,而这远远优越于依靠

---

* 美国亚利桑那州东南部印第安村落居民,系北美印第安人之一族。——译者注

主观评估成熟度的方式。现在可以考虑一下为了选举和婚姻制定最低标准的问题。

在他或她能够获得结婚权利之前,他或她必须具备哪些能力?让我们假定,婚姻权利包括生育的权利。这就意味着,如果一个人在生理上可以生育孩子,那么他(她)就因此可以具有结婚的权利并继而成为父母亲吗?由于社会关心的是抚养和教育孩子而非生产孩子,所以很少会有人同意这个说法。但是我们根据什么去决定一个人是否有能力养育孩子呢?这里遇到了我们之前曾经遇到的同样困难。我们对于哪些是养育儿童重要的问题并没有形成一致的认识。一个人必须对儿童和儿童发展有所了解吗?有些人的回答是肯定的;而有些人的回答却是否定的。未来的父母必须具有喜爱他(她)的孩子的能力吗?答案是肯定的。不过这意味着什么?这就意味着,父母必须把孩子利益放在优先考虑的首位吗?总是保持这样吗?这就意味着,父母要拒绝离开孩子,拒绝在一天中的大多数时间由其他人来照顾自己的孩子吗?这就意味着,父母应该整天几乎都搂抱着孩子吗?当孩子哭的时候就要把他抱起来吗?为他或她的教育存钱吗?或者换种说法,未来父母必须能够供养他(她)的孩子。供养意味着什么?意味着要满足孩子最低营养需求吗?意味着父母中任何一方赚取足够多的钱,这样一来另一方就可能留在家里陪孩子吗?意味着需要给孩子独立的私人房间吗?供养还包括有能力为孩子请保姆、为孩子买书、带孩子旅行吗?或者还是只要简单地考虑到必要的成熟可以结婚就可以了,而不考虑成为父母。一个人必须能够形成并保持对异性的绝对忠诚吗?他或者她必须考虑终身的承诺吗?他或者她必须能产生深深的感情依恋吗?对于这些问题的回答,依赖于一个人对婚姻本质的认识,而对婚姻本质的认识又反过来依赖于个人想法和社会理想。

在这里我试图提出的观点并不仅仅是一个实践的问题,几乎无法确定一个特定的个体是否能够成为称职的父母或者配偶,但是正是在这种试图定义最低资格标准的时候,我们遇到了价值多元这类问题,而这是我们想回避却无法回避的问题。

再看看其他例子,如定义选举权的最低资格问题。这个任务假定了对投票者的任务有一定理解。但是这个任务是什么呢?就是按一下按钮或者是移动一下笔杆吗?当然不是了。投票者必须作出明智的选择。但是他将要选择什么呢?他的任务是在政策之间作选择,还是在政党之间作选择呢?投票者把选票投给了某人,是为了他自己的利益,还是为了公共利益呢?对这些问题的不同回答,对于决定选举权的最低资格标准有着截然不同的意义。例如,在共和党(the Republican)和民主党(Democratic parties)之间作出选举投票,与在抑制通货膨胀政策之间作出选择投票相比,前者对投票人的要求要低得多。同样让投票者预测2个候选人中谁将满足他的个人利益,要比弄清楚谁将服务于公共利益要容易得多。此外,由于我们在投票者任务的本质上未能达成一致,因此我们就无法制定选举资格的最低标准。然而,这种共识无法达成,这是由于民主社会中的公民角色的概念是多种多样的,这些概念从个人美好生活到良好社会不等,但是这些概念之间却相互冲突。[13]

我一直认为,确定成为丈夫、父母或者投票者的最低资格的观念是价值载体(value laden)。从一定意义上讲,这不同于为司机或步兵或砖瓦匠等制定资格标准,这是因为我们能够对这些方面的功能或任务达成共识,但是对于前者我们却无法达成共识。我认为,缺乏共识不是有些人正确而有些人错误,而是因为他们服从于不同的个人观点和社会思想,这些观点和思想亦同样合法。我将继续论述,多元社会没有权利在牺牲一些人利益的情况下,强制实施婚姻或者父母身份或者公民权的特定概念。因此不论成熟概念是如何形成的,除非愿意牺牲我们对多样化个人观点和多样化社会思想的认同,否则它都无法作为给予大多数权利地位的直接基础。即使如此,正如前文所指出的那样,在传统上使用实足年龄作为标准也许是不公平的。然而,下面赞同传统标准的两个观点也必须考虑一下。

(1) 对任何具有自我意识(self-conscious)的或是可辨识的团体或是特定利益而言,标准并非绝对有害或者有益。基于个人成熟的任何其他标准,都可能对某些政党的人或某些阶级的人有利。使用某种"成熟量表"(maturity scale),如使用智力测验量表(intelligence tests),很可能对受过教育的人更加有益,即对更加富有的阶层有利。但是,年龄标准没有党派之别,这是因为无论是共和党人的孩子,或是富人的孩子或是白人的孩子,或是民主党的孩子,或是穷人的孩子,或是黑人的孩子,他们都是一律同等地包括在内。

(2) 基于个人成就的任何一个标准都会存在这样一个缺陷,即在人类可以控制的领域内,谁将享有法定年龄身份,谁将无权享受法定年龄身份呢?任何最低年龄标准都会不合理地剥夺社会大众中一部分人的权利,但是每个这样的人可能都会渴望最终获得此项权利。显然人们不能进行大规模地屠杀,任何个人或团体几乎无力阻止成千上万的人达到取得法定身份的年龄。然而,如果法定年龄身份取决于成熟人群中的一些权威者,那么有些人可能会设法阻止特定个人或团体并让其永远无法获得法定年龄身份,因此这太冒险了。在19世纪至20世纪,美国的南部一直努力阻止黑人获得选举权,这一事件证实了滥用职权的可能性,或许更准确地说,为滥用职权贴上了一个可能性的标志。但是从公正的角度来看,把拥有基本权利与任何人或任何团体成员的正直、善意和不偏不倚联系起来,是极其危险的。

即使以实足年龄为标准的区分会带来不公平,但是我相信在所有社会群体中以及对于每个获得成年人身份的确定性而言,这种相对平等的不公正分配却有足够的说服力,并足以说明保持这个传统标准是很合理的。

3. 确定法定成人年龄

然而,法定成人年龄应该是多少呢?规定特定的年龄难道没有援引关于成熟的概念吗?在回答这些问题之前,我们需要考虑的问题是,只需要用一个年龄来确定所有的法定成人年龄身份,还是针对不同的权利和责任确定不同的法定成人年龄。[14]在某种程度上,法律已经认同了,在不同年龄阶段的个体可以获得不同的权利和责任。例如,在美国的一些州,15岁和16岁是获得驾驶执照的最低年龄,而没有征得父母同意就结婚的年龄,尤其是女孩子的年龄,通常比获得选举权的年龄要晚上两三年。尽管没有明显的证据能够证明这一点,但是,开车似乎对成熟程度的要求确实要比投票的要求低一些。当然,人们也可以辩称,一个不成熟的驾驶员要比一个不成熟的投票者危险得多。即使在这些问题上达成了一致,仍然存在有说服力的理由保持目前多数派和少数派的各自地位。这种基本理由是基于前文所提到的公正思想。我们认为,规定他们承担责任却不赋予其相应的权利,这是不公平的;反之亦然。在最近的宪法修正案的倡导者中,有人主张把选举年龄从 21 岁降低至 18 岁就主要依据这样的观点,即一个人被征兵入伍并且有可能会失去生命,因此在选举那些将决定是战争还是和平的代表们的时候,他应该有权利发出自己的声音。这种所谓的公正可以应用到所有方面。允许一个人结婚并且繁衍后代的话,就应该同时要求他(她)承担养家的责任;反之亦然。那么,为什么祖父母应该为孩子负责,但是决定生育孩子的时候他们却没有权利参与呢?一个可能受到刑事诉讼且受到成年人陪审团裁定的人,应该有权参与选举他的法官们,当然这些法官可能会成为他的审判法官,或者是坐上陪审团(juries)以及大陪审(grand juries)对其他人作出审判。一个有权签订合同、为商品或服务买单的人,就不应该在法律上还依赖于其他人的抚养或支持。或者从父母亲的角度出发,如果法律上要求他们抚养其孩子,仅仅是因为他(她)还没有能力养活自己,那么他们就应该获得财政支持,以防他(她)遭遇意外或者做出愚蠢的事情。同样的,如果法律上容许孩子们不需要征得父母亲同意就能够自由独立的行动,那么他们也就应该承担起养活自己的责任。我不需要再继续举例下去了。我坚信,接下来将要说明的一定就是与妇女地位身份有关的内容。权利和责任恰当平衡的概念在这两种情况下都是适用的。

规定一定的年龄作为孩子向法定成人年龄过渡的问题仍然存在。达成一致的可能年龄应该确定在 14—25 岁之间。大多数人都赞同,孩子在青春期期间会在生理和心理上发生相对巨大的变化,在这之前的年龄是不适合给予其成年人身份的。在祖籍为英国的美国人的世界里,数世纪以来,21 岁一直是孩子成为法定成年人的传统年龄,大多数都不愿意把年龄提前两年。选择这个年龄阶段而非其他的年龄阶段当然是有道理的,这涉及了人类发展和成熟的概念。我们如何在这个年龄阶段选择一个特定的年龄呢?18 岁就足够成熟到可以结婚了吗,或者是应该提高这个年龄(或者是降低)?并且,现在 18 岁的人与以前 18 岁的人相比,是更成熟了,还是不成熟了呢?如果我分析的"成熟"概念是正确的话,那么,再多的经验数据也无法为这些问题给出答案。以结婚为例,有统计数据证明,那些在 21 岁以下结婚的人比在 21 岁以上结婚的人更有可能离婚。但是这能够证实什么呢?难道这就能说相对年轻的人更不成熟吗?绝对不是这样的。得出这个结论,其实是有假设前提的,即认为不论夫妻中的一方或者双方不满意夫妻间的关系,甚至认为这种关系已成为负担,但是他们依然会保持他们之间的这种关系,这会被看成一种成熟的表现。那为什么要作出这个假设呢?那些知道夫妻关系已经枯燥无味甚至会产生破坏作用却还坚持不愿意离婚的人,难道不可以说他们是不成熟的吗?那么为什么在第一个说法中,认为作出长期承诺的能力被看做是成熟呢?有可能是年轻的一代人对于婚姻的期望和目标超越了年长的一代人呀!如果继续探究下去的话,那么,年轻的一代人会更多的失望。难道这就说明他们更加不成熟吗?很容易满足难道就是成熟所必需的表现吗?

如果不是根据年轻人的成熟情况,那么又应该如何确定法定成人年龄呢?我认为,重要的是成年人和未成年人是否都会认同设定的年龄,并认为这一设定的年龄是合理的。如果年轻的人认为确定的年龄太大了,那么他们便会觉得有正当理由无视或者是违反权威当局加诸于他们身上的决定。如果确定的年龄太小,年长的大众可能会对自己缺乏一定的信心,且由于更年轻的人参与了选举、审判等决定而导致他们自己参与得少了。在这里,利害攸关的内容是,公众对于公共社会进程和决策的信心。年轻人需要感受到,是因为他们有资格所以才能够尽可能多地作出他们自己的选择并参与公共决策;年长的公民则需要感受到,对他们产生影响的公共决策不是由那些太不成熟的人参与制定的。父母和孩子们需要感受到,他们彼此之间的合法权利和义务并没有过早或者过晚终止。简而言之,重要的是形成和谐一致的成熟观念。同一组成员之间以及不同组成员之间对成熟的看法很可能是不同的。因此,妥协是必要的且是恰当的。必须妥协达成一致,而非任何一方义愤填膺或充满愤怒的离开。在我们的时代,18岁的年龄可能是妥协一致的好结果,但是由于人们对成熟的观念会发生变化,因此,我希望法定成人年龄在不同地区和不同时代会有所变化。

4. 开始定义一种新身份

我们已经达成了一致认识,认为非常年幼的儿童不应该被赋予成年人才可以享受的权利和履行应尽的义务。而且,我还进一步论述了,从儿童向成年人过渡的合法年龄应该坚持法定的实足年龄,不应该为不同的权利和义务确定不同的年龄。然而,在我的论述中,截至目前还没有能够解释清楚现在的这个约定,或是为现在的这一约定进行辩解,这个约定即是说一个人从出生到18岁生日前始终保持的法定未成人(legal minor)状态。退一步说,这似乎有些奇怪,法律不承认儿童在前18年的生命中会发生任何有意义的成长,法律似乎认为16岁的儿童实际上与16个月的婴儿享受的权利和应尽的义务是相同的。因此,在本文的最后一部分,我希望在未成年人和成年人之间创立一种新的法律身份,以取代此前的。[15]

我从这样一个事实再次开始我的论述:事实是所有年龄层次的人都越来越认识到,我们的社会无法为年轻人提供一种合适的环境以鼓励他们成长为有责任的成年人。总统科学咨询委员会(the President's Science Advisory Committee)任命了一个专门小组去研究青年人问题,由著名的社会学家詹姆斯·S. 科尔曼(James·S. Coleman)领导。这个小组简明地叙述了社会现状:"我们认为,美国当前成熟的制度化框架是需要进行慎重检验的时候了。"[16]此专门小组的分析和建议实际上均不是新的。恰好早在10年前,同样类似的观点早已由最近刚刚去世的保罗·古德曼雄辩地表述过了(讽刺的是,此专门小组引用的诸多资料之中，古德曼的名字和著作却被忽略了）。专门小组建议的要点确实可以概括为古德曼曾规劝过的话："我们的目标应该是增加成长的途径，而不是使学校这一途径变得更加狭窄。"[17]古德曼、专门小组的专家和许多其他学者以及社会批评家意识到的问题，为保护青少年成长而创建的制度和法律架构"已经不加鉴别地被拓宽到了这样一种程度，即它们剥夺了青少年成长与发展中的重要经验。"[18]这些制度结构，尤其是学校，把青少年从成年人社区中隔离出来，不给青少年那些能够促进增强其独立性和责任感的权利和义务。我不会将专门小组的建议全部列举出来。这已经足够说明，这些建议的目的是为了帮助青年人培育其独立性（例如，通过参与生产、公共服务等工作以及参与青少年社团）。[19]报告没有建议废除正规的中学教育，但是建议学校对青少年时期的孩子要尽可能地不实行专断。建议有一个部分是关于青少年的法律地位问题。这里，专门小组的建议不外乎是为青少年建立最低的薪资标准，并根据"灵活的、个性化的兴趣修订童工标准，为他们获得工作经验和雇用拓展更多的机会"。[20]

很显然，报告的作者们意识到了，即使他们有理由不愿意赋予青少年以完全的成年人身份，但将未成年人身份加于青少年身上的限制是有害的。他们可能还没有想到在未成人与成年人之间合法界定两者之间的身份这一主意。我相信，建立这样一种身份的话将会有利于促进改革家们为青少年创造可供选择类型的制度和环境，并使其合法化。这将需要得到所有年龄段人群，即儿童、青少年和成年人的认同，由他们认同15—18岁的人既不属于儿童也不属于成年人。这个年龄组的人既不需要承担所有的责任，但是也不能够享受成年人才能享受的所有利益。另一方面，他们也不会受到那些加诸于儿童身上的严厉限制，但是他们也不能为他们自身的生命和其他人的生命完全不需要负责任。

在这种抽象程度上，如此的一个建议也许听起来很吸引人，但是拥有这种合法新地位的人能够享有哪些特定的权利和应尽的义务呢？这些权利和义务分成三类：经济领域方面的、家庭生活方面的和政治参与方面的。在一个数百万成年人都失业的社会中，要求青少年在经济上自给自足（economically self-sufficient）是不可行的。再者，这也违背了年轻人发掘自己的天赋、寻找有意义的工作且塑造其个性的兴趣。养活自己的责任重担将会让这个年龄阶段的青少年失去很多机会。但是16—18岁年龄阶段的人也需要工作和部分独立。总统专门小组的建议，包括政府以教育券（educational vouchers）的形式直接补贴青少年和由为美国服务的志愿者们在小规模范围内为青少年大力提供参与公共服务工作的机会。[21]这两个建议可以合二为一，即所有的青少年将享受教育券，但是作为回报他们有义务每周或每月贡献特定的最低时间参加公共服务工作。这样一来，好处和负担之间就得到了平衡。青少年可以从许多特定部门的服务中选择自己想从事的服务，因为这些部门中的人员远远不能够满足实际需要，如养老院（nursing homes）、老年人和孤儿之家（homes for the aged, orphanages）、医院、日托中心（day-care centers）等等。他们将获得独立，因为他们将能够为自己的教育利益买单，而不需要其父母亲为此储蓄基金。教育券可以用于校内校外的各种培训，而且也许还可以用于旅行之类的活动。青少年将能够自己作决定，而不是由父母亲来代替。

成年人不情愿批准16—18岁这个年龄阶段的青少年结婚,这是因为结婚证书也意味着他们拥有了做父母的权利,但是人们广泛认为16—18岁这个年龄之间的青少年还没有足够的生活经验承担起做父母亲的责任。大概是在10年前,玛格丽特·米德(Margaret Mead)提出了一个非常有趣的建立两种截然不同婚姻模式的建议:[22]一个是"个人婚姻"(individual marriage)模式,它将形成一个亲密的关系,在其中每个人都对对方承担责任;另一个是"父母婚姻"(parental marriage)模式,它将明确指向建立家庭。[23]选择进入这两种婚姻模式的目的是不同的,对人的要求亦不同。我建议新的青少年身份拥有者能够有资格开始"个人婚姻"模式,且婚姻的目的是"让两个非常年轻的人有机会通过这种亲密的关系认识彼此,而这种认识通常不会在一个短暂的爱情中出现。这样的一种认识将会帮助他们逐渐适应彼此的生活——并使得他们可以在有误解意向、愤愤不平的相互指责和自我破坏性的内疚的负担下分手"。[24]

正如米德所说的那样,当事人各方的义务将合乎道德。双方不涉及经济问题,"如果婚姻破裂了,就将没有赡养费或供养问题"。[25]我相信,获得法律认可的这些关系在理想上适合于从儿童向成年人过渡的这一阶段人群。这些关系为青少年提供了特权和责任,这些特权和责任对青少年的成长是一种挑战,但是又没有把难以想象的负担或超负荷的危险强加给青少年的将来。

在公民领域中,法定年龄身份的转变在一些方面是很突然且令人不满意的。例如,由于选举资格的年龄要求变小了,一些年轻人获得了选举资格,但是他们参与选举的比率并不高,所以降低选举年龄也无法改变这种现象。而且,由于青少年在公民生活中的经验很少,他们常常对政治和政治体制怀着漠不关心或是愤世嫉俗的态度。参与学校中的政治通常被认为是假象,因为学生在决定学校架构和运行方面很少能够发出自己的声音。我建议用以下几种方式赋予15—18岁的青少年参与公共生活的权利:① 对于那些被选举的官员来说,他们对自己生活的影响是最重大的,因此要赋予青少年参与选举的权利,这将包括选举地方教育委员会委员、州公共教育主管、少年法庭的法官,以及将管理与青少年相关的新制度为任务的官员;② 让他们有资格当选为教育委员会委员或者是在政府层面担任相似的职务;③ 让拥有新法定年龄身份的人有资格被选为或被任命为少年法庭(juvenile court)和所有其他处理青少年问题机构的顾问和咨询员。提升权利和责任的目的将再一次以渐进方式促进青少年向法定年龄身份的转变,这也将鼓励更多的人参与政治而不会危害国家组织的存在。

我已经描绘了青少年所拥有的特定权利和责任,其主要目的是使读者能够在脑海中把我所想到的东西形象化。具体细节的描写还需要在有关青少年的研究报告中进行大量的社会实验和分析。我相信,建立这种新的法定身份不能超越于为青少年建立发展新的制度和环境的前面。然而如果这种制度能够建立,我认为创建这种青少年身份将会保护他们并且使他们变得更强,而且能够为所有年龄组的人在社会进程中带来理智和连贯性意义,如果不这样创立的话,则会缺乏理智和连贯性。

我将简要讨论一下,对我提出的建议将会产生的两种反对意见。我认为,将有人会对此辩解道,创立一种新的身份将会更加助长青少年已经感受到的分离感,而且这种新的身份还会实际上强化青少年这一阶段的人已经怀有的对成年人的疏远和敌意。我不同意这两种说法。青少年的孤独感是由他们从成年人社会中接受到各种冲突信息所造成的。一方面,劝诫他们"长大成人"并且表现得"成熟且有责任感";另一方面,却否认他们任何真正的独立和义务。通俗地讲,一方面他们被催促要表现得像成年人一样;但是另一方面,他们的合法身份却显示,社会把他们当做婴儿一般。我的建议将促使15—18岁的青少年获得超越儿童身份的感觉,还会产生开始参与工作场所和选举投票站等真实世界的感觉,以及还有机会决定那些对其他人和自己都很重要的事情。此外,我的建议将要求,青少年在对整个社区都重要的那些项目中与成年人亲密工作。当前这种在某一年龄组之间的成员借以彼此结交的模式几乎完全被中断了。

  第二种异议很可能是由那些人提出的,即他们视我的建议为一种威胁,是一种对家庭的完整性的威胁,也是对父母可以加诸他们的青少年子女身上的有益影响的威胁。难道这个建议不准许或者不鼓励16岁的男孩或女孩为了结婚而离家出走吗?当然前提是他们的婚姻遭到了父母的反对;难道这个建议不准许或不鼓励青少年花掉他或她毫无用处的教育券,而非用在读书上?这里确实存在一定的冒险;而且除了推测可能的反应,人们几乎没有其他可以做的。但是有三个方面需要记住。第一,父母亲能够把最大的影响加给其子女,培养其基本价值观和人生观,这一时期大概是在他们16岁之前的很长一段时间。第二,父母的强迫和胁迫是否非常有效果,值得怀疑,因为在其中更良性的说服形式早已经失败了。例如,就算父母能够以取消财政支持为由胁迫子女在大学里上课,但是父母能否强迫他们从教育机会中学到实质东西就很难说了。事实上,我认为,由于青少年不满其从属地位而表现出叛逆的例子到处都是。第三,在一定限度内,父母仍然会对他们的青少年子女保持一定的影响,这是因为即使青少年没有被禁止工作,但是他们在经济上也通常很难自给自足。

  当代生活和思想的成果之一,是存在着普遍的认识,即社会生活的模式和分类是人类建构的,而不是自然规律或者天意建立的。这种认识使得一些人认为,所有现存的制度都是对人类自由的约束。而其他人把这种认识看成是对他们努力支持的既存秩序的鞭策,如果可能的话这种鞭策方式可以通过劝诫,如果有必要的话还可以通过暴力。在这些反对声中,有必要冷静地反思与分析,我们的目的是要辨明哪种传统模式值得保存,哪种传统模式需要遗弃。这种对于有限范围内的儿童和青少年权利和责任的分析,正是我试图在本文所要努力表达的。

注释

  在此,我要感谢我的妻子莎莉(Sally)为我做的编辑工作。学生和同事对我的论文给出了评论和建议,使我从中受益颇多,我也要感谢他们。我还要特别感谢:Alan Lockwood, Gerald C. MacCallum Jr, Fred Newmann, Marcus Singer 和 kenneth Strike.

1. 'Tinker V. Des Moines School District,' 393 US 503, 515(1969).

2. Two other often cited, landmark cases in the area are 'In re Gault,' 387 US 1 (1967), and 'Wisconsin V. Yoder,' 406 US 205 (1972).

3. Hillary Rodham, Children under the Law, 'Harvard Educational Review,' XLIII (1973), p. 499.

4. John Holt, 'Escape from Childhood: The Needs and Rights of Youth' (New York: Dutton, 1974), p. 18. 也可参见: Shulamith Firestone, 'The Dialectic of Sex' (New York: Bantam Books, 1971), ch. IV.

5. 参见: B. C. Gavit (ed.), 'Blackstone's Commentaries on the Law' (Washington, DC: Washington Law Book Co., 1941), p. 204.

6. Ibid.

7. Aristotle, 'Nicomachean Ethics,' 5.2, 1131a, 23—5.

8. John Plamenatz, Rights, 'Aristotelian Society Supplementary Volume' 24 (1950), p. 75. This formulation is somewhat too broad and fails to distinguish between different degrees of 'ought.' 参见: Joel Feinberg, Duties, Rights, and Claims, 'American Philosophical Quarterly,' III (1966), 137—44.

9. 这些权利是假定的；也就是说，在某种情况下，它们可能被践踏。

10. Gordon W. Allport,' Pattern and Growth in Personality' (New York: Holt, Rinehart & Winston, 1965), p. 277.

11. Allport, op. cit., p. 282.

12. 参见: Alex Inkeles, Society, Social Structure, and Child Socialization, in John A. Clausen(ed.), 'Socialization and Society' (Boston: Little, Brown, 1968), pp. 73—129.

13. 参见: P. F. Strawson, Social Morality and Individual Ideal, 'Philosophy,' XXXVI(1961), pp. 1—17. 更多关于政治参与的论述请参看我的作品: The Child's Status in the Democratic State, 'Political Theory,' 111, 4 (November 1975), pp. 441—57.

14. This suggestion is made by Rodham, op. cit., pp. 507—9.

15. 这不是个新想法。确实，人类发展长久以来是依照教会法规的认可进行的。教会法规提出在出生和 21 岁之间有三个明显不同的规律。参见: John A. Abbo and Jerome D. Hannan (eds), 'The Scared Cannons: A Concise Presentation of the Current Disciplinary Norms of the Church,' Vol. I (St Louis, Missouri: Herder Book Co.,1952), pp. 123—30.

16. James S. Coleman (ed.), 'Youth: Transition to Adulthood: Report of the Panel on Youth of the President's Science Advisory Committee' (University of Chicago Press, 1974), p. 1.

17. Paul Goodman, 'New Reformation: Notes of a Neolithic Conservative'(New York: Vintage Books, 1971), p. 87.

18. Coleman, op. cit., p. 130.

19. Ibid. , pp. 145—75.
20. Ibid. , 9.167.
21. Ibid. , pp. 169—73.
22. Margaret Mead, Marriage in Two Steps, 'Redbook' (July 1966), pp. 48—9, 84—5.
23. Ibid. , p. 84.
24. Ibid.
25. Ibid.

第五章　义务教育：一种道德批判

伦纳德·I. 凯尔曼（Leonard I. Krimerman）

1. 一个介绍性的类比

在克拉克·斯图尔特（Clark Stewart）鲜为人知的中篇小说《奥里亚纳》（*Auriana*）中，每一个年满 50 岁的人都不得不将每天（星期一除外）中的大多数时间花在年轻人为他们选择和组织的休闲游戏和竞赛活动上。[1]他们早晨被接走，然后被带到运动场或者体育馆，获得设备和指令，然后在傍晚时候被送回家。这种方案会持续 10 年，之后将基于自愿，选择是否继续参加该活动项目。《奥里亚纳》的主人公杰克·贾斯汀，早先反感并开始反抗这种"强制休闲"（compulsory recreation）的活动体制。杰克不断地发现，他自己与他人用心良苦的"消遣"相左：当人们告诉他，现在是空手道的活动时间了，他却更想游泳或者阅读；当他热衷于越野跑时，却不得不参加一个为期 3 个月的竞技性团队运动。地区休闲主管告诉他说："阅读和越野竞赛是严格意义上的课外活动。"最终，杰克认识到自己是"一个兼职奴隶"（a part-time slave），每天早晨被召集起来运动训练，法律强迫他"参加一个为期 10 年之久的马戏活动"。他质问主管："这跟惩罚没有犯任何罪行的人有什么区别吗？"

小说中对杰克立场的讽刺是无止境的。他的管理人既不残忍也不跋扈：他们很少惩罚杰克的叛乱，并试图将其叛乱理解为一种"衰老"的症状或者是一个"不安婚姻"的症状。他最终对排球和网球等运动充满了反感，而这些运动在被迫参加"强制休闲"活动之前，曾是他自发的快乐来源。他的"游戏伙伴"并不关心这 10 年自由时间的流逝。他们不明白，杰克为什么会反对他们所熟悉的如"冬冷夏热"一样自然的事情。他们期望在"强制休闲"活动结束时，会变得比他们 50 岁时更加强壮和健康。杰克关于人们都是奴隶的坚定信念在其他所有人看来，是不可理解的："如果我们都需要在其中度过我们生命中相同阶段中的等量时间，'强制休闲'怎么可能会是奴隶制度呢？因为带来诸如身体活力以及寿命更长等益处的制度不可能是奴隶制呀！"

尽管《奥里亚纳》是一个虚幻的小说故事，但却直击要害。它提出了关于义务教育（compulsory education）合理性的根本性问题。对于义务教育这一问题，当代社会大多数人早已将其视为自然与有用的习惯制度，它与"兼职奴役制"相去甚远。因为尽管在什么可以被视为"义务教育"上存在模糊性,但是这一概念的核心内涵涉及使用强制力与法律制裁确保学生必须出勤与参与一个规定的标准化课程,因此,义务教育的确涉及一个人生命中大量自由的遗失,它迫使学习者屈从于他人的偏见与常规活动,它拒绝尊重被迫参加者的学习目标。因此,如果我们赞同杰克·贾斯汀关于"强制休闲"的主张,我们难道不也能将义务教育视为是一种奴役的形式,或者至少是难以容忍的不公道的一种形式吗?

照此类推,在此谴责背景下,捍卫义务教育的一种方式将是在两种做法之间作一个相关对比,这种对比能够为针对"强制休闲"的道德异议而不是旨在反对义务教育提供论据。因为"强制休闲"是一种虚构的概念,而义务教育则有其真实案例。虽然这种"相似但不等同"很明确,但却无法表明义务教育比"强制休闲"更站得住脚。这两种强制性做法之间的主要差别很容易辨认:他们都关心强迫谁以及强迫他去做什么。因此,下文第二节基于孩子们所谓的不足之处对义务教育进行了辩护:我认为,我们有理由怀疑孩子们是否比成年人(至少是《奥里亚纳》)中的那些人)更不完美,并且,即使他们是这样,这既没有证明义务教育的合理性,也没有在其与"强制休闲"之间建立任何道德对比。另一方面,第三节聚焦于义务教育与"强制休闲"之间有何关系,尤其聚焦于教育凭借其对诸如民主政体、生产工艺与医疗技术的发展等"社会利益"的较大贡献可以与休闲娱乐加以区别的主张。鉴于这些贡献,有人认为教育成为强制性的活动是无可非议的。我的回答是,这些设定的贡献是推测出来的,并且在任何情况下,自愿安排的教育和义务教育所作出的贡献可能是不相上下的。

最后,在第四部分,我考虑并反驳了两种常见的反对摈除义务教育理念的现实理由。第一种现实的反对理由是,如果不实行这种做法,一些不公正且有害无益的状况会愈演愈烈,例如种族主义、财富与机会的不平等分布等;第二种现实的反对理由是,义务教育是不可消弭的,至少在一个工业化社会中是不可能的。

简言之,接下来我的目标是,发展并支持《奥里亚纳》中所蕴含的对义务教育的含蓄拒绝,这种拒绝是通过对"强制休闲"与义务教育之间假定的对比要么是依赖于无根据的猜想而无法获得承认,要么是在任何方面这两种实践做法都无法显现出道德上的可分辨性来展现的,同时,这种拒绝承认也是通过反对那些时常被提起用以反对自愿教育目标的现实理由来表明的。我将指出,与反对"强制休闲"的状况相比,对义务教育的反对情形一点也不逊色。

2. 孩子们的不足

2.1 我们可能认为,孩子们是智力欠发达且不成熟的;他们缺乏远见、经验、知识以及责任心。有鉴于此,要求进行强制的学校教育似乎是有意义的,因为其设计正是为了弥补这些不足。从长远来看,这样做对于孩子们和社会其他方面都是有所裨益的。

2.11 为义务教育辩护的困境是显而易见的,因为对于《奥里亚纳》中年满50岁的公民来说,他们的能力同样也已经开始下滑。他们的协调能力、耐力、体力,诸如此类的能力都已经开始衰退;"强制休闲"旨在遏制或者逆转这种进程,以恢复能力与活力。然而,诉诸缺陷与衰退的主张,并没有促使我们改变对"强制休闲"的态度;它仍然是对个人自由的无理侵犯。这种考虑对保健服务也是适用的,这些做法很少基于自愿,甚至当一个人生病了,他的疾病(如酗酒或性病)是可以治愈时,这种病也会带来很多困扰,甚至会传播给其他人。总之,认识到人的缺陷、对缺陷进行弥补的补救措施,及其补救后果的知识,并不总是允许干扰某人或者强制施加某一补救措施。因此,即使我们假设孩子们作为个体在智力上是欠发达的,并进一步假设,义务教育是对他们的缺陷进行的补救,仍不能够证明这种做法的正当性,或者将其与"强制休闲"区分开来。

2.2 在这里,有人可能反驳说,在《奥里亚纳》中,孩子们与成年人相比,他们在欠缺行为能力的方式上是不同的,并且更加严重。后者已开始失去体力,而前者则缺乏一些更为基本的东西:根据以往经验作决定的能力。他们不熟悉自己的持久利益,他们对不同的选择会导致不同后果这一问题上很无知。这是因为50岁的"奥里亚纳人"(Aurianas)的"理性能力"并没有衰减,因为他们都能够判断什么是最适宜他们的休闲娱乐,而"强制休闲"与他们的道德直觉背道而驰。更确切地说,它有悖于这样一种观念,即在为自己选择最佳休闲娱乐方面,这些成年人中的每一个个体就总体而言都是可能的最好裁决者。

另一方面,义务教育并没有遇到任何这样的困难。因为(据称)孩子们并不知道什么样的教育是最适合其自身的。他们的辨别、预测与自我意识等能力尚处于萌芽阶段,并且这些能力仅仅是间歇性地存在着。他们在决策过程中显得笨拙,他们在选择范围的评估方面的经验很少甚至没有,在决定他们应该接受何种教育这一问题上,他们可能不是最好的裁决者,甚至不能胜任此事。当由此来看时,就有观点认为,义务教育与"强制休闲"在道德层面上是可以区分的。义务教育是为那些自己没有能力作决策的人作出选择,而"强制休闲"则是为那些虽然身体日益衰弱、但在其他方面却还很康健,并且比其他任何人更有能力作决策的人作出选择。因此,我们所看到的关于"强制休闲"所不能容忍的方面,是缺乏合理性的,亦无法损坏义务教育的合理性。

2.21 这道防线将不会挽救义务教育。首先,所有孩子都缺乏决策能力远非事实。不管人们对"理性的"、"清醒的"或者"明智的"选择标准是什么,很多10岁以及12岁儿童所作出的选择,很有可能与大多数成年人所作出的选择媲美,更不用说那些青少年的选择。同成年人一样,儿童是一个异质性的群体,他们为什么要因为一些(甚至大多数)缺陷而忍受痛苦呢?可是,假设我们承认,从总体而言,儿童与成年人相比欠缺决策能力这一假设有问题,这当然会提供一个"强制休闲"与义务教育的对比,但就这一点而言,我们未必得出义务教育是合理的这一结论。我们反而可以推断出,人人都应免受强制施加的教育,除非他们被证明严重缺乏理性,或者他们在这方面的能力远低于成年人。那么我们的工作原则就会是"理性能力除非被证明是不可以的";证明的责任便取决于那些声称严重不足的人身上。鉴于这一与儿童在智力上处于相对欠发达这一状态相一致的原则,我们所做的教育安排几乎和今天的医院运作一样。在特殊情况下,人们会暂时性地致力于这些事务,并且多半是出于自愿的。那些安排将致力于消除机能不全或无行为能力现象,这些现象在起初证明对其干预具有正当性。当一个教育系统并不认为自己在这个意义上具有自我消除性,那么随着时光推移以及儿童活力的增长,那么它终将丧失掌控儿童时间和精力的权力,甚至是公开承认儿童不足的那些人也会丧失其权力。正如青少年与精神治疗机构最近以司法公告的形式提出的"治疗或者释放",所以这种失败的教育机构将被要求要么"发展理性能力",要么"释放"。

这里所要表达的意思是,即使我们假定,就总体而言,与成年人相比,儿童在决策能力上存在欠缺,某些儿童在作为决策者上甚至存在严重缺陷,并且假定在某些情况下,严重的理性缺陷使得教育干预很有必要,那么,这种干预也未必要采取义务教育的形式。人们被送去接受诊断与治疗的医院(在某些情况下是违背他们的意愿),并没有自作主张地建立一个"强制医疗保健"系统。在人们(包括儿童)通常被允许按照自己喜好接受教育的前提下,只有少数极端情况下才有例外,他们所获得的是"零散的教育干预",但对于义务教育来说,这是极其偶然并且次要的。

2.22 人们可以不用义务教育来发展儿童的亚理性(sub-rationality),可以用另一种方式来解释,即通过审查权利与"发展程度"之间的一般关系。仅仅由于能力欠发达,并不足以成为减少某人权利的理由。在某些情况下,能力上的差异,甚至当这些差异非常巨大时,其在道义上都是无关紧要的:从严重智障到天才,人人都被认为享有平等权利去投票选举,去乘坐公共交通工具,去游览公园。此外,能力较差有时保证了更多分享责任这一条款:其他人未必需要同样多的经验,而且人们更期望从这种类型的分配中获得更多成长。因此,在教育学语境下,能力较弱的学生可能是最需要也最有权利去表达他们对于批评的看法,以及去利用暗房。("让杰里拉开画布,你应该已经知道如何去做了。")

如果能力缺陷本身并不能够作为压缩权利或者责任的理由,那么儿童在抉择过程中的不熟练也不能够作为其在义务教育之下权利被压缩的理由。相反地,那些缺陷可能要么与儿童是否应该享有教育自由无关(正如智力迟钝者的缺陷与他们的选举权无关);要么与为完整的教育选择权延伸到儿童提供依据,以使他们能够开始更直接、更彻底地成为一个有能力作出抉择的人无关(正如能力最欠缺的学习者的落后状态,是确保他或她获得更多资源与责任的依据)。

或者考虑一下"精神病患者"。一个人可能患上了恐惧症或者妄想症,这使其出现非理性行为,或者像玛丽·巴恩斯(Mary Barnes)一样,有可能完全被带回到孩提时代。[2]我们已经认识看到,非自愿性质的制度化,在处理那些与理性相违背的问题时,极难成为一种令人满意的方式。

对于那些只关心日常生活而不关心被控制和侵害的人来说,与他们密切相关的是以下两种更为可取的方式:依据这种短期考虑,诸如一个人对于他者经验以及与他人之间关系如何的感受,以及他们对于更全面的健康与发展的长期奋争。这同样适用于儿童。除了有更令人满意的或者更令人愉快的教育经验之外,他们还可能会更全面地学习和成长,在这种状况下他们的学习选择不受束缚;成年人没有正式的或者强制性的权威,只能行使共同学习者、顾问以及资源协调者等角色。通过自愿与非制度化的手段来推动儿童教育所能达到的效益可能远远超过通过义务教育所能实现的。

威廉·戈登温(William Godwin)的观点,要比"强制的错误教育"(Compulsory Mis-Education)、"去学校化社会"(Deschooling Society)、"废弃的学校"(School is Dead)等观点早两个世纪。在《论知识的传播》一书中,戈登温认为,学习者是被"对习得事物的价值的理解"所引导,而不是通过"约束和恐惧",也不是通过由某位老师所附带的"偶然的吸引",我们有"最可取的教育模式"。对于一个人想要的学习而言,"推行自己创作发明的计划"是:

> 一个理性人所拥有的纯粹和真正的条件。通过训练,判断力得到加强。它提升我们的独立意识。它会导致一个人(原文如此)独立自主,并且是一个人可以称之为一个真正的个体、一个基于自己的理解而不是基于盲目信仰的生物的唯一方式。[3]

鉴于诸如戈登温一样的立场,童年时期理性思维的不足,即使是在非常严重情况下,也不能支持建立实施义务教育的主张。因为根据他的立场,义务教育并不是减少这些缺陷的唯一或者最佳方式。对于戈登温来说,这看起来似乎有道理,并且仍是可信的,即独立的理性判断力并不是通过常规的强制和服从得到增强,而是通过这种判断力的训练而得到加强,甚至在成熟的最初阶段也不外乎如此(正如儿童学习他们的母语并没有通过正式的或者强制性的教学,而是通过主动积极地交流和发音尝试)。如果真是这样的话,那么例行的义务教育将会趋向于阻碍学生的正常发展,因为它没有诱发学生去获得独立思考问题的能力,没有诱发学生得出或者设想出超出那些预期的、被奖励的或者是被要求结论的能力(或者完整性)。

最近,戈登温的哲学反思已被一项实证研究证实,这项研究表明,使用奖励来"激励"学习,很可能会适得其反。两位心理学家,戴维·格林(David Greene)和马克·R. 莱佩尔(Mark R. Lepper)开始做戈登温曾经做过的事:区分出源于内在动机的学习(儿童出于乐趣读没有被指派的书)与源于隐秘不明的或者外在动机的学习(儿童读书源于被指派去读或者是为了考试取得好成绩)。在他们看来,这里有一个危险:

> 即外部奖励可能会削弱内部动机……如果我们通过提供奖励来引导一个儿童参与一项有趣的活动,那么这个孩子可能会对这项活动以及他在其中的参与,产生不同的感知。这项活动可能会变为达到目的的手段,而不是基于目的本身。由于奖励,儿童参加活动可能会有一个不同的、隐藏不明的动机。任何时候,当奖励不再可得时,儿童不太可能去自发地参与这项活动。[4]

出于这些方面的考虑,格林和莱佩尔构想出了他们的"过度合理化"假设,即诱导人们参与一项活动以达到外在目标(逃避惩罚,获得奖励),可能会抵消他们在该活动中的内在兴趣。然后他们利用魔术笔对学龄前儿童进行了一项实验。发起人的假设预测是:

> 期望自己的绘画得到奖励并确实得到奖励的儿童,当随后不再有进一

步的奖励时,比意外受到奖励或者根本没有受到奖励的儿童较少去玩魔术笔绘画。实验数据证明了我们的假设。[5]

本研究与义务教育有何关联呢?根本上,义务教育所要求儿童去学习的内容并不是因为儿童想要去学习或者是发现其内在的趣味性,而是因为他们被告知要去学习。这种压力威胁,可能是赤裸裸的,也可能是含蓄的,但它是始终存在的。在这种背景下,"过度合理化"假设预测,内在学习将会受挫。义务教育的参与者倾向于认为,整个教育与学龄前儿童对用魔术笔绘画会得到奖励的反应非常相似:在没有持续的外部激励的情况下,他们将会远离这项活动。如果我们的目的在于扩展学习与开发教育,那么依赖于义务教育可能会弄巧成拙。

那么我们会看到,义务教育不可能以童年时期理性思维存在很多不足而证明自身存在的合理性,因为即使这些是被承认的,并且在"强制休闲"和义务教育之间存在差异,仍然有其他较少限制性的方式来发展理性。此外,有一些经验证据认为,尽管义务教育被不恰当地与为学习者提供获取资源机会的教育安排相比,但却没有告知学习者如何以及何时、何地可以使用资源。也许对于义务教育,人们最可能说的是,这里仍有一些实证问题尚未解决:义务教育对理性能力的发展是有利的还是不利的?这种有利或者不利如果有的话,达到何种程度?一种自愿安排性手段,如前面提到的伊利奇(Illich)的"学习网络"或者"零散的教育干预"模式,相较于义务教育会更多地或者更少地促进理性能力吗?[6]但如果这些问题悬而未决,那么不论儿童的缺陷如何严重,也不能成为义务教育优先于自愿安排的选择方案的任何正当理由。

2.23 到目前为止,就从道义上区别"强制休闲"与义务教育并建立前者的道德论点而言,这一论点已经被局限于说明,对儿童抉择能力不足的控诉是不能使人信服的。但它有可能比这走得更远:一项反对义务教育对被其视之为理性缺陷治疗的道德异议需要提出。因此这种治疗方法不但没有获得处于欠发达状态的儿童支持;此外,它还违反了一项道义责任,从而进一步加强了义务教育与"强制休闲"之间的相似性。

戈登温的立场将会再一次"被认为是富有启发意义的"。这一立场不应该沦于经验假设,即自我发起的学习将会比包含义务教育在内的体制内学习更有效、更全面地引发批判性和自主性智慧。在戈登温对"最合适的教育模式"的解释中,还包含一个规范性原则,即自我决定具有内在的道德价值,甚至对于那些大大缺乏理性的人也不例外。在上述所引文章中,不论是经验性论争还是规范性论争都得到了加深。他主张,将愿望以及自己独立设计的计划付诸行动,会"增强判断"并且"是(一个人)可以被称之为真正个体的唯一方式"。但是除此之外,它构成了"提升我们独立意识"的"一个理性人的纯粹和真正的条件"。在持这些主张的后者看来,戈登温并非意在描述允许儿童选择他们将要学习内容的长远后果。相反地,他是在辩解说,当我们剥夺了儿童的这种选择,其实也是剥夺了他们接近基本的好或者对的机会。

用康德学派(Kantian)的话语来说,我们未能将他们视为他们本身的一种目的。因为在本质上而言,对人的认同涉及尊重他们对自身的当前和未来利益的安排。否则,就是将他们视为处于从属地位、需要屈从于某人独自做出的安排或者优先次序。因此,如果玛丽想要去滑旱冰或者跟朋友分享幻想,但却被迫去学习地理或者数学,一个根本理由可能会是从她的长远利益方面来考虑的。但是,如果玛丽赞成分享故事将不会像地理那样更能实现她的长远利益,但同时又坚决地倾向于前者会怎样?"我知道地理对我将会更有用,但是我不关心,我宁愿跟朋友分享幻想。"这里没有对事实上将会导向最大发展或者指向未来福祉等的(经验的)争论。这一争论是完全规范性的:玛丽对于未来的关切应当重于她当前的愿望吗?

现在如果我们接受上面提到的为强制性辩护的理由,那么我们就是在借此强加这一观点,即在孩子两个兴趣之间,我们的选择比孩子自己的想法更重要。我们已经使玛丽服从于我们的评估标准来评价心愿是好是坏,而不是尊重玛丽在她自己目的方面的自主权。我们已经将其视为是一种手段,而不是一种结果。此外,在义务教育过程中,这种情况并不是交互的:玛丽无权应用使其目标有意义的想法阻止她的老师或监管人追求现在的而不是未来的满足感。

重点不在于,将儿童视为一种目的,就是要求在推进他们自身的长远利益过程中谁也不能干涉。这不是成年人的本意,我们也不期望这是孩子们的本意。相反地,重点在于,这里最起码的义务是尊重儿童的这些目标,并尊重他们对这些目标的排序,而这一责任却被义务教育有条不紊地违背了。可以想象,可能会有理由重新定义这一职责,正如公职人员在关于军事开支或者对外国专政的援助等方面,可能会有理由误导他们的选民。但是这一道德责任必须由为义务教育辩护的人、而不是那些主张其消亡的人来承担。总之,围绕义务教育的议题不应该被视为是完全的乃至根本的经验主义的——一个关于义务教育与自愿性选择对理性发展造成的后果的对比问题。义务教育,将儿童置于次要地位,儿童独自发展的目标排序并没有获得内在的优先权,这种做法虐待了儿童,因此应该被取缔,除非可以举出证据证明其是正确的、有影响力的考虑因素。

这些考虑因素必须确定,这里没有可以替代义务教育的方案,并且确定这种做法提供了唯一的,或者至少是最好的克服童年时期缺陷的补救方案。但如前所述的诸如此类的争论充其量是猜测性的。在促成既定的教育目标方面,没有实证研究(经验研究)将义务教育与伊里奇提出的去学校化学习网络,或者与古德曼提出的"随机教育"进行比较。义务教育与给学习者提供终身补贴以购买他们想要的各种资源(工具、教学、空间等等),并且提供诸如顾问、信息交流中心以及评估人员等支持性服务的体制相比,是否更能促进儿童的自发学习和思想独立呢?在社会科学教育这一点上,我们根本不知道,尽管格林和莱佩尔的研究强烈暗示了一个否定的回答。

接下来将要得出的结论是这样的:由于义务教育在减少童年时期理性不足方面的成就是未知且不确定的,所以捍卫它、将其与"强制休闲"区分,并且推翻其对儿童道德上的虐待所必需的实证数据(经验数据),根本无法获得。义务教育将儿童视为一种目的的失败之处是显而易见并且不可避免的;断言它是唯一的或最好的能够促进理性决策者发展的方式,也至多是不确定的。简言之,似乎没有理由保留这一做法,也没有一个明确的(因而是决定性的)理由来取缔这种做法。

让我们回到"强制休闲",并设想一个稍微偏离斯图尔特原文的场景。我们将要假设,也就是说,"强制休闲"并不是适用于《奥里亚纳》所有年满50岁的成年人,而是仅仅适用于那些被认为是"理性减退"的成年人。普通成年人不受干涉,独自去寻找他们自己偏好的休闲方式,而其他诸如那些显现出衰老的早期迹象的人,则要按照法律规定去参加为期10年的为他们设定的游戏和比赛。这一修改后的体制可以被贴上"CRD"(强制有缺陷者休闲)的标签,因为"强制休闲"主要针对的是理性缺陷的人。强制有缺陷者休闲将会是一种在道德上可以接受的做法吗?

做出肯定的回答,意味着即将到来的老年期的自由因其无足轻重而被弃之不理。但是如果正常成年人有权不承担"强制休闲"施加的负担,为什么对于那些已经处于正常水平之下的人却还要剥夺他们这一权利?如果老年人不应该从属于年轻人,为什么那些心智能力衰退的人就应该从属于那些抉择能力完好的人呢?先前引用的康德学派的观点,将会把所有人(不仅仅是那些"正常的"人)视为目的:它劝诫我们尊重所有个体的选择,尊重其意见,尊重年迈老人的(或者发育期儿童的)自我调整的力量。康德的原则是,对于这些常态的专制,既不鼓励也不支持。

此外,如果强制有缺陷者休闲对衰老的影响存在不确定性,或者是否存在克制理性退化的其他同样有效且较少侵犯性的政策也不确定时,那么,不干涉原则这一主张将获得更多支持力量。

针对义务教育的这些评论之间的关系是简单易懂的。如果被强制置于强制有缺陷者休闲中的人的初期衰老症状,并没有减少此种做法的道德不合理性,那么儿童的理性缺陷也不能够抵消反对义务教育的主张。我们被再一次导向这一结论,即义务教育所体现的对儿童自由的侵犯与限制并不能因为儿童的欠发达而证明其自身的合理性。因为义务教育与理性发展之间的联系至多是推测性的。更为重要的是,正如强制有缺陷者休闲这一情况所表明的,为什么这些理性存在相当大缺陷的人与那些能力正常的人相比,主张自由的权利要少得多?一种常态的专制对于儿童来说,与对于处于正常水平以下的成年人来说,都是完全不合理的。

2.3 "但是你不能否认,由于他们自身的缺陷(不足),我们有时不得不保护孩子们以使他们免受自己的伤害,这也是为了他们好。"在这一争论之后,我们得出了"家长式作风"的结论:孩子们的缺陷,加上我们有职责保护他们免受自我伤害,要求(按照推测大概可以)强制实施义务教育。

2.31 然而,值得特别关注的是,在反对义务教育时,没有一个成人的立场是基于儿童的需求或者是家长主义(paternation)的正当理由。特别需要指出的是,我并没有一直主张要么出于其自身利益考虑,儿童绝不应该受到干涉(绝不应该受到"家长专制式的"干涉),要么儿童所受到的家长专制应该不超过成年人。这两者在我看来都是错误的,尽管对于后者无疑可以给出令人信服的理由。在任何情况下,在反对义务教育的理论中这两者一直都没有被涉及。

因此,考虑到这些特殊情况,没有任何观点否认或者削弱我们阻止三四岁的小孩子在繁忙的城市街道上玩耍或者是摆弄危险的日用电器的职责；允许10岁的小孩去跳伞或者试用海洛因注射并不是意味着拒绝义务教育的合理性。概括而言，当如果不这样做时，儿童的健康或者生命将会处于危险境地的话，此时对儿童实行"家长主义干预"是可以接受的。如果义务教育被彻底废除，正如我们所一直建议的，成年人仍然会有足够多的机会去干预热衷于冒受伤或者死亡风险的儿童。不再实行这种做法绝不意味着可以排除这种家长主义：从义务教育中解脱出来的儿童有可能被成年人监督，这些成年人公认地有权保护他们免受自我伤害，但绝没有权利决定他们应该学习什么、何时学习甚至是如何学习。

至于儿童所受到的家长专制应该不超过成年人，反对义务教育的主张没有一点是依赖于将儿童的能力视为与成年人的能力等同。在很多观点中，儿童理性的诸多缺陷已得到承认，进一步讨论这些缺陷并不能为义务教育的正当性辩护。另一方面，童年时代的缺陷可能也会使得其他形式的家长主义干预——诸如那些对健康与生命的保护——它们既对儿童是必要的却又远远超过对于成年人的干预。

我们对义务教育的攻击当然是肯定儿童可以不需要它。但这绝不是说，他们也可以摈除一切形式的成人管制与干预。毕竟，成年人的"家长主义干预"可以是无可非议的，即使他们超越了义务教育的范围。此外，如果儿童不需要义务教育，也不能就此得出他们与大多数普通成年人相比，所需要的保护性干预是较少的。老年人可能比中年人更需要家长专制，但这并不是规定说前者有义务屈从于义务教育。

更进一步讲，我所辩护的第三种观点与论点，即家长主义在教育背景下不具有道德上的可接受性，也即是说，尽管儿童被实行家长管制无可非议，但这种干涉也永远不能在排他性的教育立场上具有可辩护性。这种论点貌似是一个足够合理的学说，但它在这里尚未得到辩护或者预设。因为义务教育是家长式教育作风的一种但不是唯一形式。考虑一下这样一个社会，它是一个并不需要学习任何特定学科或技能的社会，但却将禁止教育经验视为（并不危险也非不健康但是）浪费时间或者不明智。它可能资助学习者，告诉他们除了某些限制条件之外，可以如其所愿地使用他们的补助金。例如，至多5%的补助金可以用于学习任何既定的体育运动，艺术性与民族性的舞蹈也是可以接受的，但是当代舞蹈，诸如伦巴（rhumba）、扭摆舞（twist），碰撞摇滚舞（bump）是不被允许的。也许这种教育政策可以描述为"消极的家长主义教育作风"（negative educational paternalism）；与义务教育截然相反，它没有规定任何课程或者任何强制性的学习环境，但它的确限制了可以允许的教育选择（或者将会得到支持）的边界。现在，对义务教育而言，尽管以上所述肯定会与这种积极的家长制格格不入，但它对于消极的变化并没有提出任何异议，并因此与第三种论点形成了鲜明对比。

2.4 一直在探讨的、基于儿童缺陷对义务教育进行辩护的回应，可以重新构建如下。以上所考察的三种辩护，每一个辩护都比前述的更为复杂。第一个辩护仅仅声称孩子们是有缺陷的或者是欠发达的（2.1节）。我们承认这种说法,同时指出,虽然《奥里亚纳》的成年人(的能力)已经在一些方面恶化,但这并没有为义务教育提供任何正当理由:简言之,欠发达不能成为干扰人身自由的依据(2.11)。第二个辩护诉诸孩子们那些"更为根本的"、对他们做出正确决定的能力产生不利影响的缺点(2.2)。我们认为,这些缺陷同样未能为义务教育提供例证:可以引入限制性较少的其他政策,以弥补儿童的缺陷并促进其理性能力的增长(2.21,2.22)。此外,义务教育促进人类学习的倾向是推测性的,并充斥着问题,它将儿童视为一种手段而不是目的,这包含了明显的道德虐待(2.23)。最后,我们考察了这样一种观点,儿童不健全的理性需要成人的各种家长式干预(2.3)。这种观点认为,这种家长主义干预,例如保护儿童免受自我摧残或者是严重的自我伤害,并不意味着义务教育是合理的,即当一个人发现后者不具有道德可接受性时就可以赞同前者(2.31)。

总而言之,无论是最简单的还是这两个日益复杂和精密的对儿童不足之处的诉求,都不能够提供一个真正的、在义务教育与"强制休闲"之间的道德对比。此外,鉴于2.23节的结果,两者通过不公正这一共同脉络关联起来。要找到这样一种反差,如果这有可能的话,这意味着,我们必须跳出儿童童年期能力不足这一假设来考虑问题。

3. 教育的社会不可或缺性

3.1 义务教育和"强制休闲"之间的第二个主要对比所关注的不是两者分别迫使谁去做,而是分别迫使去做什么。运用这一对比,有人可能会认为,既然教育对人类福利的贡献远远超过休闲所做出的贡献,两者之间就存在一个道德上的显著差异,这一差异为义务教育的正当性提供了一个依据。那么,这种诉求并不主张那些被要求参加者的不足,甚至也不是他们的长远发展或福祉。相反地,对义务教育的辩护是基于(所谓的)教育促进某些"社会利益"的趋势,也就是某些道德上的重要目标,而这一趋势恐怕是不为娱乐活动所共享的。

教育所促成的或者有助于促成的社会利益或道德善行是什么?将每个人对教育观念的回应做一个完整的列表,将是无限长的,但它一定要包括以下内容:

(A) 作为一个见多识广的而且具有批判性的选民,以及为实现一个民主政体所必需的技能和态度;

(B) 科学、医学与技术的发展,以及它们所能实现的免受疾病和贫困的自由;

(C) 接触不同的信仰和价值观——那些相异于一个孩子的家庭中的主流传统,对一个多元化和宽容社会必不可少的可选择性的信仰与价值观;

(D) 为弱势群体(如少数民族、妇女、穷人)提供教育资源、认证学习和职业培训,从而实现最低程度上的分配公平(distributive justice)。

3.11 在这里,尽管对这些观点中的每一个都进行详细回应是不可能的,但是此处对那些持反对观点的人进行了回应。第一,我们是否知道教育的确在事实上会有助于确保那些公认的社会目标?假设启动一项不干预政策,除了严重侵犯人民权利之外,既没有教育事业或者协会受到公共资助,也不会被禁止。A—D目标将处于危险境地是一定的,还是仅仅是推测性的呢?

17世纪之前,人们普遍认为,当缺乏公开实施与支持的宗教时,文明价值观将迅速屈服于野蛮的价值观。仅仅几十年前,几乎所有人都持有相似的核心家庭观。今天,这些信念给我们的影响还不如那些易于让人轻信的、历史性的有趣遗俗。但是教育的社会意义这一现代概念,是更缺乏趣味性还是具备更充分的依据了呢?这非常值得怀疑。例如,单单一年之内许多完全的公立学校事业是否有机会获得诸如印刷、电子以及当前的电影媒体一样尽可能多的多样性呢?

3.12 第二,我们应该注意到,娱乐,同艺术和医药一样,同样有助于确保重要的社会产品的增加。然而,这并不是说服我们公开定义所有公民必须玩的游戏,定义他们应该培养的艺术形式,或者定义他们必须追求的医疗种类。一般而言,没有法律会对那些完全不接受任何或所有这三个有价值活动的人实施制裁。相反地,人们经常会被供给公共资助资源(公园、博物馆)或服务(诊所)等,作为诱导其参与其中的激励措施。为什么教育要有所不同呢?与其强制学生参与到学校与课程中,为什么不分配资源并提供辅助服务,以使得(或者保持)其学习更具吸引力与可及性?

简言之,休闲娱乐的社会福利并没有证明"强制休闲"的合理性,那些艺术和医疗保健,也没有为强制而不是自愿地促进这些活动的措施提供依据。因此,即使我们承认,教育的确有助于实现重要的社会利益,这也并不表明它应是强制性的。

3.13 通过考虑一种能够促进教育而又不需强迫的方案,可以加强这一结论。在这一方案中,公共收入在一般情况下将直接分配到个体学习者手中,而不是分配到学区或者其他任何行政单位与"当局"。此外,我们资助的学生将可以自己选择购买何种教育资源,从谁那里购买,以及在其生活中的哪段时期去购买。有些人可能会选择节省他们大部分的教育补贴,直到他们年满40或50岁,并准备开始一个新的职业或更充分、更深入地发掘自身的潜力。没有什么会禁止类似于我们当前所见的周围这些学校行为的继续,但也没有人会因为对这些保持头脑清醒的想法而遭受训导员的训诫或者法律制裁。

在大多数情况下,教师这一特殊职业将会消失。学习将主要通过从事一些工艺或生产活动的学徒制继续进行。我们不会要求学习者在一个单独的"专业人士"组成的群体中学习,这些"专业人士"除了教学什么也不做,他们依法通过接受公共教育经费先于他人取得更多的经验或能力(但是极少有人备足了学分)。因此,可以聘请农民来指导城镇市民如何在空地上或城市公园里生产,从而维持生存;诗人、汽车修理工、律师、木匠、音乐家等,都可以成为可利用的教育资源。对年龄、学历、学位等没有要求,可以避免学习者与任何他们想一起工作或学习的那些提供教学服务的人签约。此外,正如伊里奇指出的那样,一些学生不希望或不需要指导,但需要使用设备或材料(工具、黏土、望远镜等)或某些类型的空间或环境(如空车库、开放的领域、一个湖泊)。他们收到的补贴也可以用于购买或租赁这些东西,以及传授技能者的经验与协助。

为了使这一切有效,需要给学习者提供不同类型的支持,例如:

(A) 信息中心,用以出版和发行资料以及说明哪些资源可用、可用的时间、地点、领取人以及在何种条件下使用等;

(B) 交换中心,为准学习者配备所需的人力或物质资源;

(C) 教学设备和材料的采购、维护与分配(通过贷款或租赁),这可以被看做是公共图书馆理念的延伸;

(D) 可以单独与学习者一起工作,提供鼓励和批评,指出未被认识到的选择项,识别并帮助其克服劣势与障碍的顾问,顾问可以为接受辅导者设置测试,但测试结果将是特许保密的信息;

(E) 针对那些难以获得基本技能或存在严重的精神或身体残障的人,制订补救计划;

(F) 增加对那些来自低收入家庭者的补贴。

尽管如此简洁,但是对自愿教育的这一解释可能足以表明,促进对社会有益的目标但不依赖于强制的教育方式是可行的(就像医学、艺术和休闲娱乐依赖于自愿参与者提供的资源)。前文所述,关于义务教育在补救儿童缺陷上所独有的或角色优先的主张只能是推测性的,关于3.1节中的社会产品似乎也同样适用。在这两种情况下,义务教育和自愿教育之间的比较都尚未得到研究:经验的问题仍然公开地存在着。

3.2 对义务教育如此之多的辩护建立在教育被认为是对社会利益有贡献的基础上。针对这些辩护,有人一直辩称,第一,这些贡献可能包含更多的推测性而不是确定性;第二,即使他们承认,这也不能成为实行强制教育的需要或理由;最后,我们知道,教育的自愿安排形式可以同义务教育一样,甚至比义务教育更能够促进社会利益。然而,鉴于这些争辩,本章节所考虑的对义务教育的辩护,同先前提到的辩护一样,或是谬误或者是过度推测的。因此,既然义务教育对儿童的道德虐待是显而易见的而不是推测的,反对义务教育的主张,将再一次看起来不容置疑。

4. 两个反对自愿教育的现实理由

然而,杰克·贾斯汀(Jake Justin)发现,根深蒂固的习俗对人们的支配,并不易放松。尽管存在如前所述的讨论,对义务教育残余的忠诚,或者对废除它的反感,无疑将会继续。在努力冲破一些这样的阻碍过程中,我将要讨论两个反对教育自愿化理念的现实理由。第一个理由认为,鉴于当前的社会条件,废除义务教育将会产生灾难性的后果,特别是对于那些已经在遭受不公平待遇的群体而言更是如此;另一个理由是,义务教育无论如何将不会被废止,至少不是从任何当前的或者是可预见的工业化社会的角度来看。

4.1 第一种反对自愿教育的现实理由愿意承认,从理论层面而言,我们应该自愿安排教育,也就是说,自愿教育的理想形式优先于任何形式的义务教育。但是实际上,在任何具体情况下,取消强制入学法规不见得会实现这一理想目标;相反地,它可能会促进具有破坏性与不公平性体系的发展。因此,假如密西西比州废止义务教育,其主要受害者是那些穷人和黑人小孩:他们现在甚至被进一步剥夺了获得基本的学习技能、证书,以及体面的工作和生活的机会。

4.11 这个反对理由很有说服力。但是我们必须警惕从其中推断得太多。这里并没有表明义务教育具有合理性,而只是说明,在某些情况下,为避免更大的不幸,我们可能不得不容忍它。因此,在其他"相对不幸"的情况下,当前的主张并没有责任去支持或者维持义务教育。相反地,我们的责任是要么消除这些迫使我们进退维谷的状况,要么从这些状况中抽身而出,即,既避免较小的恶也避免较大的恶。具体来说,我们应该努力在密西西比州建立上述 3.13 节所述的自愿教育设计的一些变型形式,或者想方设法为黑人和穷人们提供与其状况不同的教育或生活选择机会。

这里的问题让人回忆起那些由惩罚无辜者所引起的问题。举一个最通常的例子,一个被指控犯有强奸罪的人实际上并没有作案;然而,如果从监狱中释放出来,(她)他还是摆脱不了城镇人试图对他的报复。这是否证明惩罚无辜者是一种通常的惯例?显然不是。我们的职责是使被告免于私刑,而不是剥夺他或她的自由。如果可能且尽可能的话,我们应该为无辜者精心设计一种从监狱和当地的治安委员会中都能够脱离出去的方法。

同样方式,替代方案令人难以忍受的后果,也无法为义务教育的强制实施自圆其说。我们仍然有义务保护儿童(那些无辜清白的)既免受义务教育(的惩罚)也免受其他有害情况的伤害。此外,这一保护责任要求我们尽可能快地且最大限度地解放儿童。我们的无辜受害者在服刑期间应该尽可能少地受到管制与干扰。同样的,我们应该重塑义务教育,使其日益趋向于自愿安排。例如,通过向实验学校以及社区掌管的学校投入公共资金,并通过建立一种所谓的"强制性能力"(compulsory competence)的体系。这里的学习者,尽管有资格接受传统教育,仍可以通过证明其掌握了课程目标而免受这一教育,也就是说,通过给予普通学生的相同考试使其免受教育。当学生得到豁免,他们或其父母就能接受其自行选择教育资源的成本补贴。简言之,在强制性能力体系下,只在教育"什么"方面有限制,而对于"如何"教育没有限制:相较于义务教育,它对儿童自由的侵犯,将会大大减少。

现在提出近似强制性能力这种方案的职责,再次印证了刚刚讨论的关于义务教育的那些观点:即使废止义务教育的地方将会有不利与不平等的后果,我们的责任也不是保留义务教育,而是尽我们所能,尽可能多地消除它而不引发这些后果。

第一个反对摒弃义务教育的现实理由,是义务教育未能与这种惩罚无辜者的明显道德暴行区分开来。恰恰相反,它留给我们一个原封未动的职责:(a)逐步限制义务教育的范围及其对儿童的干扰,以及(b)创造能够避免废止义务教育所产生的任何繁琐后果并能够使我们将自愿教育发展成为我们的主要教育形式的条件。

4.2 第二个反对摒弃义务教育的现实理由是,义务教育是无可逃避的,因此讨论其道德上的可接受性并建议废止它都是毫无意义的。此外,既然避免"强制休闲"似乎没有任何困难,这里我们将可能形成这两种实践做法之间的鲜明对比。

反对胜过赞成的学者,在对自愿教育的目的这一批评上达成了共识。因此,赫伯特·金蒂斯(Herbert Gintis)是一个激进的经济学家,他通过分析指出,资本主义通过牺牲"社区、工作、环境、教育和社会平等的健康发展来换得资本的积累",他借此说明"归根到底,'去学校化'是不切题的,因为我们不能'去工厂化'、'去办公室化'甚至'去家庭化',也许除了在这一漫长的社会重建过程尚未预知的尽头处可能会出现。"[7] 另一种解释是,为了"这些呆子(clods),那些头痛医头、脚痛医脚的改革者,那些没有一个宏伟远景目标的人,他们想改善的只是真正的儿童在学校中所拥有的经验质量",教育家尼尔·波特曼(Neil Postman)坦然承认,"美国社会将不会去学校化!无论如何,在不久的将来都不会如此,因为伊里奇清晰地指明了其原因:学校的功能便是维持既定的秩序。"[8]

4.21 对这一反对理由的一个完整回答,将需要详细处理这种长期存在的哲学问题,诸如人类事物的预测范围、(自发的)欲望、信仰与决策在塑造社会现实中的作用、社会(教育活动)各部门在何种程度上是独立的,或者是互为对方的(生产力与生产关系)产物。这里不适合论述我对这些问题的看法,也不适合重申我所竭力主张的、支持人类生活中因果关系与解释的自由主义概念,这一主张排斥从自然科学引入的决策与预测模型,它能够认识且促进自主活动。[9] 在这里,将不得不满足另外三个特别指出的评论。

首先,这一反对理由似乎是一个推测的产物:它缺乏对致力于废除义务教育的任何持续调查的根基。在1975年,取消义务教育的任务可能相当于在1750年建立代议制民主(representative democracy),或者在1870年创立劳工组织的权利,或者是在1950年废除精神卫生保健体系(de-asylumizing' mental health care)。也就是说,这不同于几十年来人们一直在尝试和失败的那些事,反对义务教育的鼓动才刚刚开始。这里的证据是,义务教育是制度环境的一个固定部分,而不是已经达到了发展的晚期阶段——这一阶段在15年中将会放弃几乎所有的对高中学龄学生的强制性主张并认可在个性化基础上对12岁以下儿童豁免的主张?[10]

在我看来,第一,无论我们今天看到发生了什么,它都将与义务教育的永久性不再兼容,尤其当它与同样假定的观点相比时,这种观点认为教育年轻人的自愿安排方式已经开始出场,并将会在20世纪80年代末的工业化国家占据首席地位;第二,这里涉及的争议,就像社会科学中的其他许多事情一样,是一种自我实现的教条:如果人们不再笃信义务教育的持续性,他们将会更容易地、并且更成功地找到避开并替代它的方法。但是如果上述主张是真实的,这一现实异议将引出一个开放性的问题;它只能通过考查持续而坚定地追求引入自愿教育所产生的结果来解决。因此,这一异议不能表明这种努力将是徒劳的,也不能减少我们努力实现自愿教育的职责。

其次,为了避免对义务教育的指控成为无法验证的推测,这一异议有时会被重申为这一主张,即缺乏教育之外其他领域变革的支持,自愿教育将不能够完全实现,例如权利与资源的再分配,核心家庭之外子女养育责任的分散。从这种角度来看,这一异议看起来就没有争议了。现在的问题是,以这种新形式,它是无害的,与我们所认为的义务教育能够并且应该被废止的立场是完全一致的。

考虑到,妇女和少数族裔的愿望是能充分实现的,这很有可能,但只能在没有任何个人或团体(不论性别或种族)能够聚敛比例不均衡的经济或政治权力的情况下,也就是说,土地、资金及其他资源的私有财产权会受到社会限制的情况下才是能充分实现的。但这并不意味着,当不存在这样的限制时,种族与性别平等的情况下是无关的或仅仅是学术目标,也不意味着在分配公平这一普通原则实现之前,我们可以理所当然地将它们弃之一边。同样的道理也适用于自愿教育。应该承认,只有在子女养育、所有权以及生产都已大幅度更改之后自愿教育才能繁荣,但这并不意味着,在这些变革都已经完成之前,我们不能或者不应该着手用自愿性取代教育的义务性。相反地,它提出了一个这些努力如何才能最有效的假设,也就是将它们与对抗教育不公的策略相结合。因此,根据这一假说,提倡教育补贴不仅仅是为了未成年人,对于成年人也是同样重要的。因为这不仅将削弱义务教育当前对儿童自由与发展的侵犯,还将使得更进一步的资源化安排变得可取,通过补贴可以满足工薪阶层与低收入成年人更公平分享资源和机会的要求。但是如果这种教育补贴政策被当前构想所支持或兼容抑或被我们的第二个现实异议所支持或兼容,那么这一构想又怎么能够用于质疑自愿教育的可行性或者可取性呢?

最后,存在一种奇怪的麻木不仁,甚至可以称之为"年龄主义"(age-ism),"这种异议必然关注义务教育的永久存在性,以及关注对儿童免受强加的约束和成人灌输的权利的剥夺。性别歧视、种族主义、监狱、殖民地等等,都像学校一样行使着'延续既定秩序'的功能,"尽管我们并未被告知放弃对反帝国主义自由战士的支持或者对第27次修正案的支持,依据该法案在可预见的未来,义务教育制度将保持原样。最激进的经济学家也不会主张,在同种族主义的滥用或者减少判以监禁处罚的犯罪类型抗争之前,我们必须首先"去工厂化"。可能有这样一个问题,只有那些当代工业化社会中影响儿童的特征发生根本改变后,还是只有在所有其他重要领域的制度变革已经实施后才能有所改变?不然的话,孩子们就可以得到原谅,因其被再次置于最后需要考虑的地位,他们的自我决定权被无可辩驳地剥夺,这种异议体现了由义务教育表现出的任意支配性。("等到你长大了,我们会认真对待你所遭受的那些虐待。")[11]

5. 反对义务教育理由的总结

如果先前章节中所提到的论据是充分的,义务教育与"强制休闲"相比,支持的话也无需多说;我们对于后者可能有的异议,同样地适用于前者。无论是主张对这两种做法做出区分,还是被强迫参与义务教育的人的能力越欠缺,教育对社会利益的贡献就较大——这两种对比都已被证明在很大程度上是推测性的(2.11,3.11)。此外,即使我们承认这些对比的确可以做到,但它们也未能提供实行义务教育而不是自愿教育有更多的道德合理性(2.21,2.22,3.12,3.13),或者也未能提供任何证据否定或者削弱义务教育在道德上虐待儿童以及我们有消除这种实践的职责(2.23,3.12,3.13)。

对于(a)或者(b),在第四部分中所考虑的反对自愿教育的那两个现实理由也不再有效。关于第一个,有人争辩说,自愿教育对少数民族和/或者穷人可能造成的伤害(就像对那些无辜者的伤害一样)(通过对他/她强加法律惩罚)可能会成为暂时性容忍义务教育(惩罚无辜者)的理由,但并不能减少我们致力于自愿教育(只惩罚犯罪者)的一般义务或者实现这些有害后果最小化的条件。(4.11)对于另一种理由,即义务教育将不会从工业化社会中消除这一主张会受到以下反对,即,从字面上理解,它似乎只停留在无根据的(并且有时代差异)的推测层面,然而,如果重新主张实行自愿教育将需要深化改革其他领域中权力与资源的分配,这一理由在丧失其所有说服力的代价下将是真实的:它不再与自愿教育的倡导相抵触。

当然,在所有这些观点上,还有很多观点有待进一步讨论。特别是,应当提供一个全面的解释,首先是关于自愿教育多种多样的形式的解释,其次是关于削减义务教育范围并通过宣称分配和补偿公平的自愿活动代替它的看似合理策略的解释。[12]但也许,已经提出了足够多观点来表明,义务教育对儿童生活与自由的主张离无可辩驳相差甚远,并将辩护的负担转嫁于那些以牺牲推行自愿替代方案为代价而主张保留义务教育的人。

注释

本文的许多思路和观点是在与我的朋友和同事飞利浦·D. 杰克林(Phillip D. Jacklin)、杰弗里·沃尔特(Jeffrey Walter,)以及飞利浦·R. 惠勒(Phillip R. Wheeler)的讨论过程中构架出来或得到完善的。其他观点也应该借助了这种勤勉的、有洞察力的批评的好处。

1. C. Stewart, 'Auriana' (New Orleans, Louisiana: Gumbo Publications, 1965).

2. J. Berke and Mary Barnes, 'Mary Barnes: Two Accounts of a Journey Through Madness' (New York: Ballantine Books, 1971).

3. W. Godwin, Of the Communication of Knowledge, reprinted in L. Krimerman and L. Perry (eds), 'Patterns of Anarchy' (New York: Doubleday Anchor, 1966), p. 421.

4. D. Greene and M. R. Lepper, Intrinsic Motivation—How to Turn Play into Work, 'Psychology Today,' vol. 8, no. 4 (September 1974), p. 50.

5. Ibid., pp. 51—2.

6. 参见:here ch. 6 of Ivan Illich's 'Deschooling Society' (New York: Harper & Row, 1972).

7. H. Gintis, Toward a Political Economy of Education: A Radical Critique of Ivan Illich's 'Deschooling Society,' reprinted in A. Gartner et al. (eds), 'After Deschooling, What?' (New York: Harper & Row, 1973), p. 32.

8. N. Postman, My Ivan Illich Problem, reprinted in Gartner et al., op.

cit. , p. 145.

9. These arguments appear in the introductions to section sections IV—VIII of my 'Nature and Scope of Social Science' (New York: Appleton-Century-Crofts, 1969), and in my article, Autonomy: A New Paradigm for Research, published as ch. XIII of the '71st Yearbook of the National Society for the Study of Education' (University of Chicago Press, 1972).

10. 关于这一观点的论述,参见：James Coleman's article, The Children Have Outgrown the Schools, reprinted in L. Bowman et al. (eds), 'Of Education and Community' (Lincoln, Nebraska: Nebraska Curriculum Development Center, 1972), pp. 69—75.

11. Ch. 5 of Allen Graubard's penetrating book, 'Free the Children' (New York: Vintage, 1974), deals in much greater detail with the issues raised by both of the two practical objections examined in this section.

12. These two accounts are outlined in a position paper, Should Education Be Compulsory?, by L. Krimerman and J. Walter, available from the authors, c/o Childhood and Government Project, Boalt School of Law, University of California, Berkeley, 94720.

第三部分
自治、自由与学术教育

第六章　作为一种教育目的的自主
布莱恩·克里坦登（Brian Crittenden）

第七章　自由学校中"自由"的歧义与限制
大卫·纽伯格（David Nyberg）

第六章 作为一种教育目的的自主

布莱恩·克里坦登(Brian Crittenden)

引言

个体的自主被广泛认为是教育理论和教育实践中的一项基本价值。认同在教学(teaching)与学习(learning)中对知识进行系统研究的支持者们常常认为,教育过程的主要成果之一(即使不是最重要的成果)就是它对于培养一个自主的人所作出的贡献。在自由教育的传统中,人们研究人类的思维和知识的形式,这是由于人类思维与知识的自身原因,是它们给一个人的生命带来了独特价值,因此这种研究并不是简单地为人类的思维与知识偶然服务的外在目的。通过这种无私研究所提升的思维品质,应该用个体的自由和自主这样的术语来描述。在所谓的教育激进派(radicals in education)看来,自主不单单是一项需要提升的成绩,而且是一项即使在儿童之中也需要被尊重的条件,只有如此,一套教育过程中的基本标准才有可能被依法推行。诸如开放课堂、学校决策中的民主参与、自我指导和个性化学习以及强调创造性和发现式学习等,无论对这些实践采取何种内容的抵御措施,在自主的名义下,它们往往都会被认为是具有合理性的。

那些在其他情况下存在分歧的理论家都可以愉快地共同呼吁自主,这表明,自主的理念以及它与教育的关系应该被更加深入地研究。在接下来的讨论中,我将尝试实施这项任务的某些方面。我将要关注的落脚点之一,是到目前为止的教育实践,因为它涉及对主要文化符号形式的一个系统介绍。在这种实践中,教学与学习的活动并非主要取决于儿童或社会的直接利益,而是取决于人类在认识、解释、评估、表达等方面的最重要成就——这也就是我们所粗略分类的科学、人文科学和艺术。我认为,这种教学观与学习观明显地属于自由教育的传统。为了简便起见,我将参考自由教育这一提法。当然,关于自由教育这一主题还有其他不同的观点。在我已经简要勾勒的解释中,理性思考和判断的发展并不仅仅限于理智活动,它同样也延伸到了道德及审美领域(the moral and aesthetic domains)。

在我关注自由教育的诸多原因中,自由教育与个体自主之间的关系看起来似乎是复杂矛盾之一。如果我们相信儿童已经自主(在某种意义上说,需要道德上的尊重),而且他们所行使的自主权决定了什么是教育,很明显,教育与自主的关系问题被大大简化了。在这一观点中,教育将被定义为,表达了个人的自主选择权以及或许可以增进个体自主选择能力和机会的任何活动。另一方面,如果我们相当严格地相信教育在社会交往中的首要作用,那么,似乎个人自主难以成为严格意义上的教育目的的候选者。在自由教育的情况下,上述过程并没有被作为自主的一种功能,却被看做是一种公共象征结构,这种公共象征结构构成了一种文化。同时,自由教育的支持者们还声称,任何意义的个人自主只有通过启动这些符号结构才能实现。虽然这一启动过程,不像社会化过程,但是也与自主并不相左,然而我们通过这种教养方式实现个人自主的说法却似乎存有矛盾。

1. 作为一种"理想"类型的个人自主

为了给作为一种"理想"类型的自主提供一个积极的架构,我认为需要区分部分重叠的三个基本方面,即使这些区分不是必要的,也是有用的。需要区分的方面大致称为理智方面、道德方面以及情感方面。一个人可能在这些方面的任一方面自主,但是却未必在其他方面也会自主。在理智方面,我认为它包括了一个人的全部信仰,不管这种信仰是关于世界本质的,还是被认为是值得的事物,或是行为的标准。在一种非常有限的范围内,人们是需要理智自主的,这是因为,最重要的是一个人不应该在他人的权威之下去接受自己的任何一种重要信仰,而是应该根据他自己的经验、他自己对于论据和论点的反思、他自己对于什么是真实与正确的感觉判断。对于完全的理智自主,一个人应当自己判定次级问题,即是什么构成了真正的主张、充分的证据以及一个合理的道德原则,诸如此类,这些看起来也是必要的。甚至他所感知与理解的重要概念也应该是他自己设计的,或者至少,仅仅是在他个人深信这些概念是令人满意时,才从别人那里接受。

正如我所使用的这一表述,道德自律(moral autonomy)旨在包罗实际判断和行动的所有形式。假设事实性信仰和规范性信仰(factual and normative beliefs)与我们依据自己如何行动所作出的决定相关,很显然,道德自律在某种程度上就取决于理智自主。当然,从存在主义者的观点来看,至少从萨特(Sartre)已提出的观点来看,在具体的生活情境中,道德决定只是纯粹的意志选择行为,在这一过程中,信仰和原则没有发挥任何作用。如果从字面上来理解道德自律,它将或者包括理智自主极端形式的诸多方面,或者呼吁对一种道德抉择的解释,在这一解释中,这种道德抉择是以自我为核心的、一个孤立于个人意志的决定行为。正如艾丽斯·默多克(Iris Murdoch)所指出的那样,(1)这种解释可以在当代盎格鲁—撒克逊哲学(Anglo-Saxon philosophy)以及存在主义哲学(Existentialism)中找到支持。[1]

除了在确定和应用道德判断标准的过程中需要独立思考外,道德自律还包括一个人将他认为应做之事付诸实践的执行能力。人们通常用坚韧、坚定、意志和自我控制这些词语来描述一个人所具有的这些能力。也许最后一个词语最恰当地指出了个人自主的这一方面。

在政治和其他权力的行使方面,从极端的观点来看,一个道德自律的人将不会服从甚至承认一个命令。"对于道德自律的人而言",R. P. 沃尔夫说,"严格来讲,没有命令这一说"。[2] 如果这样的一个人按照命令而行动,这只是因为他本人深信这一行动的价值,而不是出于权威的施加。

自主的第三个方面,情感方面,也有相当广泛的解释。到目前为止,它被视为自我控制的一部分,因为后者是指对一个人的情绪、欲望和情感的控制。然而,问题不是简单指一个人在面对强烈的情感参与时能够自我控制,而是他在与其他人及事物的关系中仍能保持情感超脱。这种独立和自给自足的形式作为一种理想,历史悠久。它通过苏格拉底(Socrates)的生活得以阐明,继而又被犬儒派(the Cynics)和斯多亚学派(the Stoics)作为核心教条延续下去。

鉴于我已表述了自主的诸多方面,应该强调的是,即使一个人在确定自己的某种信念和行动时,也可能会反思性地接受他人的权威,这仍然是对其自主权的放弃。这可能就解释了 R. F. 迪尔登(R. F. Dearden)提出的不充分的自主标准,即一个人在重要事件中的所思所行要"参照他自己头脑中的思考"这一说法。[3] 服从,即使是一种奴性,也是一种人类行为,因而要解释它,就不能不关照主体自身的思考活动。迪尔登提出的标准可能会提供一个归咎责任的充分条件,但是人们可能会认为,一个人应该对他所做的事情负责,但这未必是其自主所行之事。

2. 理智自治(INTELLECTUAL AUTONOMY)与主观认识论

在我刚才论述的自主的三个方面中,我最为关注的是可能成为教育目的的理智。当然,这方面包括经常声称是代表道德自律的一个重要组成部分。

目前,在严格意义上来讲,理智自治所需要的彻底的主观主义坚守者可能是极少数的。然而,在最近的各种知识相对论的解释中,完全的理智自主所依赖的主观主义条件却是大体令人满意的。费耶阿本德(Feyerabend)的"无政府主义认识论"(anarchistic epistemology)清晰地表明了这一趋势:他甚至将他的认识论理论与人类自由的理想联系起来。[4] 库恩(Kuhn)对于科学家们所恪守的、不断变化的认知过程的模型分析,也用了一个类似的解释进行辩护。[5] 基本上,维特根斯坦(Wittgenstein)关于生活和制度的形式概念也内含了同一种相对论。这种理论所主张的,是客观、理性以及真理问题只能在一个特定的概念体系范围中被提出。不同的概念系统(例如,是否存在文化差异、社会阶层差异、科学解释的差异抑或科学与宗教的差异)不能以一种客观、理性和真理的尺度来互相比较;它们是不能用同一种标准来比较的。一个人对一个特定的概念体系的坚守被视为一种自己投身其中的、实质上是任意的和非理性的决定,或者被视为一种心理和社会因果条件综合作用的结果。至少对于那些将知识问题最终看做是非理性主观承诺的人来说,一个个体可以有效自主的地方显而易见也是令人安心无忧的地方。

一个相似于基于知识相对性的理智自主的观点,已经在最近的教育理论与实践中受到青睐。刚才提到的哲学观点是否已经产生直接的影响,在何种程度上产生影响,这是很难说的。在大多数情况下,教育家们还没有形成决定他们立场的无政府主义认识论。库恩的名字经常被引注,这可能只是反映了当时的一种潮流,但并不代表理论研究对库恩思想的认可。无论如何,教育家们的相对论更有可能被一些最近受欢迎的社会学家们而不是哲学家们所激发。当然,一些地方小团体的视界,诸如决定他们自己的学习课程、生产他们的自己知识等,可以被西奥多·罗萨克(Theodore Roszak)、彼得·伯杰(Peter Berger)等学者(尽管后者回避任何一个认识论立场)的著作所滋养。[6]

我正在提及的教育思想与实践中的这一趋势,吸收了在当前已成为进步主义教育(progressive education)既定信条的众多理念,尤其是每个儿童的教育应当主要取决于他或她的需要与兴趣这一信念。已经被加进来的理念(或更有力地重申,如果我们还记得早期进步主义教育的工具主义分支的话)是从根本上受到挑战的知识理论的某些因素,它们主张任何形式的思想和探究的客观性。受人青睐的另一种说法或者是一种主观主义的观点,或者对于那些厌恶个人主义的人来说,也可能是由自由参与和充分参与的成员组成的小型地方团体的相对论。

正如教育家们所提出的那样,这一理论的韵味可以在查尔斯·H. 罗斯伯恩(Charles H. Rathbone)和罗兰·S. 巴斯(Roland S. Barth)所展现的解释知识的努力中获取,这些知识是他们自己所支持的,同时也是在开放教育实践中通常被假定的那些知识。[7] 他们的信条如下:

> 知识是以独树一帜的方式形成的,亦是个人单独构思的,因此,从根本上来说是个人主义的。
>
> 从理论上来讲,没有两个人的知识是一模一样的,除非他们的经验完全相同。
>
> 因为知识从根本上来说是独树一帜的,因此很难判断一个人的知识是否"优"于另一人的知识。
>
> 知识不能独立于个体认知者而存在:它是一件无法分离的事情。印入书籍的数据、进入美国国会图书馆的数据与人们所知悉的数据并不相同。
>
> 知识不是内在地被安排好、组织好的,也不会自动细分进入学术"学科"。这些分类都是人为的,而非固有的。[8]

与有关知识本质的这些观点相关,在那些开放式课堂的支持者中,指明罗斯伯恩关于儿童如何学习的基本假设或"基本理念"是十分有用的。

> 开放教育将儿童看做……作为一个自我激发的意义建构者……学习被视为一种他自己开始的与世界相互作用的结果:儿童的理解力在他与外在于他周围事情的持续的相互作用过程不断发展——这些外在的事物,如一般环境、一个钟摆、一个人——和他内在的一些东西——如他的概念形成机制,他的精神……
>
> 每一个儿童都以一种非常基本的方式成为他自己的代理人——是一个自力更生、独立自主和自我实现的个体,他能够独立地以自己的方式形

成概念并学习。⁹

当然,罗斯伯恩还重申了卢梭思想信徒(Rousseauist)中的普遍的进步教育信念,即儿童天性善良。儿童这一属性以及作为一个自主的学习者,构成了他作为一个一般的自主道德主体的基础。每一个儿童都"有权选择他将要做什么以及将会怎样";"追求他感兴趣的任何问题";"由他自己决定他做什么、他成为谁"。在开放教育理论中,正如罗斯伯恩所解释的那样,每一个孩子已经成为一个自主的主体,而这是任何以教育之名的努力都应尊重的一个基本条件。

鉴于这些关于知识本质以及儿童作为一个自主的学习者和道德主体的理念,理想的师生关系与师徒关系不存在相似之处也就不足为奇了。罗斯伯恩描述教师角色的关键词是"助手"(assistant)和"促进者"(facilitator)。¹⁰

对于给多种多样的相对主义认识论一个适当的评价将超出本文的范围,这些相对主义认识论隐藏在学习者在教育过程中不能坚持理智自主的主张背后。对于上述有关的哲学立场和教育立场,我只是想指出我所理解的、它们所存在的最严重缺陷。毫无疑问,它们的许多支持者正在对过度机械论的、实证哲学论的知识作出反应——尤其是对它的客观性概念作出反应;¹¹而且,在人们经常无情的运用知识,尤其是科学知识的时候会产生道德反感,这种恰当的道德反感也可能会引发许多人的反应。然而,在抨击这些道德和哲学缺陷的时候,认为个人的主体角色已经提升到如此程度,即任何概念的客观性都将受到侵害,这也是没有必要的。事实上,一旦这项工作完成,那么这种哲学性和道德性的批评将会简单地瓦解成一个反对他者的、终极的、非理性承诺的表述而已。这里,我根据最近的相对主义形式作出的评论性注释,已在很大程度上由罗杰·崔格(Roger Trigg)在其《原因与承诺》(*Reason and Commitment*)一书中得到发展。¹²

(1) 当适用于任何人的真理与理性信念的标准是那些,并且仅仅是那些个体自己决定要接受的标准时,那么这个个体就不可能(假如他注意到他所坚持的标准)持有一种错误信念或者相信(一种错误信念)或者采取不合理的行为。在这些情况下,知识和信仰之间没有任何区别可言,并且也就没有任何根据可以宣称任何人是狂热的或者有偏见的。正如崔格所指出的那样:"'真理'变成一种信仰和承诺的结果,而不是它的一个原因。"¹³基于这种方案,对于这个人或者那个人来说,我们唯一可以讨论的就是什么是正确的或者理性的,这并不容易,但是我们也丝毫无法明确地理解正确与理性的概念。因为当无法区分谬误与非理性的时候,区分真理与理性也是不可能的。

(2) 对于持有完全不同信仰的人类而言,他们的确是通过语言与其他人进行沟通交流,并且能够有效地从一种语言或概念体系翻译成为另一种语言或概念体系。对于这种信念的沟通与翻译以及真正的讨论而言,必要条件之一是这些主张可能是真的或是假的、可能构成好的也可能构成坏的原因,诸如此类——而不仅仅是从说话人的立场观点出发。反过来,它的先决条件是,并非存在与交谈方式一样多的领域,而是人们可能会从多种多样的概念视角来描述同一领域,并以真的或假的方式进行解释。毫不夸张地说,任何一个遵循相对主义概念或生活形态的人,都将被迫限制自己的主张,以与那些与自己有着共同生活形态的人共享。即使他可以声明他关于相对主义的说明是真实的(并且是可理解的),但这也只是从该群体的视角出发的。

(3)如果对于真理和理性问题所依赖的概念系统的承诺最终是非理性的,那么,就必须假定我们不能质疑描述这一体系特征的信念本身是否已被误解,或者质疑接受这一个体系而不是另一个体系可能会更合理。为了支持这一假设,就必须进一步假定这些概念体系(生活形态等)是作为自给自足的单位存在的,并且不存在代表真实性或真理性信念的一般性或常识性标准。

似乎也可以假设,我们可能选择是否要忠实于理性的条件或者非理性的条件。但是不管我们是否承认,这些条件都适用于我们。当然我们也可以选择拒绝它们,但我们依然在行动上无法逃脱非理性行为。

当人们谈到终极非理性的承诺时,这似乎反映了前面提到的人的形象,其中每个个体在内心都有一种独立的意愿,这种意愿是一种不受理性约束的纯粹的自由行为,这一自由行为决定了那些不仅在道德上也在科学上都可以接受的原因。就这一方面而言,我只能再次建议读者参考艾丽斯·默多克关于这一视角的批判性讨论。概而言之,她辩护的主张如下:

人不是客观理性的思考者与个人意志的结合体,而是一个统一的存在,他能看到他所看到的内容,并期望能持续控制自己所见的方向和重点。[14]

(4)严格意义上的相对论的倡导者,并不能保持严格一致的相对主义的立场。他们面临的普遍问题是,即使是一位接受彻底的相对主义、拒绝真理以及理性客观标准可能性的相对论者,也无法一直认为自己是正确的。即使他开始严肃地为此辩论,他也必定会前后矛盾地假设一个人的观点可能是正确也可能是错误的。

这个问题在库恩关于科学知识的解释中已有所阐述。尽管他坚持认为不同的科学研究范式是没有可比性的,但是他仍然信心十足地采用了一种历史比较的研究方法,在一定意义上,这种方法得出的结论是关于什么样的事业将会被推定为一种共同的事业。他甚至提出,科学家若遵循一种特定的范式就会误入歧途,他们需要检测关于进步的模式,而不是简单地改变科学方法。库恩也承认心理学和社会学解释的真理性:为何科学家在特定的时间遵循特定的范式。假若他是一致的,他会将自己的解释限定在支持者的概念框架之内。但就其相对假设而言,库恩甚至认为自己的结论都不一定是正确的——除了那些忠诚于他自己所使用的研究范式的人之外。

在知识社会学者(sociologists of knowledge)中有哲学倾向的相对主义论者,例如卡尔·曼海姆(Karl Mannheim)也并非始终如一地认为,他自己正确地解释了信念的群体相关性质(group-relative nature)(这种信念既作为一种事实也作为一种认识论理论)。在这类理论中,通常会有一位脱离作者所属的各类社会群体概念边界的精英(例如曼海姆所言的"独立于社会的知识分子")。尽管对于相对主义有着不一致的观点看法,但是人们仍然认为,精英的界定角度相对于其他任何群体而言,更具有可取性。

在罗斯伯恩看来,对于知识和学习理念的任何恰当评论,均被预想为开放教育实践的先决条件,而我们对开放教育的关注将远远超出本文的界限。然而,正如我们之前所见,这些理念也只是作为教育实践过程中一种基本的规范性因素,为处理不合格的理智自主提供了一些原理性的解决之道。因此,我至少应该简单地提及一些我认为这个理论被误解的方面。

(1) 也许最严重的缺陷是这一理论过于简单化的学习图景:每一个人类有机体都通过其"概念的形成机制"或心智的运作,从而独立地与其环境相互作用,并从这一经验中衍生出他自己的概念。有大量的概念用这种抽象主义者(abstractionist)的观点根本无法解释。[15] 但是在任何情况下,作为人类,我们都不是孤立的个人,都不是通过从我们的原始经验中抽取信息构造出我们私人的概念领域。我们获取概念,并通过各种人类行为的一个主要组成部分,即语言学习这一社会过程来学习并将其应用于解释和理解我们的经验。这种关于人的个人主义观点的理论忽略了这样一种事实,即就其本身而言,每一个人的发展都是处于一种既存世界意义共享的背景之中,心智不是一种既定的成果,而是一项主要取决于我们有机会继承共享意义的成就,它可以像肌肉一样伸展并富有弹性。[16]

(2) 显而易见,所有的知识分类方式都是人为的。然而,正如罗斯伯恩似乎要假定的那样,这并不意味着它们必然完全是习俗问题,如果它们完全是传统问题,那么这必然是主观臆断的。正如赫斯特已经说过的,一个人甚至没有必要去争论是否存在若干具有逻辑差异的知识的基本形式。[17] 这足以指出,一种特定的调查方法,一组密切相关的关键概念,一个重要的人类共同目的,可以各自或者共同为知识组织提供一种非任意的基础。

除了招致主观主义者的普遍批评外,罗斯伯恩对知识之气质性格的强调,似乎也反映了一种混淆,这种混淆存在于个体学习时的心理活动序列与应用其学习成果的逻辑标准之间(也就是,他所学到的是知识还是错误的信念,他是否已经获得了诚实的道德概念或者能量的科学概念等,诸如此类)。在谈及教育实践时,这种混淆的后果是,有关孩子如何学习的解释成为他们应该学习内容的决定因素。

正如罗斯伯恩所指出的,开放教育理论的一个令人难以理解的特征是,尽管它坚定地反对知识的客观形式,但它似乎只想推导出"在某些相当基本的情况下,人们并未将传统的学术目标视为第一优先顺序"。[18] 基于对于知识本质的一般主张,人们可能认为,这些目标根本没有被放在优先考虑的位置上。

(3) 罗斯伯恩对开放课堂理论假设的讨论,也阐明了相对论者所面临的不一致的普遍问题。如果开放课堂的支持者一致接受罗斯伯恩提出的无政府主义认识论,那么他们不能说传统教育的假设是被误解的,也不能说他们自己的教育风格体现了正确的原则和重点。他们唯一能够表明的是,他们所采取的立场对于他们来说是正确的,因为他们认为它是这样的,而且可以承认的是,这些同样适用于对教育有任何其他看法的支持者。

正如我们已经看到的,各种形式的无政府主义认识论(包括各种概念系统的相对论,这些概念系统是人们凭借一种非理性承诺一直遵循的系统)允许,并在事实上需要行使"纯粹的"理智自主。我曾简略说明了,他们索要这种自主的代价为什么如此之高以至于让人无法承受的原因。只有以消除知识与信仰、理性与非理性的思想和行动之间的实际差别为代价,这种自主才是可以获取的。当然,产生这些需求的个人自主,无法成为自由教育的一种目的。因为自由教育是获取真理与理性标准以及其他价值域的主要入口,而这些在不断发展的人类认识的公共传统中已经被清楚表达了。

考虑到不恰当的个人自主假设,我们很难知道什么样的教育是正当合理的。如果认为人类从出生时就是自主的,或者至少假定潜能的发展是自动自发的,那么,显然就不需要一种教育来促进这种自主。但迄今为止,个体的这些自主应该说都是被教育出来的,不过获取自主的唯一合适的方式似乎是通过个人的探索。但是,如果完全照字面意义采用这一方法,它对大多数人的效益将非常有限,并使得人类积累的知识和技能成果无法代代相传。同样,也不可能将任何公共标准用于判断个体独立探索发现的质量。例如,我们不能说,他得出的结论是错误的,或者是微不足道的,或是有偏见的。如果人们认为它们是反社会、不顾史实的学说,那么我们就很难从根本上清晰地描述人类的教育。甚至 A. S. 尼尔(A. S. Neill)在夏山学校(Summerhill)里所塑造的环境也不完全与其信念一致,因为他的信念是每位儿童可以依其所需要实现完全的自主,同时不受任何不请自来的成人的可怕影响。他似乎没有注意到,例如,在夏山学校的孩子们,当他们不被干涉的时候,他们并非必然自由地去做自己想做的事情;他们想要的和他们满足自己的方式都取决于在夏山学校可以获取的选择。

已经提出的普遍异议,未必适用于情感自治。这些异议是一种值得商榷的道德理想,或许可以通过某种形式的自由教育来提升它。至少,在自由教育的一般特点与这一理想之间,似乎并不存在任何不协调之处。假定情绪在人类行为以及参与和承诺的后果中起到了一定的作用,其问题是在试图达到情感自治过程中是否会得不偿失。在不用争论的情况下,我相信,的确是得不偿失的。在我看来,一个人克制自己任性地挥霍他所喜爱之物,这种分裂相比于小心翼翼地避免爱或者自爱太多的自私自利的冷漠,是更令人认可的理想。

3. 康德(KANT)对理性自律(RATIONAL AUTONOMY)的辩护

返回到理智自主与道德自律问题,虽然无政府主义认识论为个人自主的实质形式提供了依据,但我却一直认为它无法自圆其说,而且这种自主也不能够成为自由教育的一种目的。现在的问题是,尽管自主被人类思想和行动中的理性和道德限制着,但是否存在一种非常重要的个人自主呢?是否这样一种让步会严重削弱关于自主的主张呢?很明显在某种程度上,这取决于如何解释理性和道德行为的条件。尽管人们已经承认理性标准的制约,但从历史来看,在道德领域中已经为自主作出了某种强烈意义上的辩护。康德对这种道德自律的辩护,当然是最卓著和最有影响力的。这种辩护清晰地回荡在由皮亚杰(Piaget)和科尔伯格(Kohlberg)所提出的道德发展的当代理论中。

康德受到了卢梭(Rousseau)影响,在康德看来,每一个人都是独立自主的,因为他可以决定并为自己的那些行动原则立法,在康德眼中,那些行动是适合于个体作为自由和平等理性人的共同体成员的本性。在道德领域中,我们每个人都只受限于其自身作为一个理性人的意志。但是,当然,我们以这种形式为自己所规定的这些原则,也必定将意志作为普遍原则适用于所有的自由理性人。对于康德而言,自律的基础是"作为普遍律令的每一个理性人的意志的理念"。[19]

理解这一学说的第一个困难之处,是个人在没有准备挑战其他所有人的自律之前,不可能严肃认真地遵守普遍律令。[20]只要每个人都事实上遵守他自己以及其他任何人的相同法则,就不会发生冲突。但事实并非如此,人类并不总是赞同道德的普遍法则。并且我们也不能假设,他们应该必定会同意且不质疑他作出决定的自主权。当然,康德试图依靠诉诸一种晦涩难懂的形而上学的存在,即理性的自我来确保对至上的意志达成共识。

理解这一学说的第二个更为基本的问题,是理解每个人为他们自己普遍立法的意义。在康德的理论中,自我立法隐喻的合理性再次取决于他所论述的形而上学的区别,这种区别存在于本体的或理性自我与现象自我之间。但除了理解这一区别上的困难之外,还存在另外的困难,正如库尔特·拜厄(Kurt Baier)最近所指出的那样,声称每个人只服从于他自己所制定的律令,这在逻辑上是完全不可能的:"如果一个社会的任何成员都不会受到任何他人意志影响的话,那么根本不会存在任何法律,也不会有任何立法,包括自我立法。"[21]

拜厄同时还指出,立法的隐喻对于接受、运用、批评,甚至变革道德原则的活动而言都是不恰当的。康德的普遍化标准在一定程度上是有用的,但它不是一个立法机制,而是一个判断道德充分性规则的指南。虽然康德的道德理论在各个方面还可能会一直被教育实践所采用,但是他的自主理性的自我立法理想,并不能成为决定教育目的的一个原因:原因很简单,不可能存在这样一个人。

4. 道德自律与客观性

当代的道德自律观点,似乎同时包括康德的自我立法和个人良知至上的古老信念两个因素,不过当前个人的良知已经从宗教信仰中剥离出来。个人良知至上这一信念认为,个人必须完全自由地遵循自己的道德信念,在自己的行为中,个人良知(或者是他判定他应该去做的目的)是其最终的道德仲裁者。在这一因素占主导地位的情况下,自律从康德所试图强调的理性中溜走了。这只不过是在道德领域中谈论纯粹自律的另一种方式,并且很早就已经受到了批评。这里我希望去更密切地考虑,常见的自律的自我立法理论和个人良知理论的混合体是否有可能逃脱主观主义的监管。

H. D. 艾肯(Aiken)以这种方式阐述了有关道德自律的解释尝试,但是却依然在主张一种与其兼容的道德客观性的形式。在艾肯看来,非道德判断中的客观性相当于对所有的道德价值观进行公正的考虑,当然这些道德价值观与个体的行为决定密切相关。如他所言,当存在着我们已作出的道德判断的客观性问题时:"我们的任务始终是超越这一判断,并达到我们自己所认可的其他相关承诺。"[22]艾肯似乎也表明,一个道德判断如果满足客观性条件,那么它也是属实的。[23]尽管他的解释强调了内部的一致性与真实性,但它真的仅仅只是一个主观性的苛求形式却不是客观性的形式。也许他允许我们这样说,即个人在达成某项决定或者坚守某项原则的过程中,可以与他的道德信念不一致。然而,如果一个人真诚地指出,他并没有前后矛盾,我认为,任何支持艾肯理论的人都可以言之有理地质疑这一声明。当然,这一理论没有考虑如下可能性,即任何人都可以真诚且始终如一地坚持诸多道德原则并作出道德判断,只不过这种道德判断是虚假的或是不充分的。

艾肯自己提及的可以在其中进行探讨的道德共同体,为道德客观性提供了一个更为满意的背景。但是如果我们讨论一个真正的信仰和习俗的道德共同体,而不仅仅是一个孤立的个人意志的偶然协议,那么,这里就有必要修正艾肯提出的道德自律概念。我仍然希望进一步去描绘道德客观性的范畴。毫无疑问,从实证经验上来看,对于那些属于不同道德共同体的人们进行严格的道德论证是极其困难的。而这一论点成立的必要条件之一,是道德信仰和实践保持一致。然而,艾肯似乎假设了一系列离散的道德共同体,而不是假设在所有道德共同体之间存在着一种显著的共同之处以及由重叠的元素构成的模式。此外,由于他承认一个自主的人是一个理性的自我立法者,他也难以否认对不同的反对理性标准的实践和制度的妥善性进行相对评估的可能性。这一点超出了本文讨论的范围因而无法进一步讨论。适用于此范围的一个明显的例子可以参见莫里斯·金斯伯格(Morris Ginsberg)的《论道德的多样性》(*On the Diversity of Morals*)。[24]正如金斯伯格所指出的那样,相对主义者,无论是个人的还是社会的,都处在一种尴尬境地,因为他们的观点更容易鼓励人们被迫接受道德的信仰与实践,而不是尊重那些互不相同的人,除非他们前后矛盾地去主张宽容原则的普遍有效性。

无论如何在道德领域区分个人自治,一旦理性的标准和道德实践的共同特征得到适当考虑,我认为,很明显在其可以达到的最大限度上,客观性是道德成熟的一个本质特征。我们不应该将客观性和真理问题混为一谈,正如艾肯似乎犯的错误一样。尽管两者密切相关,但是客观性的前提是态度和行为程序,而真理的前提却是宣言。道德主体的客观性发展——例如,批判性地反思自己的假设,了解形成个人价值观的条件,理解其他观点,使自己的原则和判断服从于他人的批评——这是自由教育直接和明显指向的一种结果。自主是否也是一种目的,这在一定程度上取决于其能否与客观性所要求的道德实践保持一致。

5. 作为自由教育的目的的自主

在任何严格意义上而言,如果存在一个试图获得个人自主的问题,那么建议通过将其归纳到理性思维与表达的主要公共传统中来实现,这显然是自相矛盾的。当然,从古典理性主义(classical rationalism)视角来看,人们通过一种避免自相矛盾的方式来解释这些传统和个人自主的性质。自主合理化的条件并没有被看做是对个人自我决定的限制。在古典的理性主义解释(康德的自我立法是其中一个版本)中,个人自主包括了一个人知道什么是理性必要的意志。

因此，理解形式的启蒙不仅与个人自主相协调，而且也是实现它的必要条件。[25] 我并不打算评论这种自主观念的充分性，也不想评论作为其基础的古典理性主义的独特信念。如果对于客观性和理性的辩护反对无政府主义认识论的要求，并且不依赖于这些信念，那么，我想问的问题是，是否在一定意义上"自主"可以被恰当地描述为自由教育的一个基本目的。

与这个问题密切相关，我假设了自由教育实践需要满足的两个一般性条件。第一个条件是关于理性探究的传统将以何种方式被解释。这里的一个关键区别是，它们是否被视为人类思想与行为中的不可改变、不容质疑的模型，或者被视为在一代又一代人所承担的理解与实现的不懈努力——用艾略特（Eliot）的话来说就是，"共同追求正确的判断"。我这里所指的是自由教育的一种类型，它反映了这些解释中的后者。对于理性探究传统的持续、关键的变革就是传统自身。然而，它并非独立存在的，而是以一种任何特定传统都具有的方式存在的。

第二个条件是，在自由教育过程中占主导地位的重点应该是基于对所学知识的理解；接受的方法和理论应该建立在有证据证明其合理性的基础之上，而不仅仅是取决于教师或专家的权威；探究技巧的发展应该以反思和想象的方式进行，要结合流行的所谓收敛和发散思维于一体；要对每一个思想和表达的主要形式的范围与限制进行批判性赏析，同时也要对它们之间彼此并列的关系进行批判性评价。

假定自由教育在实践中可以尽可能多地满足这两个条件，那么显而易见，自由教育就必须以发展一定程度的理智自主为其目标。然而，我并不满意这些术语所描述的结果。当人们承认一定的资格时，我们也只能在一种弱小的意义上来谈论自主。甚至对于那些已经成为精通某一领域的专家而言，他可能会发起一次重要修正或者突破——尤其会影响到其基本方法——但是这种影响也是相对有限的。当然，即使是在这些情况下，也不得不由专家共同体进行意义判断。[26]

如果这些是对于精通某一领域人们的自主的诸种限制，那么，对于达到理解与胜任水平的那些人来说还会有多少限制呢？当然，人们可以理性地期待从自由教育中获得上述理解与胜任能力。尽管自由教育可以提供精通科学、人文或者艺术等诸多方面的基础，但其直接目的却是实现对诸多具有象征意义的公共事物的综合归纳。即使自由教育仅仅限于知识精英，其目的也并非仅仅发展精通的能力与水平，而是在这一发展过程之中个体可以锻炼一定程度的重要自主性。自主的语言看起来似乎更不切合实际且更具误导性，如果我们准备接纳为我们社会中的大多数人提供自由教育的激进想法，而且，除了其他原因之外，只要我们对人人理智地参与民主政治持认真的态度，那么我深知我们除了尝试便别无其他选择了。

即使当自主被解释为自我发现适用的规则而不是确定自己的规则时，合乎理性也不依赖于独立自主。事实上，如果我们在大部分时间都不使用由他人制定和检验过的理论和原则的话，那么，理性的思维和行动的范围将大大缩小。例如，无论我们在日常生活中如何考虑语言的学习和使用，或者如何检验一项科学实验的论证或者结论的有效性,甚至去进行直接观察,我们都必定会不可避免地在一定程度上要依赖于他人的权威。

正如我已经指出的,自由教育的一个基本目是发展与客观性紧密联系的技能、态度以及价值观。除非我们也要学会对理性探究本身的传统进行批判性反思,否则我们将无法充分实现这一目标。可以说,此处自由教育的目标是鼓励个人的自主。然而,我还想指出的是,对"传统观点"审慎评价的习惯,并非是因为个人自主的原因被提倡,但却作为最好的方式确保了我们的信念和价值观,它们被尽可能地证明是合理有效的。无论是对道德问题还是其他问题,独立判断是个体必备的一个特征,只有在这种情况下,一个人才有资格去判断。在一个既定的领域中,除了试图去发展与判断相关的技能和知识这一背景目标之外,一个教育工作者可能不会主动鼓励个体进行批判性的探究。

如果不是误导,与自由教育相关的其他结果也常被粗略地描述为个人自主,我认为最好用下面的这些术语来论述:获得对主要思想方法、概念架构以及知识本体的理解,同时兼顾对它们自身以及彼此之间的优势和局限进行批判式的评析。理解的水平应足以明智地阐释个体自身经验、清晰准确地表达自我、作出明智和负责任的决定、机智地领悟专家的辩论——尤其是当他们的主张影响到人们生活的普遍行为时,要审慎地评估政治领导人的计划,看穿并抵制空洞言辞和宣传的说服性策略,同时还要对在艺术、生活方式、政治理论、大众娱乐等诸如此类的领域中流行的歧视趋势作出反应。这份单子的罗列并非是详尽无遗的。它主要强调的是建设性或者批判性回应的诸多方面,而不是对文化形式的贡献。我相信,这种强调反映了自由教育的特征和范围。尽管它是一个可取的(如果不是必要条件的话)基础,但是对于建设性的——甚至是创造性的贡献而言,它还是远远不够的。

在自由教育的过程中,对于那些致力于我所列出的各种结果的教师们而言,如果他们是一致的话,他们必须准备好观察他们自己教学中的各种客观性条件,并始终能够为他们的学生提供其承受范围之内的最充分理由。尽管这样做有道德上的依据,但是依然没有必要呼吁学生实际的或潜在的自主性。无论这些理性是好的还是坏的,在基于理性去培养学生选择能力的过程中,将他们作为人来看待,对教师而言就已经足够了。在参照客观性标准和理性信念时必须准确,因为这是自由教育首要关心的问题,这些问题都是有待解决的,这些问题包括如区分教育与灌输的条件,教学中何种类型的说服是可以在理性与道德上进行辩护的,在某个问题上教师何时应该或者不应该持中立立场等。

我当然不希望指出,自由教育与人类自由的成就并不是密切相关的。在不断熟悉主要的文化象征形式的过程中,一个人也大大扩展了他能够作出重要选择的范围。其结果也包括选择质量的改变,而不仅仅是选择范围的变化。除非学习者开始自己掌握原则,否则学习与理解的根本目标将不会被充分地认识到,因此,个体也可以从教师、教科书、专家和膜拜英雄的权威中脱离出来而获得理智独立。因此,如果人们适当地开展自由教育的活动,个体将会实现这一点,即他所作的重要选择都是他自己的,在这个意义上可以说,他为自己申请了批判和评价的相关标准,并弄明白了为什么这些标准是他可以自己使用的。假如我们承认知识的公共标准,同时个体可以运用这些杰出的公共标准在其个人活动中锻炼自己的理智自立,那么,相比较那些经常由他人为其作出选择的人来说,我们可以形象地认为他已是自治之人。

然而,在谈及自律(autonomy)与他律(heteronomy)这两个术语时,我相信不必进行过细的区分。问题不在于我们能否接受诸如理性探究、道德实践、艺术表现、权威或其他判断等公共形式,问题在于我们应该如何接受它们。这里的根本区别在于,一个是盲目的、不经过反思的、机械的接受,而另一个则具有见多识广的、批判的、有辨别力且具有适应性的特征。如果后者(包含对他者权威的理性接受)被描述为理智自主,那么将有价值的自主视为自由教育的一项目标也就没有什么困难之处了。但是,必须指出,这一自主概念和与无政府主义认识论相关的,并被广泛援引用于当今教育理论中的自主概念完全不同。正是因为这种差异(而且因为教育家经常遗留潜在的、未经检验的认识论问题),无论是作为教育过程还是教育结果的标准,实施个人自主往往成为一种口号。事实上,个人自主似乎已经成为那些幻相之一,在这些幻相的名义下,人们正在背叛着那些为尽可能多的人提供自由教育的努力。

注释

1. I. Murdoch, 'The Sovereignty of Good' (London: Routledge & Kegan Paul, 1970).

2. R. P. Wolff, 'In Defense of Anarchism' (New York: Harper & Row, 1970), p. 15.

3. R. F. Dearden, Autonomy and Education, in 'Education and the Development of Reason,' ed. R. F. Dearden, P. H. Hirst and R. S. Peters (London: Routledge & Kegan Paul, 1972), p. 453.

4. "这种无政府主义认识论——这是被我们的错误理论所证实的——将不仅是一个提升知识或者理解历史的更好手段,比它更严谨而'科学'的替代品更为适合一个自由人使用"(Against Method: Outline of an Anarchistic Theory of Knowledge, in 'Minnesota Studies in Philosophy of Science,' vol. IV, ed. M. Rodner and S. Winokur (Minneapolis: University of Minnesota Press, 1970), p. 21).

5. T. Kuhn, 'The Structure of Scientific Revolutions,' 2nd ed. (University of Chicago Press, 1970).

6. T. Roszak, 'The Making of a Counter Culture' (London: Faber & Faber, 1970), especially ch. VII; Science: A Technocratic Trap, 'Atlantic Monthly' (June 1972), pp. 56—61; P. L. Berger and T. Luckman, 'The Social Construction of Reality' (New York: Doubleday, 1966).

7. C. H. Rathbone (ed.), 'Open Education: The Informal Classroom' (New York: Citation Press, 1971); R. S. Barth, 'Open Education' (New York: Agathon Press, 1972).

8. C. H. Rathbone, The Implicit Rationale of the Open Education Classroom, in Rathbone (ed.), op. cit., p. 102.

9. Ibid., pp. 100, 104.

10. Ibid., pp. 106—8.

11. 一些当代评论家(如 E. G. Roszak)似乎混淆了客观性的一般问题与其在实证主义传统(客观主义学说)中的特定解释。作者将迈克尔·波兰尼(Michael Polanyi)的"个人知识"作为科学客观性的一个决定性的反驳情形并不罕见。然而,他恰到好处攻击的却是客观主义学说。他所试图建构的——成功与否是另一回事——也同时是个人的以及客观的知识理论。在支持知识的客观性上,我并不是假设一种试图理解物质世界或者人类行为的规范标准的理性主义,而是说我们必须假设一个完全一致的系统。但如果世界(或者人类行为)是不能用严格一致的理论解释,那么它本身就是一个关于世界以及我们试图了解它的一个事实。

12. R. Trigg, 'Reason and Commitment' (Cambridge University Press, 1973).

13. Trigg, op. cit., p. 23.

14. Murdoch, op. cit., p. 40.

15. Cf. P. Geach's criticism of abstractionism in 'Mental Acts' (London: Routledge & Kegan Paul, 1957). For a general critique of the theory of knowledge supported by Rathbone, see L. F. Claydon, Content and Process in Curriculum Construction, 'Educational Philosophy and Theory,' vol. 6, no. 2 (October 1974), pp. 43—53.

16. 这种观点由许多近代的教育哲学家所发展,列如：R. S. Peters, Education as Initiation, in 'Philosophical Analysis and Education,' ed. R. D. Archambault (London: Routledge & Kegan Paul, 1965); I. Scheffler, Philosophical Models of Teaching, in 'The Concept of Education,' ed. R. S. Peters (London: Routledge & Kegan Paul, 1967); P. H. Hirst, Liberal Education and the Nature of Knowledge, in Archambault (ed.) op. cit.

17. Ibid.

18. Rathbone, op. cit., p. 105.

19. I. Kant, 'Groundwork of the Metaphysic of Morals,' translated and analysed by H. J. Paton (New York: Harper & Row, 1964), p. 98.

20. 正如柏林(Berlin)所指出的,康德的个人主义学说使其自身形成了一个极具讽刺意味的极权主义的解释：

如果我是立法者或者统治者,我必须假设如果我施行的法律是理性的(而且我只能征询我自己的理性),它将自动被我们社会里的所有成员所赞成,只要他们是理性人的话。因为如果他们不赞成的话,他们就必然是不理性的。然后他们将会被理性所压制：是他们的还是我的想法无关紧要,因为宣告的理性在所有头脑中必须是一样的。

参见：'Four Essays on Liberty' (Oxford University Press, 1969), pp.

152—3.

21. K. Baier, 'Moral Autonomy as an Aim of Moral Education, in 'New Essays in the Philosophy of Education,' ed. G. Langford and D. J. O'Connor (London: Routledge & Kegan Paul, 1973), p. 102.

关于康德的为自己立法的观点, G. E. M. Anscombe 评论说,

它是荒谬的,在当前当多数选票意味着博得极大尊重时,人们将会把一个人做出的反应性决定称为会导致多数席位的一张选票,而这在比例上是压倒性的,因为它始终是 1 比 0。立法这一概念要求立法者具有较高的权力。

参见: Modern Moral Philosophy, in 'Ethics,' ed. J. J. Thomson and G. Dworken (New York: Harper & Row, 1968), pp. 187—8.

22. H. D. Aiken, 'Reason and Conduct' (New York: Alfred A. Knopf, 1962), p. 162.

23. Ibid., p. 168.

24. M. Ginsberg, 'On the Diversity of Morals' (London: Mercury Books, 1956), title essay, especially pp. 121—6.

25. 正如柏林(Berlin)在描述理性主义的观点时所指出的,知识解放并不是通过提供给我们更多的可以自己选择的可能性而实现的,而是通过保护我们免受缘木求鱼的沮丧实现。(op. cit., p. 144).

26. 主体间的一致与客观和真理的实现之间的关系相当复杂。这种一致性既作为标准也作为客观性的条件发挥作用。然而在上述两种情况下,客观性都不仅仅是一个一致性的问题。对于前者,一个并不客观的主张——不管其真实性有多小——只是因为很多人都同意它。正 Michael Scriven 所指出的那样,混淆"客观"和"主观"可以在其中进行对比的定性和定量意义,是一个实证主义方法论的错误。参见 Philosophical Redirection of Educational Research: The Seventy-First Yearbook of the National Society for the Study of Education,' ed. L. G. Thomas (University of Chicago Press, 1972), pp. 95—7).

然而,即使注意到定性标准,虽然它提供了一个关键的考验,一致性仍无法构成客观性或真理性。在客观性的定性标准的方法论层面上的一致性措施,如同对于诸多概念的使用一样,在一些特定的案例中他人都是提出与设定客观性的一个必要条件。然而这并不意味着客观性归根到底必然会是一个公约问题。世界的特征以及不依赖于公约的人类特征将限制在什么内容可以有理由达成一致。关于客观性的讨论参见: D. W. Hamlyn, Objectivity, in 'Education and the Development of Reason,' ed. R. F. Dearden, P. H. Hirst and R. S. Peters (London: Routledge & Kegan Paul, 1972). 我不相信 Hamlyn 对"生活形态"的终极非传统本质给出了一个满意答复。

第七章　自由学校中"自由"的歧义与限制

大卫·纽伯格（David Nyberg）

"解放或者自由是件十分美好的事情。"自由作为一种理念，就像正义和教育一样，常被用来保卫与美化社会政策，保卫与美化几乎所有的信仰制度。自由是我们语言中最为重要的词语之一，并不是因为它有助于解决争议或者解决错综复杂的困境，而是因为自由及其含义的多样性对于学习更多关于人类文明的生活和价值来说是不可避免的。这一词语之所以重要，是因为它代表了一种我们不能不拥有的理念，同时哲学家、诗人和政治家将其简化为一种单独的操作性定义，也使它可以长久的存活下来。有人可能认为自由这一词语特有的歧义性表明，它在人类知识方面的价值一直被高估，同时它甚至成为带有"哲学含义"（philosophically sound）的文化进展的一个阻碍，也就是说，歧义性使自由毫无意义。由于人们逃避了对自由"真实含义"的分析，进而认为这一词语必定是毫无意义的，这也会让人们在如下方面得出类似的无意义结论，例如，中文的道（the Tao）、摩西五经（the Pentateuch）、大部分柏拉图（Plato）、莎士比亚（Shakespeare）、马克思（Marx）和弗洛伊德（Freud）的作品，大部分音乐（可能除了军队进行曲和记忆性的字母表童谣之外），和美国宪法（the Constitution of the USA）。

我认为，相比于自由的含义，上述方面的含糊性方面要少得多。但是，介绍自由理念的困难并不应当被看做是赞赏歧义本身。歧义不是一种"善"，而是与准确性相关；这些是语言的部分而非德性的部分，尽管罗素（Russell）宣称人类确定性的需求是正常的，但在他看来，确定性"也不过是理智的恶行"。从对歧义分析的反对面的背后来看，人们会幸灾乐祸地发现，那些支持浪漫主义的人们以语言而非概念的形式表达着对歧义的支持，他们的支持已经不再因为他们的这种热情而无坚不摧，而是因为缺乏热情成了自我否定的根源。无法捍卫"歧义"有两个原因。首先，某些歧义服务于欺骗的意图，要么是掩盖演讲者或作者不知道而又想让听众或读者相信他所知道的事实，要么是通过创造一种与口号相关的情感反应，在传递无知的同时传递信服。（事实上必须指明，有时口号的使用者必须指望他的听众同他一样无知，因此，我们不应该将其罪责归结为欺骗，这种欺骗是不可避免的而不是故意的。）其次，某些歧义是对以下浪漫声明的应对，该声明认为既然重要的词语，如自由包含多种意思，那么我们选择哪一种意思并不重要，同时为我们选择的理由进行辩护也毫无意义。这一立场建立在一个普遍的、错误的信念之上,即没有确定性,缺乏评估选择和相对的、潜在的价值意义标准,并且由于在某一特定问题上有多种替代性选择,而这些选择又具有同等的性质。事实并非如此简单。除了明显提到的"自由","同等"也是我们最为重要的词语之一,它也有着自己的歧义,在它可以被援引来为"自由"和一般含义的主观建构观点辩护之前需要考察之外,还有一个更为一般的反对意义。这一反对意义包含两个部分:① 如果不诉求其他价值,一种自由含义的价值不可能被证实合理,并且那些其他价值的含义无法与已给定的自由含义保持一致;② 不可能在没有矛盾的情况下认同自由的所有含义,或者认同所有的自由。

针对异议第一部分的论证大致如下。如果 A 宣称自由意味着"一个人可以做任何他能够做并想做的事情",并且这一自由的概念与任何其他的含义相同,那么 A 必须回应 B 的挑战,因为 B 认为所谓自由即是"除了给他人造成痛苦之外,一个人可以做任何他能够做并想做的事情"。如果 A 想要做的事情会造成 B 的痛苦(例如烧掉 B 的手稿取暖),那么,A 就不能够自由地做他能够做并想做的事情。如果这些自由的含义是同等并相互冲突的,我们就有了一个困境:A 和 B 都受限于他人的自由观点。B 禁止 A 焚烧他的手稿,因为这会妨碍 A 和 B 两人的自由概念(B 可以保护他能够保护并想要保护的手稿;B 同时宣称如果 A 行使了他的自由就会导致自己的痛苦)。B 以一种稍微不同的方式受到约束:他必须警惕他的手稿让 A 没有烧掉的机会,这也就剥夺了他对其他事情的注意力。这一困境仍然未决,除非诉求于其他价值,可能是几个价值中的任何一个(如尊重私人财产、妥协、友谊、民法的公共权威,等等)。在这一例子中,B 关于自由的含义更诉求于另一种价值,因为它包含了附加条件,因此,如果有关自由冲突的解决被认为是有价值的,那么 B 的定义就是一个"更好的"定义。最后应当指出的是,因为自由是有歧义的,因此必须保持其他价值。说自由的概念是"善的"、"人道的"、"民主的",仅仅是推迟回答了"为何?"的问题。当回答这一问题时,赋予自由含义价值的基础取决于这些含义是否可以共存。(如果关于"为何?"这一问题的答案是"没有什么",那么没有自由又会失去什么呢?如果关于这一问题的答案同样是"没有什么",自由既不会获得也不会失去;自由就没有任何明显性的价值)。

针对浪漫主义者观点异议的第二部分的论证,可以用一个简单的例子来解释。这一观点认为,一个人不可能在没有矛盾的情况下认同自由的所有含义或认同所有类型的自由。如果所有的自由都是被允许的,A 可以自由地霸占 B 的自由,甚至是剥夺掉 B 的性命。如果给 A 所有的自由是让 B 成为奴隶,并且如果奴隶制度被认为是不自由的,那么认同所有的自由同样也是认同不自由;在同一原则下二者都是合理的。即便是为这一立场辩护也需要大量的狡诈和聪敏。

自由是一件美好的事情,但它同样也是一件复杂的事情。许多人因自由而死,因自由被杀;有的人渴望自由而其他人害怕自由;有些人花了大量的政府款项以弄清如何维持同盟国的自由并剥夺敌人的自由,他们通常根据他们持有的自由含义以及他们想要获得自由并保持自由的方式而被定义。试图继续理解自由的理念是重要的,因为这一理念在人类生活中是相当重要的。当一个人需要判断,谁在关注、理解有关"自由学校"再现的争议时,歧义同教育理念一样重要。

"愚蠢的一致性是少数政治家、哲学家和牧师所喜爱的没有头脑的鬼怪。伟大的灵魂与这种一致性毫无关系……"爱默生在其最著名的随笔《自立》(*Self-Reliance*)中对上述呈现的有关争论的理智认识进行了指责。也就是说,他认为,将自由与其他价值相联系起来理解是值得的,并且最好是在既尊重我们最重要的理念和文字所具有的系统的和多样的歧义性,同时还要尊重合理化的一致性前提下进行。在其对个人主义和非一致性(nonconformity)的赞词中,他预示了此后绵延一个多世纪的自由学校精神:

> 对于每个成员而言,社会中处处存在着对成年期的反叛……
>
> 不管是谁,如果想要成为一个人,必须是一个非墨守成规者……除了你自己完善的心灵,任何东西最终都不是神圣的……对你而言,除了自己的本性,没有任何法律是神圣的。好与坏不过是用来转换彼或者此的名称;唯一正确的事情是遵循你自己的习惯,唯一错误的事情便是违背你自己的习惯……
>
> 生命在于利用,而不是满足于现状。力量在静止的瞬间便会停止,它存在于从过去向现在的过渡中,存在于隔阂的弥补中,存在于目标的实现中……

将爱默生的这些片言碎思作为讨论自由和学校教育,尤其是作为讨论自由学校的开头,是因为其简洁凝炼的表达方式而非其年代意义。事实上,爱默生的散文介于费希特(Fichte)在自我尊重的本能之上建立的自由概念,和托尔斯泰(Tolstoy)的不干涉概念之间,这三人的写作都在蒙田(Montaigne)、卢梭(Rousseau)和裴斯泰洛奇(Pestalozzi)之后。然而,在这些人中,似乎没有一个人是与现代自由教育思想家如克泽尔(Kozol)、古德曼(Goodman)和罗杰斯(Rogers)等是同时代的,他们作品将会在下文中被用来证明,当问题和信念没有被改变多少的时候,我们在解释方面的进步也已经放慢了。

"先生,我们知道我们的意志是自由的,并且它有一个终点。"自约翰逊(Johnson)向博斯威尔(Boswell)作出这一相当专横评论的两百年里,我们始终未能为这一伟人的论点提供证据。斯金纳(Skinner)教授最近出了一本书——《超越自由与高尚》(*Beyond Freedom and Dignity*),该书也不过是尝试宣称他知道我们的意志是不自由的,并确实有一个真正的终点,此外还试图诋毁争论这一品格。不过,在这样的背景下提及约翰逊和斯金纳是为了用一些工具来比较萨巴蒂尔(Sabatiers)。

就像上述所比较的乐观及其相反信念一样,如今,教育者应该持有何种立场呢?自由学校的拥护者为我们提供了两个颇有意味的备选方案。

一种方案赞同"爱和自由",并认为除非学生的环境是充满爱意和自由的,否则学习就不会发生;另一种方案则感到了压力,认为不存在这一可能,而是存在比"爱和自由"对学习更好的其他东西,并指出学习更容易发生的原因不是学生是否自由,而是由于学生是否遵守纪律、勤奋,以及是否被关爱。这一观点的反对者认为,"害怕和专制"是"爱与自由"的另一面,并指出,当政策的灾难性后果已经如此尴尬地出现在大量畏缩顺服的消费者、资产阶级的政府机构,好战的国家主义,沙文式的社会构想和各式的避难场所之中时,热血的成年教育者仍然能够依据"害怕和专制"来作出决策。人们不难发现,无论我们有多么希望可以利用这一双重现象去实现保护政策的出台,这一双重现象也是可以被改善的,至少可以了解维持其存在的某些复杂的理性因素。

动人的原则与某些昏沉实践的复杂结合对于自由学校和一般开放教育的政策问题产生了一种混合的作用。人们自然地被自由的大部分原则吸引,就像被未受污染的空气吸引一样。人们"追求"它们,却总是在它们被取走,或在夜晚悄悄溜走而失去我们控制的时候才意识到。(但是直到最近又有谁曾经担心过能否控制新鲜的空气呢?)另一方面,当某些自由原则被用于界定和认可学校,尤其是自由学校的教育政策时,可怕的事情发生了。例如,在我熟悉的伊利诺伊州的一所自由学校内,主任合作委员会投票,同意学生可以自由运用他们想要的方式解决他在自由学校日常生活过程中出现的争议。这一投票并没有被一致通过,但政策却被采纳了。在接下来的几周时间里,负责人陷入了麻烦并专门雇佣了一个处理学生暴力问题的决策机构。一些争议用粗鲁的方式解决了,但事实上,一些争议是因为更好斗的学生想要在比较温顺的学生面前掌握主动权而造成的。

对于人们常言的侵犯的宣泄作用也存在争议,因为如果可以自由宣泄,那么它们终将会逐渐消失。也有来自征服者的争议,他们认为,这些个别疗法产生了太高的代价,它不符合社区的更高利益,这一不受控制的和草率的行为将会毁坏学校的声望和业已形成的被认为是整个自由学校概念基础的合作和同情的价值观。对于恃强凌弱者而言,他们有公立学校可供宣泄。

在阐明加缪(Camus)关于自由的评论——"你的自由结束于我鼻子开始的地方"——还有很长的路要走。但他所说的是成人。当论及儿童时,关键要记住的是,在鼻子后面有一个与鼻子一样重要的大脑,并且一个流血的大脑并不同一个流血的鼻子一样,容易去掉污渍和得到修复。一个人所认为的行为自由不能间接地通过恐惧和劝说,进而损害另一个人的精神自由。

在接下来的内容里,三位著名的自由学校倡导者的话语,将被用来呈现三种主要的关于自由的理论宣传,我认为这些宣传被错误运用于关于自由学校政策的争论之中。首先是乔纳森·克泽尔关于自由学校在认识解放和自由目的方面的可以起到的作用。

同许多人一样,克泽尔试图通过与传统学校或者公立学校的对比来定义"自由学校",并假设后者已有一个充分的定义,尤其是与自由相关的定义。当然,由于我们在克服自由概念以及另一个我们最为重要的概念——教育的歧义时所碰到的诸多困难,这一假设是不受支持的。"何谓"传统学校如此依赖于"教育"和"自由"的概念,以至于一个人会认为传统学校的界定严重依赖于后者的定义。如果可能的话,考虑到后者的歧义性,很难也很少会有机会获得关于何谓传统学校的一致意见。然而,这一假设显然试图证明"传统"或者"公立"学校是一个标准的参照系。

在克泽尔看来,在"自由学校"中,"自由学校作为公立学校的对立面,不是意味着一件事情而是意味着成千上万种的差异可能性"。然而,这一认可并没有通过大量他自己关于"自由学校"的"真正"定义而提醒其读者:在"自由的学校中"存在着"真理性的、道德的、政治的和语义学派生的'自由学校'"。考虑到被压迫者的解放、立场和力量,尼尔(Neill)、托尔斯泰和艾尔德里奇·克里沃(Eldridge Cleaver)都有责任,保证任何一所自由学校均值得被推广和描绘。一所自由学校就是一个献身于被压迫者解放,即自由的组织,克泽尔又进一步将其特征归纳为,立于公立教育体系之外,城市之中,处于白人的"反主流文化"之外,与穷人和无依无靠者的需要直接联系,规模小且易管理和不公开。

其次,第二种普遍强调何谓自由学校中的"自由"的想法,与克泽尔将最终的解放状况作为自由学校组织原则的这一观点相比,其强调的重点主要是社会学的。保罗·古德曼相信我们可以这样教育年轻人(1968,pp. 73—5):

> 完全根据他们的自由选择,不经任何的加工处理……确定一项年轻人应该优先知道的事物,然后试图激励他们并替代来自于他们自身的主动,同时还提供信息和相关设备供他们使用,这是愚蠢的做法。宣称这种自由,并不能满足社会的需要——至少那些应当人性化提供的需要是虚伪的;自由是走向真正的公民和真实,而非言语和哲学的唯一道路。自由选择不是随机的,而是受真实情景的限制;年轻人和成年人都生活在自然之中,生活在一个政体和一个不断发展变化的社会之中,事实上,正是这些东西产生了兴趣并传递了需要。

在阐述其非侵害政策的接下来的几页内容里,古德曼宣称:"青少年的自愿选择通常是随意的、愚蠢的,并常常不持续;但它们是合理成长的最适合的方式。对于年轻人来说,最为重要的是他被像人一样地认真对待而不是被纳入一种制度体系。"古德曼显然认为,"像人一样地被认真对待",实际上意味着被赋予无限的自由选择,至少是在一个人的教育中应如此。古德曼将重点由自由的目的转向了用来实现"真正的公民和真实,而非言语和哲学"以及服务于社会需要的自由的方式。拥有这样的一种信仰而生活的人必须是精力充沛的。

教育中"自由"的第三种用法,与其他两种用法存在某些相似之处,尽管相似之处很少。这一用法被卡尔·罗杰斯孜孜不倦地使用着。我引用了罗杰斯的著作《学习自由》(*Freedom to Learn*)中"自由与承诺"(Freedom and Commitment)一章中"自由的含义"(Freedom to Learn)这一段如下(1969,pp. 268—9):

> 我所谈论的自由本质上是一种内在的事情,是某种存在于活生生人类之中,与任何供选方案的表面选择非常不同的东西,这种供选方案的表面选择通常被我们看做是自由的构成部分……自由是意识到"我可以在此时此地依靠我自己的选择而活着"。自由是当一个人选择他自己时,某种能够让他进入一种未知的不确定的勇气品质。自由是自身意义的发现,这种意义来自于敏锐地倾听和对所经历之事复杂性的开放态度。自由是要对

自己选择成为什么样的自我负责。自由是承认人是在不断的演变,而不是一个静态的终极产品。因此,那些深刻、无畏考虑自己的思想,成就自己的独特性,负责任地选择自己的人,可能有幸在供选方案之外还有着成千上万的目标,或者不幸地没有任何目标。但无论如何,他有他的自由。

当然这里也存在另外一种目标。

在本文接下来的部分,我将通过摘录的形式处理三个问题:① 自由作为学校教育的目标;② 像人一样被对待的含义意味着在一个人的教育中给予他无限的选择;③ 自由的具体化。

"哦,上帝,我需要自由,想成为自由的人;彩虹围绕着我的肩膀,翅膀长在脚下。"这首老歌的文字将自由感作为一种目标进行了捕捉。但自由作为目标,就像彩虹一样,是一副充满金光的图画。这种灵感画面更为具体。

克泽尔已讲过,经历自由学校的结果是创造解放条件的雄心。这一雄心在自由学校理论家中很普遍,但并不是所有的人都完全像克泽尔一样限定了解放的条件。然而,克泽尔的情况可以被看做是一个对雄心本身错误推理的例子。克泽尔认为,自由学校是一个献身被压迫者解放和自由的组织。但并不是所有的人都被认为是"被压迫者"。实际上,克泽尔谴责了其他自由学校的人,像那些逃避城市恐慌、乡村土地和灌木丛退化的人们,那些专心从事自发性行为和遵从从"逃跑"到"道德真空"价值观的人们,这些都造成了留守在城市中的人们的压迫感;从未考虑是什么原因和条件造成了这些人要从城市生活的夹缝中逃离出来。克泽尔用一个丑陋的比喻强调了他的观点:"在我的信念里,在像1972年这样的一个痛苦时刻,在像美国这样的土地上,有一所为白人和富人孩子而设的隔离式上流社会的皇家自由学校,更多的则像是奥斯维辛纳粹军团学生的沙箱(sand box)。"

站在克泽尔的立场上,我们有理由质疑将自由作为一种目标背后的合理性。如果解放和自由状况被作为一种善和目标追求,那么可以假设,作为善的自由应当是每一个人的合法目标。但这并不符合克泽尔的例子,他宣称一些人寻求的自由是不道德的(像纳粹党卫军),或者至少是非道德的(一种真空)。问题来自于界定那些需要"自由"的"被压迫者"的困难。克泽尔正确并情绪激昂地指出,不应该容忍经济和种族压迫,并且这是自由学校概念试图与之抗争过的。但是那些经济或种族组织中的情感低能者,眼睁睁患上忧郁症的学术"成功者",虐待成性的父母的孩子们、被丈夫殴打的妻子,他们又如何呢?他们是否也意识到任何的被压迫感,是否需要从被压迫的境况中解放出来呢?至于它为什么是不道德的,甚至是非道德的,并不是特别清晰,尝试将某些人从神经束缚(例如独裁主义强迫症、陌生恐惧症、过度贪婪)中解放出来,比尝试将他们从经济或种族束缚中解放出来,更缺乏头绪。无论这些是否清晰,对我们大多数人而言都无关紧要,有些组织较之其他组织更值得拥有自由,有些"沙箱"对我们而言是否邪恶也只是取决于他们被谁操控。

当我们说自由是一个目标时,我们并不是普遍地认为自由是一个通用的目标。随心所愿的自由行为,无异于自由地压迫、谋杀、诋毁、剥夺他人的自由。这显然不是克泽尔或任何其他自由学校理论者所追求的,尽管他们一直都在以一种招致这种批评的方式言说。他们真实的意图似乎是重新斡旋某种自由，使得大量令人沮丧的政治家、地主、资本借贷者和小型群体中的其他人，能够使用自由而牺牲那些因没有权力而无法抵御他们的人；权力与其他的权力斗争是为了获得做其他事情的机会。"解放"可能意味着"赋权"，但"成为自由的人"并非是同样的情况。当然，人需要选择的权力，或者根本就没有一点点权力。但是，道德教育的关键，是人们用这种权力来做什么，选择什么，最终人们所做的是何种别的东西，而不仅仅是可以行使选择权力的条件。阿诺德（Arnold）在《文化与无政府状态》（*Culture and Anarchy*）（1935，p. 74）一书中写道：

> 什么是自由而非机器（machinery）？……在我们的共同观念中，在谈论自由时，我们非常崇拜机器。我们盛行的观点是……对人而言，最为幸福和最为重要的事情仅仅是可以做他所喜欢的事情。而对于他自由地做他所喜欢的事情是什么，我们并没有过多的强调。

但是，将自由看做机器是有问题的。界定人们做他们想做之事的权利，有一个普遍的假设。我们需要限定这一权利的理由，似乎它是实现幸福和社会福利的唯一方式。但是最近彼得斯（Peters）指出，20世纪50年代的"异化的文学"（the literature of alienation）也大量强调，自由并不必然跟随着幸福，因为自由的获取通常是以密友的安全感和可靠友谊的满足感为代价的。考虑到我们关于社会团体的经验，不要说理智和想象，期待既定群体的善良意志和确保正派群体中的每个人随其所愿地自由行事，也是十分不现实的。需要的多样性，以及需要在自由目标下的平等性解放的条件等，将不会允许这种事情发生。获得自由的条件，需要规则、始终如一的秩序，以防止人们之间的矛盾。事实上，我们所拥有的选择不是"为了"或"反对"自由，除了为了或反对某些特定的限制外别无其他。这里不存在具体的、普遍的自由问题或状况。但对于人们想要做什么事情以及什么东西会妨碍或阻止他们，就存在具体问题了。那么，对于"自由"的一般目的或目标的讨论也就没有意义了。

文明的发展可能不是发生在个人自由最高的时代，而是发生在用来满足部分具有侵略性的本能需要的个体权力被公共权力所替代的时代，而这些公共权力可以确保个体侵略性的需要而同时不损害他们的利益。尽管这会产生一个争议，即限制某些人自由的需要与请求也是专制统治者的需要与请求，但这并不是说，相比于自由，秩序的需要是错误的。而只是说，在没有公共权力限制的时候，专制统治者会误用他们的自由。

自由的目标是教育者的错误目标。让被剥夺权利者获得恰当的权力以让他们能够为自己更好、有效地选择是一个合理的目标，就像影响学生在可能的需要中区分出价值和公正的能力一样。这一立场导致了论述自由学校的文献中提出的另一个问题，即尊重他人的自由意味着在教育中赋予无限的自由选择。

"……我们应该像上帝对待我们一样对待儿童，当上帝让我们在一个令人愉悦的幻想中探索我们的道路时，我们是最开心的。"在我被歌德（Goethe）的语言说服时，唐利维（J. P. Donleavy）的一小段诗句闯进了我的脑海：

以某种速率
这个世界
在快速变化
最终
每个人
都将穷困潦倒

尊重学生是否就意味着我们应该让他们在他们喜爱的幻想中摸索？这种摸索是否会让我们成为可怜的人？这是规范性自由的一个问题，可能也是自由学校政策中的核心问题。

古德曼关于我们教育年轻人"完全可以依赖他们的自由选择，不带有任何的调整"的信念，实际上是这样的一种信念，即要么在本质上，学生的理解同任何其他人的理解一样有效、有用、符合道德；或者学生的理解与教育无关。如果相信前者，那么下一步就要相信每一个人的理解同任何人的理解一样有效、有用和符合道德。这就意味着我们否认存在任何关于一致的、同意客观辩护的标准，甚至不存在一致的标准。如果是这样的话，那么，如果接下来持这一信念的人说这一教条是教条的反面，就像起初论述一样，那么这一说法也应当被认为是有效的。无论我们是否喜欢，我们被要求相信，A 既是 A 又不是 A，既烦恼又不烦恼。辩驳这一观点既容易又困难。容易是因为存在大量证明这一论述是错误的例子，例如，无论什么人反对，用 5 美元恰当、准确地买了 1 美元的东西后还剩下 4 美元；纽约(New York)比罗德岛(Rhode Island)面积要大；1974 年夏天理查德·尼克松(Richard Nixon)成为美国历史上唯一一位辞职的总统；1/2 同"一半"是一个意思，等等。这里存在着我们能够赞同，并确实赞同的关于客观证明和辩护理由的准则，并共同地依赖于这些准则。

但是，辩驳知识的主观性观点和理解的异质性观点是困难的，因为那些持有这些观点的人，与关心他们学习何物以及如何愉悦他们自己、在他们自己愉悦的幻想中探索权利的人不一样，他们并不关心讨论的一致性问题，而仅仅像其他人在客观辩护的可能和一致性的幻想中摸索。约翰·加德纳(John Gardner)在"格伦德尔"(*Grendel*)中明确地说道："就我所理解的，所有的秩序都是理论的，是不真实的——一个无辜的、敏感的、戴着面具的人在两种伟大的、黑暗的现实之间，在自我与世界之间游走——像两个蛇窖。"但是，如果加德纳成功地通过使用共同语言，使我们懂得了他的意思，他也在某种程度上成功地形成了一个反对他自己的论证，因为语言自身中理所当然地包含秩序，不然我们何以可以相互理解并运用它？

宣称理性与教育无关也是站不住脚的，尤其是当自由学校的普遍原则是培育"全面发展的儿童"时，因为理性是"全面发展的"人的整体的一个部分，且是一个非常重要的部分。忽视理性会导致精神错乱，品格异化。并且古德曼自己也试图通过教育实现"真正公民"和"真正哲学"的目的，如果没有高度成熟的理性，任何一个目的的实现都是不可想象的。事实上，将任何目的的实现与更好且必需的手段联系起来，本身就是一个包含理性或就是理性本身的行为，因此，任何主观的教育政策从一开始起都会依赖于理性。

然而，即便这种规范性自由的含义有一点衰退，但是它的精神是经得起这种分析的。这是因为我们确实需要学生自己作出选择，并在较大控制的程度上对他们的教育者最终负责。当他们自己的教育是主题，而"自由学校"是目标模式时，问题在于我们并不愿意在如何作出选择方面教授他们掌握主动权。同时相信以下两个原则是有问题的，这两个原则是：选择的自由是一个可欲求的目标；好的选择不会自发地发生或不会作为礼物被单独赋予。但是一个人必须通过学习如何在许多不同的情况下推理并准确地理解自己，从而学会如何作出好的选择。我们错误地认为，不断获得某种类型的自由，如在多种方案中作出选择，其提升的最好方式是依赖自由本身，依赖于成人部分的不干涉。然而，这种自由将会使自由成为一个可疑的准则。

这里的问题是成人在自由学校教育中的角色，这一问题仍是大多数争议的主题。耗尽争论者想象力的方案是放权和不干涉、爱与被爱，或者仅是更改环境设计。第一点没有说服力，因为它是虚伪、不真实的，它否认了人们在同一地点和大部分时间里自然的、必要关系中的参与。第二点是不明晰的，因为如果"爱"意味着关怀和被关心，我们没有为评定一个人关心另一个人的多种不同方式留下空间，没有考虑到一个不同寻常的途径，即考虑关心或爱的情况可能意味着剥夺某种自由。第三，"提供丰富多样的环境"的设计是不够的，因为这一切取决于设计者如何考虑"丰富多样"，这与行为主义者对教育问题回应的苦恼有些类似，即意外事故的管理，可能会通过间接威胁和对进入权限的结构化限制而成为对自由的潜在侵犯。

我认为，使用乔伊尔·范伯格（Joel Feinberg,1973）的一个概念方案进行思考，即关于成人在学生自由发展中的角色问题，这一不满意情形可以被显著改善。

自密尔（Mill）的经典论述——没有胁迫是自由的充要条件之后，个人主义/自由的观点拓展至包括两个补充内容：① 除了人类的胁迫，这里必须存在不阻碍选择行为的自然条件；② 人必须有做他想做之事的执行权。这一种观点的完整性又被分为两个部分，一个双重概念：来自……的自由，以及为了……自由。在此基础上，范伯格提供了一个单独的分析概念，替代并简化了这一双重概念分析。通过将"限制"定义为任何阻止人们做某事的东西，然后提议所有的限制都可以从两个维度来考虑：积极/消极维度，和内在/外在维度，范伯格做到了这一点。这些维度又变形出四类限制：① 内在的积极因素，如头痛、固执的想法、令人强迫的愿望；② 内在的消极因素，如无知、软弱、天赋和技能的缺陷；③ 外在积极因素，如有被禁止的窗户、上锁的门，犀利的刺刀；④ 外在消极的因素，如贫穷、缺乏运输工具等。这些分类呈现如下。

限　制

	积极的	消极的
内在的	（情感困扰）	（无知）
外在的	（枪、锁）	（贫穷）

（对于"积极"而言，范伯格指的是"拥有"某种东西或条件，"消极"指的是"缺乏"某种东西或条件）

现在，如果一名成年人想要拓展学生可能的自由方案的范围，确保无用的深思熟虑不是那种令人讨厌的、不可能的或者没有意义的方案，那么，他可以根据范伯格的四分法来诊断完成选择目标的相关限制的性质。自然地，教师将与内在限制因素有更多的直接关系，包括积极和消极的因素。实际上，当学生发现自己处于内在消极的无知限制情况时，教师方面有强烈理由以自由的名义进行直接、主观的干涉。相反，对于那些遵循罗杰斯学习治疗促进法，而不遵循贝莱特（Bereiter）直接的技能教学规则的人来说，内在的积极约束更多。

一段关于自主概念的笔记将结束这一部分讨论。范伯格对比了自治和混乱的条件，这一对比将有助于解决关于产生自由学校课程和培训自由学校教师最有效、最可取、最符合的方式的政策争论。

根据迪尔凯姆的观点，失范是人们没有成功地将他们自己的理想、需要、目的和义务排序成为某种等级的一种缺陷性状况。缺乏这样的秩序使得人们遭受了内在的行动窘境和动机混乱。自由地做任何事情，这意味着人们决定做什么是有困难的；当没有做此事的理由或价值排序时，实际上做这件事或做那件事，都是没有意义的。这是横卧在目标完成道路上的某种阻碍性的方向迷失，是某种内在限制。这种秩序、规则和结构的缺失正是人们通常所谓的自由；存在主义者可能称其为极端自由。然而，从外面来看，自由的人看起来更像是以他们希望的方式不自由地行动，或者甚至最终不再抱有希望。除非确立一套控制性、促进性地停与走、放弃与"小心地滑"的制度，否则一个人会痛击并以游乐场"碰碰车"（Bumpers Cars，碰碰车是在一个大的环形场地里，人们驾着一辆电动车，竭尽全力地猛冲，试图冲撞他人，并以撞到他人取乐）的方式进行争吵。

然而，自主意味着是与"自由地做任何事情"非常不同的另一件事情。它意味着自我管理。"自主"意味着脱离某一整体时的自我控制。例如，自主神经系统主要是控制光洁的筋肉和腺体。它是一个有着组织性和一致性的系统，但自我控制又能不脱离于支撑它的更大系统。同样的，一个人可以说，个人的行为必然地决定于支撑他的（社会和自然）系统，但也可以说，如果在任何时候，一种精神状态可以通过不计报酬的道德行动而影响这一系统的功能和效用，个人的行为也不被完全决定。这种在缺乏外在调节器的情况下用来管理行为的精神状态，可被称为自治。

"依靠语言工具，哲学强烈地反对我们迷惑的理智。"具体化（reification），是指"将思想上其转变为某件东西，使其物质化"并与有着"变成实质或像实质一样对待"意义的"具体化"（to hypostatize）含义相同（来自牛津英文词典的解释）。自由具体化为一件值得为之争取的"东西"，就像存在并值得尊敬的条件、不同管理形式的"实质"、人文主义的崇拜等。这是一个类似的诞生历程，就像西方宗教所经历的一样。费尔巴哈在《基督教的本质》（the Essence of Christianity）一书中总结了宗教的神秘，其分析如下："这就是宗教的神秘——人们将自己的本性投向客观现实，然而又因这种本性的抛离将自己变成关心这种新'主体'的对象。"那么，在这种意义上，宗教，就是人对自身的疏离。然而，当考虑到我们在此论及的大部分自由学校的论证中存在的自由教条问题时，人们可以将"宗教"换成"自由"。奥尔曼(Ollman,1971)进一步指出:"将一种独立的生活附加于多种多样的价值形式,人们可以成功地将某些权力转向管理他们自己的经历。"这些价值形式的存在,影响了我们看问题的方式以及对这些事物的判断。一个可能的例子是,美国宪法解放那些制定宪法的人们(就像"我们人类……"),并在某些情况下激起了爱国主义情感,激起了对抽象的服务,并以相当大的代价激起了为真实存在的人提供服务的情感。这样一名爱国者的"自由"是虚幻的,就像他热衷服务的"国家"一样。

价值的这种具体化是试图从背景的影响中,从产生文明和社会改良进程中这些模糊不清的价值中,拯救优先挑选的价值。但是这种影响是不可避免的,除非可以不处于特定的情境之中。置入情境之中意味着受到影响。一个人不可能不受到影响,就像一个人不可能逃避情境一样。

如果我们出生于一个社区,我们的出生并不是不受影响,尽管卢梭尽力鼓吹相反的一面。最为全面和简短介绍人类这一生活情形的,可能是弗洛伊德的《文明与缺憾》(Civilization and its Discontents)一书。这本书的原理性命题是,当处于一种文化之中的个人,不论是生活在社区之内还是之外,当学会了将本能性的"快乐"换成与他人相处所需要的安全时,文明就进步了。因此,个体获得的部分安全性的自由,来自于对他人本能性需要的潜在压制。弗洛伊德关于文明中"快乐换安全"的交易分析,有助于形成自由多重性质的观点,有助于唤起重视过去作为本能快乐的自由与作为抵御外部压迫的安全感的自由。遵循费尔巴哈和弗洛伊德的社会心理学观点,人们可以将自由重新具体化并相信教育在自由的发展过程中扮演着重要的角色。为了自由的教育在某种程度上是可以想象的,就像教育是为了更好地交往贸易,为了自我管理,为了具有区分欲望的(desired)需要和值得的(Desirable)需要的能力一样。

就像通过本文分析所看到的,自由的通用说法是"你"、"我"和"我们"。你的自由、我的自由和我们的自由可能并不是兼容的:我们不能在不诉诸另一种支配性价值的情况下断言所有的自由都不是自由,而是特殊的自由。因为自由需要多于一个人,并至少有一个他们行为的背景,讨论自由过程中产生的问题不可避免的是伦理问题,涉及被认为是合理的、被剥夺的或被否认的权力。阿德勒(Adler,p. 617)在《自由的理想》(The Idea of Freedom)一书中很好地总结了这一点:

> 如果在自我和他人的某些冲突中涉及任何自由的概念,那么,当法律代表着一种外在于自我的权力时,它扮演一种角色;当自我能够让法律在某种程度上属于自己或者是自己权力表述的时候,法律扮演着另一种角色。在第一种角色中,法律是自由的障碍;在第二种角色中,法律是自由的源头之一,甚至是自由本身的一部分。

此外,不存在自由的普遍问题,但存在特定自由的问题。自由可以根据独立、权力、自治、选择、"做任何想做的事"等来界定。这其中的任何一个,都不足以界定宏伟的单数自由,但每一个在界定更微型的自由时都是有用的。在教育中,这类微型的自由并不会因为为教师提供了足够多的方案而使得他们的教学责任被减弱。知道备选方案并不等同于有一个选择,知道自由的理论辩护理由也并不意味着变得自由。一个人如何利用他自己的知识,是出于主观还是客观,都是一个人自由程度、接受教育程度的较为重要的体现,而最重要的是一个人在实践过程中所秉承的价值观。自由是让各种不同的行为模式或多或少成为可能的体系,它并不是人们在庄重祈求幸福时诉诸的一个崇拜物。

在我看来,关心他人的自由更多地表现在机构中,如一所自由学校或一所公立学校,在那里,人们关注如何辨别判断能力以及辨别最终可以支配自由的其他价值,而不是故意勉强地教授判断、观察和估价的方法。此外,我认为范伯格关于约束因素四分法的指导,基于此对学生约束状况的诊断,尤其是对无知愚昧的内在消极因素的诊断,或者对于技能缺乏的诊断,都是一个令人钦佩的与实践可行的推进教育解放政策的首要举措,可以使学校摆脱不必要的自由意义的约束。

注释

1. ADLER, MORTIMER J. (ed.), 'The Idea of Freedom', New York: Doubleday, 1958, 1961 (2 vols).

2. ANSHEN, RUTH NANDA (ed.), 'Freedom: Its Meaning', New York: Harcourt, Brace, 1940.

3. ARNOLD, MATTHEW, 'Culture and Anarchy', Cambridge University Press, 1935 (1869).

4. EMERSON, RALPH WALDO, Self Reliance, in 'The Complete Works of Ralph Waldo Emerson', ed. E. W. Emerson, Boston: Houghton Mifflin, 1909.

5. FEINBERG, JOEL, The Idea of a Free Man, in 'Educational Judgments', ed. James F. Doyle, London: Routledge & Kegan Paul, 1973.

6. FEUERBACH, LUDWIG, 'The Essence of Christianity', Edited and abridged by E. G. Waring and F. W. Strothman, New York: W. W. Norton, 1962.

7. FREUD, SIGMUND, 'Civilization and Its Discontents', New York: W. W. Norton, 1962.

8. GOODMAN, PAUL, Freedom and Learning: The Need for Choice, 'Saturday Review', 18 May 1968.

9. HOOK, SIDNEY, 'The Paradoxes of Freedom', Berkeley: University of California Press, 1962.

10. KOZOL, JONATHAN, 'Free Schools', Boston: Houghton Mifflin, 1972.

11. LEWIS, C. S., 'The Abolition of Man', New York: Macmillan, 1947.

12. LEWIS, C. S., 'Studies in Words', Cambridge University

Press, 1960.

13. MULLER, HERBERT, J., 'Issues of Freedom', New York: Harper, 1960.

OLLMAN, BERTELL, 'Alienation: Marx's Conception of Man in Capitalist Society', Cambridge University Press, 1971.

14. PARTRIDGE, P. H., Freedom, in 'The Encyclopedia of Philosophy', ed. Paul Edwards, New York: Macmillan, 1967.

15. PETERS, R. S., 'Ethics and Education', New York: Scott, Foresman & Co., 1967.

16. ROGERS, CARL R., 'Freedom to Learn', Columbus, Ohio: Charles E. Merrill, 1969.

17. SKINNER, B. F., 'Beyond Freedom and Dignity', New York: Knopf, 1971.

第四部分
平等与多元主义

第八章　文化多样性与教育
理查德·帕莱特（Richard Pratte）

第九章　教育机会平等
罗伯特·H. 恩尼斯（Robert H.Ennis）

第八章 文化多样性与教育

理查德·帕莱特（Richard Pratte）

引言

本文的基本目的旨在检视文化多样性现象，以便引出它与教育政策和公共教育的关联，并讨论其重要性。

可能是前所未有的，今天人们对文化多样性和种族（ethnicity）有着日益增多的兴趣。不仅美国如此，世界上许多发达和不发达国家都是如此。文化多样性与种族这两者都强有力地坚持自己的权利，而关于这两个议题的相关要求，对教育政策制定者而言却是最持续与最棘手的问题之一。由于最近的社会革命造成了社会种族地位的不断变化，许多族群成员对他们尊敬的东西特别敏感，结果导致对于主要通过学校实现的期待和获取的结果有了更多的要求。教育当局处于要么对文化多样性认真考量，要么对文化多样性全面压制的多方压力之中。大多数的情形是，行政人员、学校委员会的成员、老师等对于此类制度变迁准备不足且不情愿，因为他们所受过的训练不足以让他们对此情境进行理智的判断。在这里基本问题仍未被阐明，理解形式也尚待确定。本文是为了阐释问题以及确定理解形式而进行的尝试。虽然它主要聚焦于美国，但这些议题和困境对于其他国家也是适用的。

此外，这里还有很重要的一点是，本文并不是企图为族群进行辩解，也不是在试图强调文化多样社会中问题的重要性。相反的，它是在尝试探索一个基本的问题，即在一个文化多样性的社会里，关于教育政策的制定以及对公共教育的运作有何要求？

1."文化多样性"

我首先想提出的问题是：究竟什么是文化多样性？"文化多样性"是一个经常被提到的需要探究的术语，因为它是当今许多讨论公共教育的角色与未来发展的关键所在。虽然与自身密切相关，但"多样性"这一词语本身的运用却不明确。词语"多样"或"多样性"运用于何种情境？何种条件？很多情况下，这些词语的运用存在着巨大的差异而不是一致性。

要解释不同的人类群体在原初状态时是如何被区分的,这将超出本研究的范围;这样一项工作需要进行一项广泛的历史学的/社会学的/人类学的研究(an extensive historical/sociological/anthropological study)。但我认为以下两点是值得关注的。第一,很明显的,"人类族群并非自然存在的,更确切地说,源于人类本性的差异是不重要的"。[1]任何族群的区分或分群别类都是人为造成的。第二,人们的分群别类可能依照地区、经济、意识形态、政治、职业等界限而产生,对人群最具说服性的区分就是我们所定义的"族群"(ethnic),也就是基于种族、宗教或国籍而产生的诸种区分。[2]

在思考人群种类的特征时,人类的智慧似乎是永无止境的。因为,我们都很清楚这一点,即多样性可以且的确会有不同的呈现形式。但是这里要说明的是什么?说某些社会群体是多样的,其意图是什么?起码我们会说,这种将任何群体视为多样的决策标志着一种从个体角度出发的决策,即挑选出在一个群体中的不同因素——例如肤色、信仰、祖先遗产、语言——并且将这些作为所谓的多样性的依据指标。

当然,这里的重点是某些种类的多样性无处不在,随处可见。每一个社会就某一方面而言都是多样的,但是这种结论只能从某种意义上得出。只有当某个人注视着一大群人,并因为这样那样的原因郑重地发现将这些成员视为不同个体时,这一结论才会得出。当我们视每一个社会在某些方面是多样的时候,不可否认的,我们正在设立某些条件并据以建立差异。反过来,当我们说某一群体是同质的,仅仅意味着,成员间的差异对于任何实际的考虑来说是不重要的或者不相关的。然而,我们并不能说他们不存在差异。当我们说某一社会是多样的,我们是从一个特殊优越的观点出发的,于是我们发现,某些事项是相关的、有趣的,因为种种重要原因而标示出一个群体或者诸多群体的差异。因此,我们可以沿着文化差异的界线界定排外性的差异,并且群体认同(group identity)可能以遵循仪式、饮食习惯、信念、民间故事以及语言模式的界线而被安排。以这些方面的一个或者多个因素的组合来界定一个群体是文化多样的,一般被认为是必需的。

但对于建立文化多样性而言,这些就足够吗?如果没有认识到不同群体之间的选择差异,这对于产生有着显著差异的价值观和世界面貌是根本不够的,那么任何对于文化差异的分析都是不完整的。群体之间差异的多样或多样性必须要能够有所区别。这种区别并非只是可见的,还必须在成员的思想上体现出来。需要注意的一点是,社会内的文化多样性必须立足于具体的社会现实,必须体现在人们的行为之中。它的表达必须考虑政治、经济以及社会政策等具体情境。因此,一个社会的文化多样需要满足的第二个条件是,多样性并非只是可见的,多样性还必须在那些希望在各种社会安排中树立他们的选择观,以使他们在促销关于商品及服务的恰当分配的协议中处于分工优势的成员的社会行为上表现出来。

但是即使这样也是不够的:多样性并不是遗传学(genetics)上的事情;而是代与代之间的文化传递。因此,文化差异的第三个条件是,一种历史性的以及参与性的认同意义以及标示出认同的那些选择性特征,如果这个群体想要继续保持其认同感的话,这种意义及特征必须代代相传。尤其是在这些特征形成的分化的时期,即童年时期内,任何一个群体如果没有小心翼翼地保护好这些选择性特征,并且限制其成员的关系范围,却希望长期维持它的选择性特征,这是令人怀疑的。[3]

带着这三个条件,我们可以进一步定义"文化多样性"的内涵。我们可以从它的描述性用途开始。作为一种描述性词语,最起码地,"文化多样性"指的是不同或多种群体共同存在于一个共同的社会系统中。这一用法对情况不作任何判断,因为它只是简单地被用于记录一种事实,即不同群体都可以以这样一种方式生活在一起。在这种方式下,社会完成生产和销售商品的基本功能,定义社会安排及确定集体目标,并提供安全。

但是"文化多样性"还可以被规范地用于表达一种社会理想。作为一种社会价值,这一词语超越了强调结社自由(freedom of association,)价值的描述性意义,即所谓的"民主的理想"。也就是说,一个文化多元的社会可以被描述成来自于不同价值观和利益的群体成员都能够互惠互利地合作经营。托马斯·F. 格林(Thomas F. Green)最雄辩地表达了这一观点:

> 如果任何一种文化或生活方式都允许百花齐放的话,它都将变得更加丰富多彩。这里的假设是,任何人的文化或生活方式都如此丰富,以至于不需要通过与其他的观点交流接触就可以进一步丰富自己。让人深信不疑的是,多样性正在繁荣,因为没有人可以垄断关于美好生活的真理。多样性被进一步重视的原因是,在危机时期它为任何一个社会都提供了一个更为丰富的可以寻求帮助的领导关系。[4]

在注意到多样性价值需要两个更进一步的假设后,格林发展了这一主张。

> 首先,这意味着在不同的社会群体之间必然存在着接触。一个包括具有不同诉求、价值观、性格和观点成员的家庭将变得更加多样。除非具有不同特征的人一起交谈、一起吃饭,或者通过其他方式交流观点,否则这些差异将不会被充实到其中任何一个特定个体。多样性的价值意味着人与人之间的接触,这种接触并非单纯偶然的、暂时的,也并非随意的接触。其次,这个基本价值意味着通过被视为珍贵的接触,正在繁荣的多样性将不会处于濒危境地。必须通过接触来维持多样性。[5]

如果格林是正确的,或者认为他有充分理由这样想,那么作为一种社会理想的文化多样性将会终结某些基本价值观或观念。它要求不同群体彼此共存,彼此之间有更多的接触,而不仅仅是短暂的或偶尔的接触,并且它假定这种接触不仅不会限制或危害多样性,反而会充实多样性。

文化多样性作为一种社会理想对于公共教育来说意义极其重要。我们对于理想的思考,能够影响我们对非正规或业余教育与正规教育或学校教育所采取的立场,同时也会决定我们所允许的公共教育在容纳宗教与语言差异上的灵活性。但是,如果文化多样性这一理想对实际教育问题的决策有任何影响的话,这将取决于决策者在投票选举各种不同的政治议题中表现和表达这一理想的程度。换句话说,文化多样性的理想将会或者不会用其他术语来呈现,而是通过美国社会结构的现实来呈现。

从社会结构的观点来看,美国社会已在接受文化多样性上产生了困难。有强有力的证据表明,文化多样性已被视为一种潜在的分裂。这里的关键是美国已被视为一种多元文化(和潜在的分裂)群体的复合体,这些群体多具有独特的社会、政治及经济问题,他们喜欢同他们集团的其他成员一起生活,并以维持和增强集体自信和自我自信的努力而自豪。文化多样性的分裂趋势催生出了这样一种政治观点,这使得地方和联邦政府(local and state government)成为一个拥有保护性和排他性地盘的群体联合会。

美国经验的核心足以说明,为什么在文化多样性作为社会理想和作为社会机构的实现之间,缺乏一致性。正如世界上的其他民族一样,由于大多数美国人在过去的几千年中没有民族的根源,美国化的历程已在民族认同感和自我概念的形成过程中起了核心作用。美国经验的独特之处并不是移民入籍这一事实,而是我们有了一个从头开始的新国家的例子。事实上,就像质疑美国持续的国家和文化福祉的可能性一样,质疑参与移民美国化必要性的智慧让很多人震惊。这一解释和美国化的事实都影响了文化多样性的本质和功能,而且两者都以累积和加速的方式进行着。

然而,此现象背后隐藏着两种异常,其一,移民如此之多,以至于可能更容易地被去族群化(de-ethnicized);其二,明显的被去族群化以后,他们并未变得比现在更不可区分。

2. 两种异常

备受关注的是第一种异常。移民的美国化被许多学者和外行用以下某个或某几个观点的结合来解释:在快速的工业化和城市化影响下移民家庭模式遭到破坏;美国重视儿童和青年,快速淘汰成人价值观及其生活模式;美国文化的吸引力,以及移民希望摆脱的"旧世界"(old world)的阴霾;开放性以及主要通过公共教育获得的美国奖励制度的富裕性;最后,美国的民族主义并非来自于最初的种族,并且为了成为"理想"的美国人,移民被鼓励去推翻他们先前旧的生活方式、风俗习惯和语言。[6]

事实上,任何一个想要移居美国的移民都成为自己命运的主宰——或者成为他们经济福祉(economic well-being)的主宰——这些都处于一种粗鲁的冲击中。在美国,正如欧洲一样,权力是由上而下的。这种权力——让他人做你要他们去做的事——处于管理层以及公司企业的领导者手中,尤其是已成为任意级别政治家的领导者手中。此外,对于从东欧、中欧、南欧来的移民来说,族群定型的模式(patterns of ethnic stereotypes)主宰着一个很明显的等级顺序。许多美国人认为,这些移民生活艰难但是勤劳,并且没有从自己原来的国家带什么钱出来,所以他们不得不去工作否则只能饿死;尤其是这些移民从事非移民(non-immigrants)所唾弃的那些琐碎的工作职业。总之,移民在精神上和社会上都被认为是低等的。他们被视为基本上没有受过教育的群体,无知、易受劳工煽动者(labor agitators)和政客误导。总之,移民被视为不能适应工厂或车间工作所需要的工业纪律。[7]

最终结果是移民去族群化。它的故事在很大程度上是一个使移民及其子孙成为一个稳定的、静态的劳动力。这个过程很少承认种族或民族的多样性。很多移民,几乎只要他们在美国定居下来,就会喊出他们的口号——"将移民美国化"(Americanize the immigrant)。1880到1923年间,人们见证了在塑造美国国家理想上取得的很大的一致性。第一代和第二代移民与更早的移民后裔结合在一起,共同来定义"百分之百的美国主义"(100 per cent Americanism)。

为了避免误导读者,必须谨记的一点是,移民为获得机会和自由来到美国,不管是在个人层面还是在社会层面,他们大多愿意牺牲、甘于迁移、乐于改变,以谋得在美国生存的好处。美国被视为一个充满机遇的土地,移民期望看到他们的子孙成为美国人。因此,尽管他们作为第一代人可能被称做匈牙利人(Hungarians),而且他们的子女也被称为匈牙利—美国人(Hungarian-Americans),他们仍然梦想有一天他们的子女可以被称为美国人。大多数移民似乎愿意将他们的命运投身到这一片新的土地、新的文化和一个新的形象中。

但是非常明显的是,在50年之后,自欧洲到美国的大规模移民迁徙结束之后,多元文化的格局依然如此强势。因此我们来看一下第二种异常。

第二种异常的确是很严重的一种状况。民族和种族问题、语言忠诚和语言维护的现象,在当前的美国比比皆是。今天的美国人,前几十年的移民后代,穿着翻领按扣衣服,说着"爱尔兰权力"(Irish Power)、"亲亲我,我是意大利人"(Kiss me, I'm Italian)、"万岁拉扎"(Viva la Raza)等。此外,近来一些头戴着苏族人式*发带(Sioux headbands)、留着黑人发型(Afro hairdos)的纳瓦霍族人(Navajos)**驾驶着在保险杠贴有宣扬"到比塞尔就餐"(Dine Bizell)的汽车[这是纳瓦霍族人的权力(Navajo Power)]。喜剧演员们为这一事实欢呼雀跃,即昔日的种族笑话和方言不再被视为陋习,人们不再沉溺于拉上窗帘在背后讽刺挖苦这些邻居。即使是一些有着德国、法国、挪威和瑞典等北欧和南欧血统的美国人——都承认自己的祖先,并在部分程度上依据于此来定义自己。由于一些我们知之甚少的原因,虽然有足够多机会被胁迫或者主动去适应环境,但是许多美国群体并没有在三代、四代甚至更多代之后将自己迷失在他们所处的美国环境之中。因此,文化多样性是美国生活和政治的一个组成部分。

是否美国的工业化,即经济与社会的流动包含着一些限制,而这些限制是非盎格鲁—撒克逊(non-Anglo-Saxon ethnics)种族的人所不能超越的?是否重新出现的反外国人情绪在那些受威胁的群体中,引起了防护性的撤离与狭隘心态?是否美国去族群化的威胁如此有益于异常与疏离某一基本价值,以至于被要求去保持某些类型的文化多样性,以实现一种定向与稳定的功能?

在迈克尔·诺瓦克(Michael Novak)看来,这些问题——凡颂扬将种族性作为人的基本属性这一观点的人,当他被压抑时,总是会再次兴起——已经找到答案。[8] 他的论点是,今天种族复活(resurgent ethnicity)是最容易被忽略的一

---

* Sioux,苏族人,美洲土著印第安人的一支。——译者注
** Navajos,纳瓦霍人,也写为Navaho,美国印第安居民中人数最多的一支。——译者注

个事实。虽然人们常常空谈大熔炉(melting pot)的理想,但是美国社会依然维持或允许超越文化同化意义的族群。根据诺瓦克的观点,令人惊讶的并不是文化多样性仍然活蹦乱跳地存在,而是突然之间很多人开始重新发现这一现象。

然而,需要注意的是有关"种族复活"这一词语的一个奇怪事实。种族,作为一个概念,意味着情感与性格的动态活动过程,它可能会被这样或那样微妙的、挑衅性的方式所充实,也可以因为与家人及亲戚的依恋而增强。"种族复活"适合于对一种族群的解释,即移民在美国的经历是一个持续承受压力以符合外来文化的过程,但是,这里矛盾的是,移民及其子孙的生活方式从未被认可。美国化的过程顶着巨大压力,虽然其表面上看起来有一段时期是成功的,但最终却因为某种族群性的"不可熔性"而没有成功实现熔和。这一颇为尴尬的话语恰恰是诺瓦克的说法,即人的本性要求种族身份。今天的许多美国人只是单纯地展现着人类杰出的恢复能力,即他们在面对严重的社会和心理逆境时,努力寻求回归其最基本和最有意义的身份。根据诺瓦克的观点:"新的种族是历史意识的一种形式。你是谁?你来自于什么样的历史?你将要到哪里去?这些都是它的问题。"[9]

"种族复活"这一口号的核心是一个极其诱人的思路,尤其是当"种族复活"这一词语被诺瓦克赋予形而上学的定义之后。这一口号充满了诱惑,对它的不容置疑的赞同使我们看到了这一个结论,移民在美国的经历是一个面对歧视和困苦的经历,最终移民的子女和子女的子女不能否定他们祖先的过去,至少不能对不起他们基本的人性。

诺瓦克概括地描述了种族复活的界限。他争辩说,伦理学已经证明了自身是美国的政治和文化中的一股动态力量。并且他声称,20世纪70年代是"伦理学的十年"(decade of the ethnics)。但是,在诺瓦克著作的外围,存在一种相对未经审查的假设,即今天美国存在着一种"认同危机"(crisis of identity),这场危机是种族复活的起因。诺瓦克声称"新种族——(是)且主要是一项个人及社会认同的运动……"[10]

这一解释该如何与其他解释比较呢?看起来,诺瓦克的立场类似于由历史学家马库斯·李·汉森(Marcus Lee Hansen)在其关于《第三代移民的问题》(*The Problem of the Third Generation Immigrant*)研究中所提出的问题。在这部著作中,汉森认为:"凡是儿子想要忘记的,总是孙子期望记住的。"[11]汉森的法则指出了,同化刻画了第二代的特征,但是当第二代移民脱去他们的移民外表时,第三代移民却遭受认同危机。换言之,汉森的法则声称,社会群体态度的变化对应着代际变化。换句话说,在一个真正多元的社会里,仅仅成为一个美国人是远远不够的。问题变成了"你是哪一种美国人"。据汉森看来,第三代移民依赖于其祖辈的社会认同。

格雷泽(Glazer)和莫伊尼汉(Moynihan)在关于纽约市(1963年)的种族和政治的开拓性研究中说道:"我们关于民族认同的珍贵研究极少,尽管近些年来它在大众媒体中的角色日益凸显……"[12]然而,他们的确指明了,种族复活是因为下列原因:

(1)种族认同承担了一些自我定义的任务,这种任务是定义原有的职业身份，尤其是定义工薪阶层（working-class）的职业身份。工人的地位被降低了；结果，很显然的，一个种族、一个种族成员的地位却升级了。

（2）除了犹太人之外，源自民族认同感的国际事端已经减少许多。对家园的认同（参与和关心）正在降低，越来越多的种族认同的根源将出现在美国经验中，出现在美国领土上。

（3）伴随着职业和家园，宗教在民族认同中的重要地位已经降低了，尤其是在天主教教会（the Catholic Church）。第一次，天主教会不再推行天主教种族的保守倾向。[13]

对于文化多样性问题的本质，格雷泽和莫伊尼汉提供了许多基本见解。这里最好用他们自己的话来描述他们的假设：

> 美国社会和文化的同化力量以不同的方式运作在移民群体上，这是真实的，使他们拥有原来所不曾有的一些特征，但依然在一些方面保持他们鲜明可辨的特征……美国社会里的种族没有成为大规模移民时期的存活者，但是却成为了一种新的社会形式。[14]

在这两位作者看来，族群差异与我们同在，但他们也承担了新的社会意义和功能。这种成员身份是社会认同的一种形式，是在一个更大的社会中知道你是谁。此外，每一个所谓的复合型美国少数民族（如爱尔兰裔美国人、意大利裔美国人等）都代表了一个政治利益集团。在纽约市，每一个群体都是在政治意义上组织起来的，以获取社会的目标和服务。

简言之，无论是直接的还是含蓄的，有人认为，"身份认同"足以解释种族复活的原因。诺瓦克、汉森、格雷泽和莫伊尼汉以及其他人都认为，今日族群性的复活仅仅是对认同危机的回应。但要确定为什么是这样的，或许要接受一个过于浅显的解释。虽然并不否认，认同以某种方式与族群的复活相关，但是声称"认同危机"是这一现象的充分条件（甚至是必要条件）却可能是不必然的。情况可能是，将认同因素视为族群复活的唯一一个，甚至是最合理的解释，这是没有根据的。

例如，人们会想当然地认为，认同因素以某种方式与族群的复活现象相关，但是相关到什么程度呢？同时它与历史认同（族群）的联系需要达到多大程度，这是一个有争议的问题。如果我们限制来自于种族、宗教或民族国家的认同，那么我们是否已经有效地排除了许多在当今社会中运行的、为人们所熟知的众多类型的认同呢？例如，人们对于一个"改革式"政治候选人的认同，人们对于一些政治行动群体的认同，对阿奇博尔德·考克斯（Archibald Cox）、亨利·基辛格（Henry Kissinger）、马丁·路德·金（Martin Luther King）、拉尔夫·纳德（Ralph Nader）、甲壳虫乐队（The Beatles）的认同，或者说你的认同是什么呢？总之，这种情况似乎是，个人身份与传统种族资源的单一联系路径，使我们过于狭隘地解释了种族复活的原因。

我们还需要考虑另一种可能的解释。首先我们要问一个之前问过的问题，即"到底什么是族群的复活"。"族群"一词的范畴已经扩大到了包含"生活方式"，指出这一点，可以部分地解释"种族复活"的原因。玛丽·安妮·瑞威德

(Mary Anne Raywid)指出,"族群"一词是"早先仅限于国家群体,往往限于一个宗教群体(例如,限于爱尔兰天主教群体)",但是"这一词语近来也特别鲜明的适用于黑人群体"。[15]她认为:

> 我们并没有足够重视如此巨大的转变,这种转变代表着对于文化差异或者种族差异的认同:从获得或习得的如国籍的差异,到生物性的如种族差异。根据目前的用法,黑人是一个族群,至少一些妇女已经拥有了应该赋予她们种族地位的意识。而就这一点而言,当然更进一步地拓展了族群的内涵,即从种族的基础发展到了性别的基础。[16]

我同意瑞威德的观点,族群性的确在拓展。它的确是一个"巨大的转变……在定义文化差异及族群差异时……从获得或习得的如国籍差异,到生物性的如种族差异"。然而,在这个转化过程中,重要的是某些亚文化群体(sub-cultural groups)宣称,他们具有种族的基本发言权。这表明黑人与妇女他们具有独特的亚文化或生活方式,这些独特的差异足以保证他们拥有族群的地位。

我们怎么看待这一转变?[17]如果我们回忆一下先前建立的文化多样性的三个标准——① 我们建立特定的标准以统计存在的差异;② 群体之间选择的差异必须被看做基本的标准,这种差异足够产生一个重要类型的价值观与倾向;③ 这里还必须存在一种能够代代相传的历史性与参与性的认同——这样我们就可以看到,黑人与其他少数种族,就如同妇女一样,都可以被允许作为"新的族群"。

但是这里需要澄清的一点是,第一个标准的轨迹已经转移了。在先前的美国化运动中,那些宣称文化特权的"老一辈"美国人贴有多元文化群体的"标签"。人们直接或间接地告知移民,要发觉移民与主流文化或本地人的差别。这样一种标示很少共同容纳族群认同与尊严。尊严可以通过没有怨悔地忍受屈辱和殴打而获得,但它几乎不会通过认可和仁慈的形式而授予族群。这个标签的过程很容易降格为贬低文化和具有严重偏见的拙劣形式。

从被贴有种族标签的群体转变为主张其自身拥有基本种族性的群体,这一转变过程体现了这样一种事实,即新的种族会选择特定条件确定标准以确立差异;但是这些标准未必是国籍、文化、语言与宗教。当然,这些标准是属于可以归类的类型,它们也会被认为是可以这样的。对于那些知道他们无法改变或者消除特定的身份特征,比如肤色或者性别的美国人而言,种族的这些特征很有吸引力,并很快俘获了他们的注意。因此,拓展的族群性这一现象,远超过复活的族群性,并在更大的范围内发生着。拉尔夫·达伦多夫(Ralf Dahrendorf)所谓的社会"再封建化"(refeudalization)部分解释了这一现象——这是对归属的回归,而不是作为社会分层决定因素的获取。[18]此外,正如丹尼尔·贝尔(Daniel Bell)所说的:"种族已经变得更加突出(比起阶层),因为它可以将利益与情感纽带联系起来。"[19]显然,种族的战略功能主要被视为集中地调动群体利益。这是一个主张反对社会机构的战略,因为对于任何一个被压迫的群体而言,如果想要提高其个体成员的公共意识,他们都有改变体系的最佳机会。

因此,在当今瞬息万变的政治局势下,扩展的族群性表明,被压迫的少数族群过去的经验仅仅是聚拢资金策略的出发点,认识到这一点很重要。使族群性扩展流行的共同要素需要考虑如下重要因素,如被剥夺(deprivation)、无力(powerlessness)、异化(alienation)、挫折(frustration),等等。在前不久,这些情况主要被视为个别人的不满,并需要从亲戚和朋友那里寻求帮助。但是今天,个别人的不满情绪已经被集体政治的不满取代,扩展族群的新组织在寻求重要的权力,以利用这种不满情绪的资源,并在一个文化多元主义的感性口号下建立一个政治和道德基地。(奇怪的是,当前,利益明确的政治群体表现得像个种族群体,而在过去,族群却表现得像是一个个利益明确的政治群体。)

挑战"认同危机导致族群性复活"这一理论的第二个因素,与许多美国白人属于劳工阶级这一事实密切相关。20世纪60年代中期,美国工人阶级发现,他们理应享有美国福利的旧游戏规则突然改变了。对于一些人来说,福利已成为一种被认可的生活方式;警务人员被称为"猪"(pigs),因为那些触犯法律的人并没有得到应有的惩罚;有些人焚烧国旗、逃避兵役。到60年代后期,无法控制的通货膨胀导致了经济紧缩,许多人难以养家糊口、维持家庭预算。通货膨胀使得一般家庭难有存款,似乎只有非常富裕或者非常贫寒(靠奖学金和助学金)家庭的子女才能解决大学教育成本急剧上升的问题。因为除了被标签或定性为种族主义猪(racist pigs)、白鬼子(honkies)、偏执狂(bigots)、沉默的大多数(the Silent Majority)以及保守分子(hardhats)等,许多白人族裔对美国生活所可能带给他们的好处并不抱有多大的希望。对于他们来说,20世纪60年代的社会革命改变了"游戏规则"(rules of the game),而这种改变大多以他们的牺牲为代价。

因此,现今劳工阶级的白人,想让世人知道的是,他们祖先早期经历的经验不是平坦容易的。他们必须拼命工作以便在美国生活,他们是被压迫与被剥削的一群,此外他们也是伪科学种族理论(pseudoscientific racial theories)的对象。很明显的,他们的第三代、第四代子孙所要传递的信息也是:任何他们所获得的进步或成功,都来自于拼命工作、努力奋斗与自我牺牲,没有任何人轻易地给他们的祖先或他们任何"现成的"(on a silver platter)东西。

最后,"认同危机"导致族群性复活这一说法,可能会受到另一种现象的挑战,即受到所谓的适应性政治或"机械"(machine)政治的瓦解。适应性政治的突然瓦解——精巧地将种族群体与地方、州政府官员混合在一起——大大改变了白人族群,如爱尔兰、犹太人与意大利人的政治与社会流动。适应性政治长期贡献之处在于,它所提供的政治稳定性促进了白人族群在一个自由的政治环境里向上流动。例如,适应性政治反映了信奉天主教的爱尔兰人的转变,即他们从一个受轻视、令人害怕的外来团体转变成为一个连传统美国机构权力的拥有者也必须对其加以容纳或者"适应"的群体。然而事实上,在波士顿,他们却变成一个让人鄙视、令人害怕的小集体——爱尔兰黑手党(The Irish Mafia!)。这种适应性政治的主要政治庇护者,在美国民主党联盟中制定公共政策,并在较小程度上在美国工会和兄弟协会中得到通过。

正如政治候选人所表现出来的,宽松的政治主要是种族性的,比如说在一个当地的野餐上,试图享受一项运动比赛或者跳一支波尔卡舞,或者试图用另一种外语谈论一些事情。但在20世纪60年代，上述这些情况都改变了。组成"新政治"(new politics)的群体，正在代表着"新的"少数族群——妇女、黑人、墨西哥裔美国人、土著美国人(native Americans)、波多黎各人(Puerto Ricans)，等——他们取代了白人种族的联盟，并宣称他们自身享有权力运作的政治回报。

我的主要观点是，诺瓦克和那些强调种族性复活重要性及意义的其他人，同样证明了"大众社会"类型所导致的社会秩序会有损于身份的稳定性。当前，种族性及具有其象征性的事物正在"流行中"(in the air)，这是事实；但是，"认同危机"并不必然会产生这样的现象，其他因素也会出现并成为可能的原因。虽然微小但却重要的一点是，"什么才算是族群的复活"。这不是一个吹毛求疵的问题，如果我们想作关于文化多样性，尤其是学校中的文化多样性的判断，这就是至关重要的一个问题。问题不在于多元民族的文化多样性是否可取。问题在于，由于许多，或许是大多数美国人都希冀某些类型的亚文化认同或生活方式，因此我们就没有必要将此现象与种族、宗教与国籍等历史性的过去联系起来。在这里我所关注的是，我们不应该太快地将那些坚持认为不必要区分的人加入进来，这些人认为不必要在旧的、传统的种族性观点与现今所谓的"复活的种族性"之间作出区分。

3. 教育政策与文化多样性

如果把公共政策视为社会利益与特权分配的产物，而把教育政策视为拥有保证这些公共政策被接受与维持的功能，那么，这就意识到了公共教育的工具性价值，即它为社会提供了稳定性。因此，考虑公共教育而不考虑政策制定，是在冒本末倒置的危险。这是一个事实，即公共教育是，并且一向是与更广泛的社会、政治以及经济目标无法分开的。

现在，我们必须考虑到这样几点，如果我们意识到它们，就可能对我们创造一种公共教育产生积极的作用，这种公共教育存在于一个民主的、多元文化的社会中。

首先，大量证据表明，大多数的美国人具有某种与群体联系或联结的需求。如果我的分析是正确的话，那么，这就意味着不仅仅只是族群性的复活。在我们社会中所出现的文化多样性模式既深且广，包括性别、职业、种族以及年龄等。人们正在拒绝单一的美国文化目标，并发现他们自己正在成为不同利益导向(interest-defined)群体的成员。既然单一的美国文化目标不再被许多自我识别的亚群体或者占主导地位的核心文化本身所认可，那么，公共教育应该尝试保证某些可行的文化多样性的表达，虽然这些并不是对诺瓦克(等人)所主张的"种族复活"的回应。

虽然通过同化可以使人发生改变，但是我所反对的并不是我们继续使用的种族因素这一概念。从格雷泽和莫伊尼汉的观察来看，种族群体会发生同化但却保持彼此不同，这是我们所要记住的最重要的一点。但是，在讨论公共教育在多元文化社会中的作用时，我们应该注意一个严峻的事实，即今天对于一些美国人来说,他们接受"种族复活"的概念,却意在煽动潜在的黑白对立的种族主义政治化的情绪。总之,对于社会稳定的需求,尤其是在种族关系领域里对于稳定的需要,更显得重要。这是因为对某些族裔,如黑人与白人而言,种族性的复活,不过是对种族主义的简单掩饰。

我的观点是简洁的,即由不断扩展的族群所导致的对于社会稳定性的需求,可能会变成对伟大社会的一个嘲弄。我们可能会注意到,一个容易与迈克尔·诺瓦克所颂扬的"新的种族意识"相调和的实用蠢话。对于穷人和受害者来说,它可能只是一个残酷的骗局,因为它可以被用来去发掘在美国历史较为久远的反动潜力。然而,不管付出何种代价,社会稳定可能会为那些宣扬种族与宗教特殊性的人提供支持,而这些种族与宗教特殊性常被作为种族联盟的一个可行的替代方案——每一个种族都拥有自己的领土或自己选出的代表。这样的一种提议将会确保群体而非个人的自由。而个体的命运也被预先决定于其种族文化认同的基础之上。

对于合法的文化多样性深怀同情的公共教育系统,要求多元的标准而不是只源于一种文化的标准。在此背景下,课程也要求对于所有曾对我们国家的文化遗产作出贡献的文化,给予适当的认可。"美国黑人周"(Black America Week)、"哥伦布日"(Columbus Day)、"崇尚男性英雄"(male heroes only)等象征主义还不充分。公共教育必须驳斥那些不断拒绝承认合法文化多样性存在或应该存在的立场,这些立场当中所隐含的是学校教育不相信文化多样性,同时还将其归因于文化差异等诸种贬低的词语,如文化匮乏、文化弱势、文化剥夺(文化堕落)等——这些将不再被接受——甚至说根本不能再被容忍。但是也不能用一种新的、鼓吹强调美国生活的种族主义和种群中心的宣传来取代它。

族群性的复活正在不断发展,并将持续一段时间,美国印第安人、黑人、墨西哥裔美国人、波多黎各人、妇女与其他人重新拾获的骄傲与经济力量,将会产生持续性的信心,以重新塑造职业、家庭以及教育模式。尤其需要指出的是,种族的积极方面将质疑本地学校(neighborhood school)的失败问题,即学校无法为儿童在其成年生活中的成功角色做好充分准备。我们希望,虽然旧的宽松的政治模式无法充分有效地处理这些问题,但这些不充分的实现将被视为大多数族群讨论教育政策的起点。但是对于建立在认可文化多样性基础之上的公共教育而言,在追求其形成过程之中更充分的理由时,不应该鼓励排外性的倾向。因此,可以认可那些希望达成隔离的分裂群体,但不应该鼓励他们。

我的观点是,虽然披上了文化同化与"不断扩展的效果"的色彩,我们依然认同种族因素。而且,如果种族性是可靠的,并被视为是文化力量的来源而非对个人的剥夺,那么公共教育就可能有助于发展一种植根于青少年之中的文化稳定性,这些青少年是勇于改变、灵活、能适应并善于接纳。这就意味着,将学生引入许多生活方式之中,并非肤浅而是有深度的。学生应该研究美国多元文化历史的多样性与丰富性。我们希望,这样的一种教育将会消除潜在的种族主义,并提供一种坚实和更加强大稳定的社会类型。

种族复活、少数民族的自信,以及对于稳定性的需求等问题,直接关系到公共教育的另外两个后果。我们可以从如下论述中看出。首先,这些问题可能产生一种向重大事情妥协的意愿。这一现实做法被视为对"宽松政治模式"的捍卫,这种捍卫不仅对于政治与白人种族而言是必要的,同时还应被视为最高美德。正如前文所提到的,这一模式的长期贡献在于,它为白人种族在一个具有某种程度的宽松政治环境中提供一种稳定性,以利于他们的社会流动。但是完全可以想象到,在当前的"种族政治"(ethnic politics)中,不断扩张的激情和文化问题使得这一浅显的务实适应,即使有一方有意愿如此,也难以实现。这就是说,目前的政策太广,涉及范围太宽,而无法使所有利益相关者都易于调和。正如约翰·杜威在20世纪20年代后期所预见的那样,共享文化中的情感和符号本身太多种多样、不相同且不完整。他说:"社会状况已经改变,传统的一般性原则已经没有多少实际意义。"[20]他进一步评论指出:"符号控制着思维,新的时代没有与其活动相适应的符号。"[21]并且"我们的巴别塔(our Babel)不是一种语言,而是许多标记和符号中的一种,没有这些标记与符号,我们之间共享的经验就不可能发生"。[22]

这里最重要的一点是,较新的共同战略与方法——例如,劫持商用飞机、政治暗杀与绑架、对超市进行经济制裁,等等——这些都超越了旨在妥协的单纯调解和谈判的方案。而这一观点主要针对的是这样一种反思,即将教育政策主要看做具有一种信息批判、询问和宣传的功能。换句话说,这一观点需要的是讨论和辩论的方法和条件的改进。由于不存在一个万能的仲裁者来决定哪个民族的需求是正当的、哪个民族的需求是不正当的,因此相关数据必须渗透到整个决策制定系统,必须发展出一种可以反映各团体所提供的知识形态的政策。

其次,文化多样性研究的实施成为公共教育课程的一个部分,这将在最低限度内涉及学校环境,在这一环境中,课程方案被设计用来帮助学生了解和欣赏美国多元的生活方式,同时也用来帮助学生学会与来自不同背景的人有效地互动交往。另外,教师也要教导学生避免对他们产生刻板印象,以及教导学生如何在社会交往中防止产生疏离。

我们希望,教师应该让学生从事一系列的学习活动,这些学习活动的设计目的是使学生实现不同群体间的理解。课程将部分地来自于多元文化,文化多样性社会的问题将与诸多学科研究,诸如语言艺术、社会研究和物理科学等产生关联。校内校外的多种方案将被用来帮助学生更好地理解偏见的根源、种族中心主义(ethnocentrism)的后果、地方种族的力量与弱点,在多元文化中寻求个体的认同,以及如何在主流文化与亚文化中成长得灵活敏捷。

然而,这里有一点特别需要说明。本质上我并不是正在倡导一种多元文化教育。恰恰相反,我想建议的是,学校可以作为促进多元文化群体之间的宽容和理解的工具。但如果想要完成这一点,教师必须对他们的工作、政治知识以及学校教育的利己目的的影响进行认真评估。比如说,一堂"民主问题"课的花言巧言、承诺、装饰与象征等,对于学生来说是根本不够的。不管是在强制被动的共识领域,还是在坚持社会重建的思想中,都不会促进宽容和理解。相反,这里似乎需要指明的是,聚焦于主要组织的讨论,在这些主要组织中,像那些学习和分享诸多共同利益和关切的人们一样,学生可更充分地互动。因此,教育应该提供一个供异质性或同质性群体聚集研究和讨论共同关心问题的机会。学校教育的主要推动力应该是在承诺之前的反思、审议与明晰,毕竟最重要的是承诺。

这里没有充分的理由说明,为什么学校不能发展如下类型的学习,即这种学习是由上文通过追求诸多方言、价值观、语言、历史记载、重大事件解释等等方式建议提倡的。在一个像我们这样的社会中,文化群体大量存在,关于公共教育的歧义在地区间比比皆是,但是我们不应该忽视如下认同,即这种认同是共享的或是共同关切的。对于某事存有分歧与共同关心是可能同时存在的,因为我们接受公民权的平等原则,这些公民权不仅赋予每个个体享有表决权,甚至赋予享有表达不同意见的权利。我们有能力去建构一个可行的公共教育系统,这种公共教育认可共同意见的基础,但这种共同意见也可能会对旧的"大熔炉"理想提出一次更为严峻的考验。

注释

1. Nathan Glazer and Daniel P. Moynihan, 'Beyond the Melting Pot,' 2nd ed. (Cambridge, Mass.: MIT Press, 1970), p. xiv.

2. 也许"种族"这一词语最普遍的用法意味着一种团体或个人。从历史上看,这个用法被限定用于限制国籍(法国,希腊,波兰,德国,爱尔兰等),然后它扩大到包括宗教信仰,例如德国路德、爱尔兰天主教等等。然而,最近,这一词语已被更广泛地应用,包括拉美裔,黑人,以及其他的族裔群体。This is an important, but often unnoticed observation that I owe to Mary Anne Raywid, Pluralism as a Basis for Educational Policy: Some Second Thoughts, presented to the Lyndon B. Johnson Memorial Symposium on Education Policy, Glassboro, N. J., May 25, 1973.

3. 文化多样性的表达需要明令执行,这将是一个错误的假设。一种精心培育的历史认同感以及在群体和整个社会中明确界定的、能够满足参与需要的角色才是更为需要的。

4. Thomas F. Green, Education and Pluralism: Ideal and Reality (Twenty-Sixth Annual J. Richard Street Lecture, Syracuse University School of Education, 1966), p. 10.

5. Ibid., p. 11.

6. For early documents on the immigrant problem and a workable bibliography of this aspect of the Americanization movement, see Edith Abbott (ed.) 'Historical Aspects of the Immigrant Problem: Select Documents' (University of Chicago Press, 1926). See also Andrew M. Greeley, 'Why Can't They Be Like Us?' (New York: Dutton, 1971); Marcus Lee Hansen, 'The Atlantic Migration, 1607—1860' (Cambridge, Mass.: Harvard University Press, 1940); Edward Hartmann, 'The Movement to Americanize the Immigrant' (New York: University of Columbia Press, 1948); John Higham, 'Strangers

in the Land: Patterns of American Nativism, 1860—1925' (New York: Random House, 1970); Dwight Macdonald, 'Against the American Grain' (New York: Random House, 1962); Roger Portal, 'The Slavs' (New York: Harper & Row, 1969); Richard Scammon and Ben J. Wattenberg, 'The Real Majority' (New York: Coward-McCann, 1970); George M. Stephenson, 'A History of American Immigration, 1920—1924' (New York: Russell & Russell, 1964); Rudolph S. Veceli, European Americans: From Immigrants to Ethnics, in 'Reinterpretation of American History and Culture,' ed. William H. Cartwright and Richard L. Watson (Washington DC: National Council for the Social Studies, 1973).

7. Gerd Korman, 'Industrialization, Immigrants, and Americanizers' (Madison, Wisconsin: The State Historical Society of Wisconsin, 1967).

8. 参见: Michael Novak, One Species, Many Cultures, 'The American Scholar,' Winter, 1973—4; The New Ethnicity, 'The Humanist,' May/June 1973; 'The Rise of the Unmeltable Ethnics' (New York: Macmillan, 1971). 这一主题的相关论述参见: Peter Schrag, 'The Decline of the WASP' (New York: Simon & Schuster, 1970).

9. Novak, 'The Rise of the Unmeltable Ethnics,' pp. xviii.

10. Ibid. p. xxiv.

11. Marcus L. Hansen, 'The Problem of the Third Generation Immigrant' (Rock Island, Illinois: The Augustana Historical Society, 1937), p. 15.

12. Glazer and Moynihan, op. cit., p. xxxiv,

13. Ibid., pp. xxiv, xxv, xxvi.

14. Ibid., pp. 13—14, 16.

15. Raywid, op. cit., p. 6.

16. Ibid.

17. 虽然这种转变的精确含义非常难以进行特征描述,其部分含义如下:

在今天看来,一种文化需求再也不能以其严肃性和深度的尺度进行衡量。最终,所有的要求都必须认真对待。事实上,关于族群和族群意识的要点是,没有一个群体会屈服于其他群体的判断。由于其自身的性质,关于种族的呼吁不会允许存在一种普遍的可以测量所有种族的尺度。参见: Norman Glazer, Ethnicity and the Schools, 'Commentary,' vol. 58 (September, 1974), p. 58.

18. 参见: Nathan Glazer and Daniel P. Moynihan, Why Ethnicity, 'Commentary,' vol. 58 (October, 1974), p. 36.

19. Ibid., p. 37

20. John Dewey, 'The Public and Its Problems' (Chicago: The Swallow Press, 1927), p. 133.

21. Ibid., p. 142.

22. Ibid.

第九章 教育机会平等

罗伯特·H. 恩尼斯(Robert H. Ennis)

在下列哪些案例中,我们可以发现作为比较的一对人物之间存在着平等的教育机会?

(A) 爱德华·都德和汤姆·康第在同一天出生,分别成长于威斯敏斯特宫殿和废弃的院落。爱德华有很多给予他良好学术教育的私人教师。汤姆·康第则在伦敦街头通过生活经验来学习。赫特福德伯爵认为他们应该接受与各自相称的教育。[这两个角色来自于马克·吐温(Mark Twain)的小说《王子与乞丐》(*The Prince and the Pauper*)]。

(B) 吉尔和杰克在同一天分别出生于美国伊利诺伊州一个小乡镇的下层家庭和上层/中产阶级家庭,他们17岁以来都在伊利诺伊州上同样一所靠税收维持的学校。在小的时候,他们都梦想着成为电子工程师。吉尔的梦想在她的运输天然气的卡车司机父亲那里得不到任何鼓励,他责怪吉尔是"异想天开",因为他自己都根本没有上超过八年级的学。吉尔的家里有两间卧室,住着六个人,在其中很难发现有什么杂志和书籍。杰克有自己的卧室,他的医生父亲鼓励他的工程师之梦,并订阅了《科学美国人》杂志(*Scientific American*)。高中毕业后,杰克去了一所工程学校,而吉尔则嫁给了一个当地人,成为一个带孩子的家庭主妇。

(C) 伯尼和克莱德是一对异卵双胞胎,他们一出生就存在着约翰·罗尔斯(John Rwals,1971)所谓的"自然运气"(natural lottery)上的差异。6岁时,伯尼和克莱德在韦克斯勒(Wechsler)针对儿童的智力量表测试中的得分分别是130分和70分,同时分数上的不等又和父母与教师对他们的概念发展和学习能力的评价是一致的。对于克莱德而言,可以想象,他去参加的只能是靠税收维持的学校中为"可教育的智力残障者"开设的特殊课堂,一直到18岁。而对于伯尼而言,可以预料他能成功地完成靠税收维持的学校的学业,并在他中产阶级父母那里得到一些经济上的帮助,上完州立大学。

(D) 阿尔法和贝塔是一对白人同卵双胞胎,他们是学校老师的孩子,天生的智力水平也相同,但在学校中,贝塔从头到尾都对获得学术教育没有什么兴趣,他更想去打打猎、钓钓鱼、照顾照顾马匹。阿尔法则追求学术教育。在小学的时候,贝塔被强迫去学习阅读和算术,这使得他当时尚能够赶上阿尔法。但是等到中学毕业时,贝塔的学业成绩水平已经大大落后于阿尔法。学校教育系统并不提供狩猎、捕鱼以及骑术的课程,并且他们的父母也试着在其中压制贝塔的兴趣。

（E）阿尔法的另一位同学朗宁·迪尔来自部落,是一个带有纯正血统的美洲印第安人。他所在的部落非常注重狩猎、捕鱼和骑术,但并不看重学业成就。朗宁·迪尔和阿尔法的先天能力相似,但被以不同的方式抚养。在他们的义务教育阶段结束时,阿尔法在学业测验中的分数要高于朗宁·迪尔。

在我所讨论的这些个案中,人们一般都会认为爱德华和汤姆,即王子与乞丐,他们没有享受到平等的教育机会。对此,我表示同意,尽管我认为这个案例并没有和这一平等的理想存在着概念上的不一致。然而,对于另外四个案例,人们强烈地认为在它们中间不存在教育机会的不平等。这些反对意见是一些根深蒂固的政策问题所表达的,这样的政策问题在这些日子里时常困扰着我们。

为什么我们那么赞成教育机会平等这一理想,但却在它的应用上又存在着如此多的争议呢?有时人们给出的第一个解释是不同的人对教育机会平等的定义是不同的。就术语的使用而言,对于那些将定义视为简单随意规则的人来说,争议所产生的第一种解释仅仅只需要通过类似于抛硬币,或其他一些小花招就可以解决。显然,争论不可能以这样的方式得到合理的解决。

对于那些认为这些定义需要得到更多的澄清,而不是仅仅通过抛硬币决定的人来说,第一种解释尽管有些过于简单,但还是能够提供一些富有洞察力的答案。这一过于简单答案的问题在于,它给如何着手解决这一争议的努力带来了很多混乱。因为存在着不同类型的定义,也就需要有不同类型的澄清。当我第一次见到第一种解释时,它并没有对这些不同类型的非任意的定义给出一个具体的答案。

贯穿本文始终的是这样一个意图,即更好地澄清有关教育机会平等的争论,尤其是那些在面对同样的事实时,依然在发展变化着的争论。第一个恰当的目标是对类似于上述提供的五个案例中存在的争论提出更深层次的理解。我将指明,这些争论通常涉及应用教育机会平等这一概念时所必需的价值判断。如果我是正确的,这种价值判断比第一种解释更为重要。尽管解决价值问题往往是一件非常困难的事,但是我们还是要预先解决这件不得不去完成的事情,而不是在这些混乱的典型争论中去清理出或者"寻找"到一个定义。[1]

为了完成第一个目标,我将提供有关教育机会平等这一概念的分析,这一分析将最终聚焦于我们的教育理念,聚焦于作为争论的起源的教育机会。我相信这一分析能公正地对待理智、敏感的教育政策制定者们所使用的概念。对这一概念的详尽阐释和辩护是本文的第二个目标。这一辩护取决于该分析的解释能力,即解释我们对于上述给定的五个案例是如何思考与争论的。

1. 平等,一种二元关系

平等是两件事情之间的一种二元关系。说某件事情是平等的,但是却没有具体说明和其他(或者在一些通常微不足道的例子中,是它自身)哪件事情相比是平等的,这是毫无意义的。仅仅通过杰克自身,就说明他具备了平等的教育机会,这是毫无意义的。要使这一声明生效,就必须存在被认为和杰克相比具有同样多的教育机会的某个人。

在讨论教育机会平等时,我们通常会对群体间的关系非常有兴趣,所以有人可能想知道,既然是个体而不是群体具有教育机会,那么这样的一种二元关系如何适应于群体间的关系。对这一有意思的问题的回答之一,是比较群体中一般的或具有代表性的个体的教育机会是否是平等的。我这里并不是说,要提供一种数学上精确的方式去将群体间的平等问题降低到个体层面;我只是陈述了一个一般性的方法。作为第一种解释,人们可能会说,当分别来自两个群体中的一般成员具有平等的教育机会时,这两个群体就具有了平等的教育机会。另一种选择是,人们可能将可比较的孩子按各种类别配对,然后考察配对组孩子之间的教育机会是否是平等的。

在本研究开始之前,统计学家们、方法学家们,以及哲学家们就已经在这方面做了很多工作。对此我唯一要说的是,他们应该将他们的方法建立于配对比较的概念基础之上。然而,我们在探讨教育机会平等时,没有也不需要等待方法上的改进。一旦我们在对与对之间作出决定(概念性问题中最难的部分)时,我们就可以为那些群体作出一些粗糙的、直觉性的预测,这在政策决策时非常有用——最重要的事情要优先来做。

2. 分析

因为教育机会平等是一种二元关系,所以我将分析目标划定为,准确地陈述这种二元关系,准确地陈述有助于对于某一事物必须与另一事物平等的思考。这一形式被亨佩尔(Hempel,1952,p.4)和其他人称为"情境性定义"(contextual definition),我认为还有一个更有益的名称是"等效表达式定义"(equivalent-expression definition)(Ennis,1969,pp.217—21)。我将聚焦表达的是如下内容:

(1) X 和 Y 具有平等的教育机会,这一表达式以一个句子的形式来展示这样一个事实,即平等是一种二元的关系。作为一个分析,我认为这种表述和下面这个表述在意义上是等效的;

(2) X 和 Y 具有相同数量的教育机会。

这里所提出的分析并非立即就能令人大吃一惊,但是它存在着一些益处。

3. 概念与观念

根据约翰·罗尔斯(John Rawls,1971)对概念—观念的区分,我这里提供的分析会对教育机会平等的概念作一个概述,详细说明是什么构成了教育,以及什么是教育机会平等。罗尔斯在谈论正义(justice)时将概念—观念的区别解释如下(1971,pp.5—6):

这样,把正义概念看做有别于各种不同的正义观,看做由这些不同的原则、不同的观念所共有的作用指定的,看来就是很自然的了……那些抱有不同的正义观的人可能还会一致同意:在某些制度中,当对基本权利和义务的分配没有在个人之间作出任何任意的区分时,当规范使各种社会生活利益的冲突要求之间有一恰当的平衡时,这些制度就是正义的。人们能够一致同意对正义制度的这种描述,因为不作任意区分和恰当平衡的概念(它们都是包括在正义概念之内的)仍然给每个人留有充分余地,使他能根据他所接受的特定正义原则对之进行解释。这些正义原则指出在人们中间哪一些相似和差异是与决定权利和义务有关的,利益要怎样划分才是适当的。

通过引用这段叙述,我已经提供了一个关于教育机会平等的概念,我希望人们能够赞同它,但是到目前为止,我还没有提出任何关于教育机会平等的观念,以及这些观念所体现的原则。机会和教育这两个观念,对于"任何一种依据原则的解释来说都是保持开放的",当然这种原则是她或者他所接受的。

进一步来说,这个分析保证了人们在重视应用教育机会平等这一概念时,除了需要赞同将此概念视为生活的指导外,还需要作出相应的价值判断。这一点已由迈伦·利伯曼(Myeon Lieberman,1961)、B. 保罗·卡莫萨(B. Paul Komisara)、杰罗德·库姆斯(Jerrold Coombs,1964)、R. S. 彼得斯(R. S. Peters,1966)以及托马斯·格林(Thomas Green,1971)在他们的哲学著述中表达过。这一点应该被人们认识到,但是现有的研究不足以解释为什么这一点是正确的,也没能解释清楚决定是否存在平等教育机会的聚焦点在什么地方。我应该在这两个方面作出努力。

价值判断是必需的,这一点保证我们能够解释清楚,为什么人们虽然十分同意教育机会平等是一件善的事情,但同时在具体实践中却又对如何去实现它存在着众多的异议。我们基本认同这一概念应该得到实现,但是我们往往又难以在任何一个特殊的教育机会平等观念上达成一致。更具体地说,我们难以在教育是什么,在拥有一个机会意味着什么这些方面达成一致。要解决这些问题就需要一个或多个价值判断。在教育具体需要什么方面,价值判断是必需的,揭示这一点相对容易。但要解释清楚在应用机会这个概念时价值判断是必需的,这就要更困难一些,但是我也将试图去进行辩护。对前述个案的考察将有助于对上述两点的辩护。

4. 教 育

在案例 A 中,大多数人都会赞同爱德华·都德和汤姆·康第的教育机会是不平等的。依据于大多数有关教育和机会的观点来看,爱德华和汤姆拥有不同数量的教育机会。大部分人会认为,教育对于爱德华来说是现成的、不劳而获的,而对于汤姆来说却是系统性地否定的。汤姆的受教育机会更少。我相信大部分人都这么认为。[2]

尽管如此,如果有人认为汤姆的街头教育在每个方面都和爱德华的教育同样优良(考虑到汤姆的命运,对他来说,这些街头教育就不仅仅是好的教育了),并且认为汤姆和爱德华拥有同样数目的机会(这是先前所假设的)来获得优良教育,那么这个人会给出他们具有平等的教育机会这个判断。此外,相对于"空洞的、书呆子气的学术教育",汤姆所预期接受的街头教育对每个人来说都是合适的,那么既然爱德华有较少的机会去接受那种街头教育,结论就应该变成爱德华比汤姆拥有更少的教育机会。

上述这一切正好说明了一个人对于是否拥有平等教育机会的判断,这些平等教育机会的判断至少部分地取决于他关于教育由什么构成的判断。在大多数平等机会的情境中,这些关于平等的决定都要求价值判断。

个体对教育的判断在案例 D 中也扮演了一个重要角色。在这个案例中,双胞胎阿尔法和贝塔有着不同的兴趣。如果一个人认为相对于狩猎、捕鱼、骑术教育而言,学术教育才是合适的(或者换一种说法,如果一个人作出这样的价值判断,即掌握狩猎、捕鱼和骑术不构成教育,而掌握学术才构成了教育),那么,可以预测他会认为,阿尔法和贝塔具有平等的教育机会。也可以预测他会认为贝塔只是没有好好利用他的机会而已。

假设有人认为教育必须根据学生的兴趣进行才是合适的,而他们的学校又仅提供学术教育,那么可以预见,他会认为阿尔法和贝塔的教育机会是不平等的。因为学校系统能更好地服务于阿尔法的学术兴趣,而不是贝塔的户外兴趣。

同样的问题出现在判断那些发展背景与学校主流文化不同的人们是否具有平等教育机会的时候。出于讨论的缘故,在比较阿尔法和他的同学朗宁·迪尔(个案 E)时,让我们假设学术、白人以及中产阶级是学校的主流文化,朗宁·迪尔的文化则鼓励狩猎、捕鱼以及骑术,而他在义务教育学校中则天天在发展学术能力。

承认这些典型的情况,我们可以发现,他们是否具有平等教育机会这个问题部分地取决于一个人对于教育由什么构成这一问题的价值判断。如果某个个体认为,真正的教育主要关注的是介绍并吸收自己的文化,那么朗宁·迪尔和阿尔法的教育机会就是不平等的。朗宁·迪尔的文化并不被为学校所认可而发展。

然而,如果一个人认为学术是教育的核心,那么,关于教育机会平等决定的问题(比较于朗宁·迪尔和阿尔法)从某种程度上来说就类似于个案 B,在这个案例中,吉尔和杰克具有不同的背景,为了同一个目标来到同一所学校。当人们在教育的目标(或本质)上达成一致的时候,这两个案例就引发出了一种通常存在于比较机会数量中的有争议的问题。我将极力主张,解决这一类问题需要另外一个或更多的价值判断。

在前面所讨论的案例中,我绕过了这一类型的问题,假设我们所有人都站在机会问题的同一边,这保证了我能够聚焦于富有争议的教育目标(或本质)问题。譬如,在关注汤姆·康第和爱德华·都德的个案 A 中,假设给予爱德华·都德的那种学术教育对两个人而言都是合适的,我认为所有人都将赞同汤姆与爱德华相比具有较少的教育机会;但是如果假设如果街头教育对两个人来说才是正确的,那么汤姆与爱德华相比就具有更多的教育机会。

5. 拥有一个教育机会

然而,在个案 B 和 E 中,即使假设了学术性教育目标以及相同的内在能力,不同环境中的人们带有不同的价值取向,他们在相同的情况下仍然会作出不同的有关教育机会平等的判断。我应该在一开始就聚焦于这些涉及环境差异的案例。在后文中,我还会考察一下个案 C,将其视为涉及个体有着天生的本质差异情况的一种代表。

在个案 B 中,有些人将会认为吉尔比杰克的教育机会要少,因为吉尔的背景不是鼓励学术的,因为她的父亲责怪抱怨她的学术理想,因为她缺乏一个安静的私人空间来学习,因为"隐性学费"太昂贵了,等等。学校并没有通过譬如起跑线计划之类的东西去仔细地努力弥补这种状况。让我们将这种观点称做"自由主义立场"(Liberal Position)。

其他人可能会说,他们之间的教育机会是平等的,因为学校为吉尔和杰克都提供服务了,给了他们相同的关注,而且这里所提到的因素也仅仅是教育机会不平等的外部环境因素而已。所以这种立场认为,最重要的是事实上没有去阻止吉尔选择工程学校,消耗学校所提供的服务。能够利用现有的条件取决于她自己。如果她不能好好地利用,那么责任就在于她自身。她只是发展的动力还不够。让我们将这种观点称为"保守主义立场"(Conservative Position)。

自由主义—保守主义之争(Liberal-Conservative dispute)的一个有趣的特点是,反对者很难看出对方立场的合理性。自由主义者倾向于认为,保守主义者完全忽略了一些明显的基础性事实,而保守主义者则倾向于认为,自由主义引入了很多不相关的事情。每一方都很难发现对方是如何看待自己这一方的思维方式,并且怀疑对方一定有别有用心的动因在起作用。关于这一情况,我所提出的解释是,这一争论往往并不像很多人所想的那样针对一个问题或事实,也不是像一些人想的那样是针对一个概念,而是人们在运用"机会"这个概念时所暗含的价值判断。这一解释在细节上存在着一些空白,所以显得相当复杂。但是,从整体上来说,它看起来是一个恰当的候补者,因为它解释了我们是如何处理难题的,并且它使我们可以理解一种感觉,这种感觉是指一些人认为他们的对手是不理性的。

6. 拥有一个教育机会的积极方面与消极方面

粗略地讲,X 具有机会去做 Z,这构成了积极因素的存在,但与此联系在一起的则是消极因素的缺乏或不足。积极因素是指环境方面的积极促进者,即那种可以保证(或促进)X 去做 Z 的环境特性。譬如,工程学校和杰克父亲帮助的存在,这促进了杰克在工程方面的学习。

消极因素是指,妨碍(或阻止)X 去做 Z 的环境因素,它的不足是 X 有机会去做 Z 其他组成行为。将汤姆·康第阻拦在威斯敏斯特之外的屏障就是环境阻碍力量的一个例证(至少从汤姆·康第的观点看来是如此的)。

7. 个体环境的差异

与个体因素相比,只有环境因素是机会的基本组成部分。[3] 个体因素包括与个人相关的动机、品质、能力、决心、理想、信仰以及目标。吉尔最终没有决定(决心是个体因素)去学习工程本身并不与她曾经具备机会去学习工程相矛盾。人们没有选择利用他的机会,并不自动地就能显示他们没有那些机会。

有些人可能会指出吉尔缺乏进取的动力,以此来证明环境因素会直接阻碍机会的存在。譬如,自由主义者可能会声称,吉尔动机的缺乏是阻碍因素存在的证明,如缺乏隐私、缺乏鼓励、被责备,等等,或许合起来可称之为家庭背景。某件事情产生功效的证据之一,是指明该事件运作时会产生一系列事件。在这一连串事件中,动机的缺乏是其中的一个基本要素。但是作为一个状态 S 的证据,并不能使其成为 S 的组成成分。

尽管个体的品质和能力不是一个机会的组成成分,但是一些能力的缺失却可能使得在谈论一个人的机会时变得毫无意义。譬如说,克莱德(智商:70)有机会去学习工程,但这就是毫无意义的,甚至可能是一个残酷的玩笑。

在讨论教育机会平等时,环境因素与个体因素之间的差异是非常重要的,在吉尔的例子中,保守主义者所声称的阻碍因素(动机缺乏)是一个个体因素,个体因素并不是拥有(或不拥有)一个机会的构成成分。更笼统地说,当存在一个问题的时候,这个问题通常是决定着环境促进还是阻碍 X 去做 Z 的因素之一。粗略地讲,促进环境因素的增加、阻碍因素的减少,X 拥有去做 Z 的机会就会越多。然而,我们又如何去决定什么是(或曾经是)个体去做 Z 的促进因素和阻碍因素呢?

为了叙述方面起见,我将只考察对阻碍因素的测定。在我们当前的环境中,人们对阻碍因素存在着相当大的兴趣,所以我将挑选它们进行分析。尽管如此,下面的分析也同样可以扩展至促进因素。

8. 存在与缺失

从概念意义上来说,阻碍因素或者是某些东西的存在,或者是某些东西的缺失。围墙栅栏就是一种存在类型的阻碍。缺钱和毫无隐私的学习场所,如果它们是阻碍因素,那么它们就构成了某些东西的缺失。尽管自由主义者和保守主义者可能在这些因素的缺失是否阻碍吉尔去学习工程方面难以达成一致;然而可以猜想到,所有人都会同意有些东西的缺乏会成为阻碍因素。譬如,食物的缺乏可以成为一个人学习工程的阻碍因素。母亲缺乏同情心可以成为一个孩子情感发展的阻碍因素。很多人将会坚持认为,19 世纪 60 年代的弗吉尼亚州爱德华王子县缺乏公共教育系统,这对很多孩子的教育来说是一个阻碍因素。本应该存在的促进因素的缺乏也是一种阻碍因素。

对存在和缺失的描述至少可以被粗略地转变为对对立类型的描述,尽管这种转变是困难的。"缺乏食物"可以被粗略地转变为"存在食物的匮乏","缺乏同情心"可以被转变为"存在着不同情","存在着栅栏"可以被转变为"缺乏开放的地点"。对我们的目标而言,阻碍因素到底是以存在还是缺失的形式来表述不是特别重要的问题。这主要是一个方便与语言习惯的问题。这里问题的要点在于不能因为某个因素是这种或其他类型的表述形式,就断言它是一个阻碍因素。

9. 阻碍因素、原因、差异制造、责任

因为阻碍因素是一种类型的原因——那种阻止或妨碍某些事情——我应该对我在其他地方(Ennis,1973)所论述过的具体原因分析作一个恰当的修正。根据这一分析[4],判断一个因素是阻碍因素有两种确定方式:① 除去某个因素,其他因素不变,这将会使 X 更可能去做 Z(除非它产生不同的结果,否则它就是阻碍因素)。[5] 有很多因素都符合这个标准。当我们观察任何现有事件的发生和状况时,我们就会发现有许多事情可以改变。例如,如果吉尔每年能获得50,000美元供给,再加上免收学费、住宿费以及伙食费等,然后去学习工程,她可能就已经去学习了。所以这些供给的缺席符合这个标准(这个缺席的减少将使得她更可能去学习工程),这给了某物成为符合阻碍因素的必要不充分条件。当涉及一个有关责任的判断时,就需要第二个确定方式:② 从符合第一个标准的因素中挑出一个(或多个),这一个(或多个)因素要为 X 降低去做 Z 的可能性负责任(或部分地负责任)。

我们大部分人都会认为,每年的支付款项,加上学费、房屋以及食物的缺乏对吉尔没能学习工程负有责任。这就解释了,我们为什么会认为这种缺失是她上工程学校的一个阻碍。但是,其他的候补因素则更具争议性。

假如自由主义和保守主义在这一经验性要点上持不同的意见,即如果吉尔已经决定去尝试学习工程,那么她早就已经这么做了。对于他们而言,缺乏一个去尝试的决心就可以与第一个标准相符,因而成为阻碍因素。假如他们也赞同,如果将杰克的家庭背景加诸于吉尔(代替她自己的),这将使吉尔更有可能去工程学校学习工程。那么,对于他们而言,另一个因素,即吉尔的家庭背景也符合第一个标准。

但是它们也部分地与第二个标准联系在一起。保守主义者可能认为,缺乏动机应该负有责任,因而得出结论说这才是吉尔学习工程的阻力因素。因而这一所谓的阻碍因素是个人因素,所以它的存在并不能降低吉尔所具有的机会数量。

另一方面,自由主义者不认为缺乏动机负有责任,因而对于他们而言,这一缺乏并不是(一个)阻碍因素。自由主义者认为,她的家庭背景符合第二个标准,这才是真正的阻碍因素。因为家庭背景是一个环境因素,它作为一个阻碍因素会导致吉尔机会的减少。现在我们来考察下,即使面对相同的经验事实,为何自由主义者和保守主义者也难以达成一致。至少从原则上来说,关于第一个标准的问题争论可以通过科学的调查来解决,但是对于第二个标准而言,即有关责任标准的争论呢? 这里面有经验和价值两个因素。

经验因素,是满足第一个标准的任何因素变革所导致的其他结果的决定性因素。譬如,如果聚焦于吉尔的家庭背景,对其进行干预,将会产生其他什么结果呢?为了评价这种干预效果,我们需要知道这些后果。为了确定责任,我们需要这种评价(这种评价也带来了价值因素)。这也就是说,如果问题中的结果已经被避免了,我们所认为的已经成为变革焦点的那个东西(或事件,或事务状态)应负有责任。而且,我们决定,将变化的焦点聚焦于成本与收益的基础之上,并利用经验、价值信仰与假设来决定什么是成本、什么是收益,以及它们所能达到的范围。因此,价值在决定什么是阻碍因素的过程中扮演着一个重要的角色。

自由主义者将家庭背景视为吉尔学习工程的(一个)特定阻碍,这是因为自由主义者认为,避免吉尔不去学习工程(或者是帮助其避免发生某事的好方式)的最好方式是改变她家庭背景的功能。如此做所产生的成本(更高的税收、干涉到她的家庭,等等)对于自由主义者而言是可以接受的。因此,自由主义者选择了环境因素作为阻止吉尔具有完全学习机会的因素。

保守主义者选择吉尔缺乏动机作为阻碍因素,他们认为,对吉尔发展动机的改进是避免她不去学习工程的最好方式。而且,尽管我们可以通过给她指出上大学(所谓的)的好处来帮助她,但是保守主义者依然认为这取决于吉尔自己。保守主义者可能会经常提出,一个描述所有层次教育的人们都期望的终身受益的方案,再加上一些好的开场演说和其他的规劝。但是,当干涉吉尔的背景将涉及成本付出(更多的税收和对家庭的干预等)时,这对保守主义者来说却是难以接受的。因此,吉尔的家庭背景不是改变的聚焦点,不应负有责任,不是一个阻碍因素,而对于保守主义者来说,其也不会涉及对机会的判断。

在此,我不打算提及如何调解由决定某个人是否拥有有机会而引发的经验与价值问题。大致上,我们每个人都已经有一些解决此类经验与价值问题的方法(尽管方法很多,但是包括我自己在内,对我们的方法并不完全满意)。我这里尝试着作出的努力,是揭示如何定位和分离这些问题。

10. 一般方法

确定和分离吉尔与杰克案例中的问题是非常典型的。在为双方人员假定了一系列的教育目标后,我们认为,只有在这种情况下两个人才具有平等的教育机会,这种情况即一个人的环境因素的促进作用减去阻碍作用,要和另一个人环境因素的促进作用减去阻碍作用保持平衡。

因素间的平衡并不是一个我们拥有精确技术就可以解决的问题,尽管如此,一般来说我们用并不精确的方法来控制它。也许我们渴望发展出诸多精确的技术,或者对发展精确技术没有兴趣。当前的成本—收益分析策略让我们感到非常悲观。

在阿尔法和朗宁·迪尔的个案中,方法也是一样的。在比较少数阶层与主要阶层时,除了有关教育目标的争论之外,这种教育目标产生的结果是否认存在教育机会平等;这里还存在着对于价值判断的争论,这种争论必须面对有关于机会的判断,也被用来决定(如果我想要)什么是避免其他事件发展的最佳方式。假定这是一个学术目标,那么解决这个问题就需要(除了经验判断之外)价值判断;毫无疑问,这种价值判断被镶嵌在更为广泛的价值立场中,这些价值立场被用来实现为低社会阶层儿童和少数民族儿童的教育,支付远远多于白人中产阶级儿童的教育税金的渴望,等等。我已经通过一个美洲印第安人的例子证明了这个一般途径。当然,这幅图景可以代表任何少数阶层。

11. 基因决定的自然能力上的差异

对于双胞胎兄弟伯尼和克莱德在他们的天资上存在差异的个案 C 而言,该个案的方法也遵循我所提出的指导方针。我们来考察一下,是什么组成了对伯尼和克莱德他们各自而言合适的教育。如果对于伯尼而言,我们认为学术教育是合适的,而对于克莱德而言,职业的非技术性的就业技能训练和美学与社交发展能力的训练才是合适的,那么他们最后就不会形成可比较的学术能力,而且这也将使有关教育机会平等的判断变得毫无意义。真正相关的因素是对于他们实现合适目标分别起着促进与阻碍作用的环境因素的权重比例。只有当伯尼的环境促进作用减去阻碍作用等于克莱德的环境促进作用减去阻碍作用时,它们才是平衡的。如果存在着不平衡,那么也应该认为机会是不平等的。

更具体地来说,如果我作为熟知的真实个案(不同的真实个案之间存在着巨大的差别)的机会判断者,我将会根据如下理由判定他们是否拥有平等的教育机会:

(1) 我相信学术教育对于伯尼来说是合适的,而基本的职业训练加上美学的和社交的培养则适合于克莱德。因而,不平等的学术成就与教育机会是否平等是不相关的。

(2) 为克莱德开设特殊的课程。因此,我所建议的干预出现在将导致他无法实现其目标的一系列事件中。当然,那里也存在促进因素,并且我相信,对于克莱德而言,唯一显著的阻碍因素就是垃圾电视节目。但是,对于我而言,这里并不存在足够强大的阻碍因素,从而让我判定克莱德没有机会去实现他特定的目标。

(3) 类似的,对于伯尼来说,学校为其开设了足够的学术课程,因而促进因素就在那里,而相同的阻碍因素——垃圾电视节目也同样存在。我认为,伯尼有机会去实现学术目标。

(4) 为什么说他们的教育机会是平等的呢?对于我(或者任何人)而言,都不可能在充分多的细节上去描述这一情形的丰富复杂性,以求提供最全面的判断。但是看起来,似乎其促进和阻碍作用的环境因素从总体上而言确实是平衡的。

到目前为止,在伯尼和克莱德的个案中,我为他们各自假定了不同的教育目标,从另一个方面来说,对于他们各自而言,我们也可以假设(合适)教育就是学术教育。在这一假设(我不会作这个假设)基础之上,如果我认为唯一的阻碍克莱德的因素(除了阻碍伯尼的因素)是他的低智商,那么我认为他们具有平等的教育机会(因为那是个人因素)。在作出这样的判断之后,我将表明,如果我们可以并且我们想要如此干涉,那么他的智力缺陷是干预的恰当的聚焦点。

此外对于克莱德而言,如果我认为缺乏额外的补偿措施也是一个阻碍,那么我将判定,伯尼有更多的教育机会。这一判断包含着这样一个判断,即在一连串事件改变中的关键焦点是补偿性促进因素的缺失,当然这种改变的成本是可以接受的。事实上,我没有作出这样的判断,因为我认为,额外的补偿性促进因素不会制造差异,这是一个经验性判断。

我对这个以及前面个案的考察有点过于简单,因为我们事实上考虑的因素比我所声明考虑的因素要多得多。即便这个解释过于简单,但一开始看起来它还是显得相当复杂,然而,我们所提出的对于概念结构的描述能够解释清楚我们做了什么,它解释了为什么我们在不经意间会认为其他人是没有理性的,当然了其他人与我们的意见是相左的;它也解释了在意见一致的表面下,其实还存在着许多深深地困扰着我们的不同意见。

12. 前瞻性回顾

到目前为止,我论述的重点,是判断两个同时具有一些相同特殊点的人之间是否存在着平等的教育机会。这是一个基本的概念问题,从中得出的结论可以扩展至更大的政治利益问题。前面我就提到过,相关结论可以扩展至群体间问题。另一个有用的判断扩展涉及个体从出生到成熟乃至更远的整个人生的发展变化。我们在公正方面的利益,准许我们要关注当事人之间在成长时期内是否拥有平等的教育机会。考虑到当事人的动机、知识和能力在他们的发展过程中有各自的一些优势,所以我们不能只关心他们是否拥有平等的教育机会。

这里还可以在一个较长的时间范围内追溯成熟的群体利益:他们曾经有过平等的教育机会吗?对于尚未出生的和未成熟的群体而言,这却是前瞻性的追溯:当他们成熟时(或成熟之后)他们将能具有平等的教育机会吗?对这一问题的回答,遵循着前面所提出的一般性原则:需要一个有关什么构成了良好教育的判断,以及在个体成长的岁月里环境的促进因素与阻碍因素必须保持平衡。在个体成长发展的那些年中,一部分促进因素和阻碍因素是经验性的;而另一部分因素则是评价性的,涉及价值判断。考虑到经验问题(这些经验问题是若干年后个体将会发生变化并产生了哪些差异,其结果会产生哪些变化)已经得到回答,对于这些特定因素的责任(因此他们的选择也被作为促进因素和阻碍因素)归属而言,就需要价值判断。价值判断涉及决定什么样的成本和收益是可接受的,这些成本与收益将涉及未来这些相关因素的功能改变及其所产生的差异。因此,被选择的环境阻碍因素以及外部促进因素之间的保持平衡,并进而可以作出教育机会平等的判断。

13. 一直存在的不平等

一些作者[譬如,迈伦·利伯曼(Myron Lieberman,1961,p.142);R. S. 彼得斯(R. S. Peters,1966,p.140);詹姆斯·科尔曼(James Coleman,1968,pp.21—2)以及托马斯·格林(Thomas Green,1971,p.137)]并不赞同绝对的教育机会平等,很明显,因为他们相信这一理想意味着要控制太多的事情,就像彼得斯所言,要控制包括早年的养育、家庭的规模以及生育。他们感到不必受如此多的限制。人们可以不必去控制这些事情,就能够不断地支持完全的教育机会平等,因为这里存在着其他的平等可能性。

(1) 当拥有一种背景的人没能达到拥有另一种背景的人的水平时,人们会将其动机视为承担责任的因素。这是一种保守主义式的回答。他们(那些较低成就者)所需要做的,就是打开他们的心灵,变得坚定起来。保守主义者更愿意承担这样的成本,而不是承担自由、家庭、税收以及官僚制度衰落的成本,因此这也就导致他们更喜欢干涉早期的养育、家庭的规模以及生育。这一根据价值判断而作出的回应假定,即使考虑到早期的养育、家庭的规模,以及生育等等,人们还是有一些选择的自由。这一回应对于那些否认存在选择自由的人们而言是封闭的,但我发现,极少有人一直这么做。

(2) 第二个选择是确定其他也将制造差异的环境因素。譬如,一些类型的义务教育,它包括小班化教学、特殊教育以及奖学金等也可能制造差异——同早期养育与家庭规模(生育在这里产生一个特殊的问题,我后文会再讨论)产生同样大的变化,这是一个经验问题。当然,这些问题至今为止也未得到最终的解决。价值问题是我们是否应该征收足够的税赋以使穷人也可以享受上述教育——也许远离这些也是让人们更好生存的处理方式。人们会很容易地这样认为,这种干预(税收,对富裕人群不公平的挑战)要比对早期养育和家庭规模的干预更容易令人接受。如果人们作出这样的判断,那么他们将会得出这样的结论,即通过这些变化,完全的教育机会平等将能够实现,因为它们将带来对当事人的促进作用和阻碍作用之间的一个平衡。考虑到上述的经验与价值假设是很多有理性的人们愿意作出的,这种干预将为接受者提供更多的机会,并将他们带入平等而不是"一直如此的不平等"。

至于"生育",这个概念意味着要想完全实现教育机会平等,各种各样的选择性遗传实践也是需要的。与这个建议联系在一起的首要问题是,那些无法获得平等机会的人们被简单地回避了。这些建议并没有变成现实。那么谁将从这些平等化的措施中获益呢?但是,要先将此撇开不言,考虑到要损害到人类的亲密、尊严和自由,因此对于选择性遗传实践,人们可能完全无法接受;因为这里有一个承担责任的可选择的候选人,所以遗传实践的缺乏可以被理性的视为不需要对此负责任,因而它们也不会被判定为一个阻碍因素。被选择的阻碍因素可以是智力低下,这是个人因素,因而不会与拥有机会产生矛盾。即使我们知道没有办法摆脱它(生育除外),它也是可以被选择的。在选择智力低下作为一些人成功的阻碍因素时,我们已经对我们可能的干涉给予了关注。但是考虑到我们现有的技术,它并不必然是可能的。[6]

因而,一个人不会承诺拥护相关的绝对措施,这些措施完全支持教育机会平等。承诺的本质各种各样,从一个层次来说,根据所假定的教育概念,所得到的经验关系,以及所假定的有关人类尊严、美好生活、自由等等的判断的不同,个体承诺的本质也各式各样;从另一个层次而言,根据税收、官僚机构、日常的困境、经济财富、生态财富等等的不同,个体承诺的本质也各有不同。

14. 科尔曼(Coleman)难题

在对美国国会(the Congress of the United States)的一个要求的回应中,詹姆斯·科尔曼组织并指导了一项研究,这项研究随后以同名书出版——《教育机会平等》(Equality of Educational Opportunity)(Coleman et al., 1966)。这一研究引起了广泛的关注,并且它的数据与结论从那以后受到了种种检验。在研究的申请书中,国会要求"教育官员(the Commissioner of Education)评估美国在种族和其他群体中存在的'教育机会不平等'状况"(Coleman,1968, p. 16)。作为教育官员所指定的研究组织者,科尔曼所面临的难题是他被给定了一个概念,但事实上却不存在这一观念。

科尔曼实际上被要求在很多有关教育目标的观点以及各种各样价值冲突的判断中,挑选出一套观点,并报告由此产生出来的观念的满意度。因而,国会给了科尔曼一个不充分的具体任务。在他的研究开始时,他提出了五个至少被部分运用着的有关教育机会平等的观念,其中一个似乎最合乎他的心意,即如果具有相同的背景与能力,结果应该是平等的(Coleman,1968, p. 17)。在选择检测什么样的结果时,他不得不选择坚持一种教育观念。他选择了一种学术观念,并且为之辩护(Coleman et al., 1966, p. 218):"在现代社会,生活的事实是智力技能,这些技能涉及阅读、写作、计算、信息分析,这些技能正在成为独立、创造性工作、政治参与以及理智消费的基本需求。"我并没有要与科尔曼的论述进行辩论的意思,尽管很多人会这么做——特别是因为科尔曼将操作性的智力技能"词汇测试(vocabulary test)作为大多数学校教育效果检测中所使用的成就标准"(p.292)。而我提出这一点是将它作为证据来证明,科尔曼必须对教育观念作出价值判断(这也是他所寻求去辩护的),以促使它更好地领导他的科学研究团队。如果他感到有必要为他的价值判断作辩护,那就说明他意识到自己正在作出一个价值判断。美国国会并没有告诉这位科学家,应该假定哪一种价值判断。

在寻找与机会相关的因素时,科尔曼得到了一个价值引导,因为似乎是由法律[1964年的《公民权利法案》(the Civil Rights Act of 1)第 402 条],和由官员豪(Howe)传递的信件(Coleman et al., 1966, piii),以及时代的发展趋势给他建议的一个因素:种族隔离。如果这一因素证实制造了差异,那么,这一隐含的判断就是指,种族隔离因素应对其负有责任——这是一个有关改变的恰当的聚焦点。

到目前为止,我看到很少,或没有其他的价值引导被提供给这位科学家。

很明显的是,他选择了一些因素作为研究对象,对于在其中发生的变化,他认为,第一,不要违背一系列的价值观(至少大部分是他自己的价值观);第二,可能产生变化,或者被其他人利用来制造差异。随后他对这些因素作了一个实证性研究,试图发现究竟是哪些因素制造了差异。

在一定程度上,科尔曼根据他的操作性观念开展其研究,即根据同样的背景与能力会产生平等的结果,他断然忽视了(作为机会的构成)一个人背景(个体能力已经被这一机会的概念排除了)中的促进因素与阻碍因素。忽视背景因素是一个保守主义立场。概略地讲,实际上背景因素不被认为是干涉的焦点,不过考虑到其他的观点,或许科尔曼也不会真正关心去支持这一观念。

从我已经发展出来的观点来看,在这里试图对科尔曼的操作性的机会概念作详细的讨论,试图详述他探寻问题的细节,将会使得本文篇幅过于冗长。因此,我将这一诱人的工作留在其他时间与地点,并邀请其他人一起加入探讨。因为对于科尔曼的工作而言,有许多值得我们学习的地方——无论是积极的还是消极的。我这里想说的是,作为一名科学家,科尔曼被给予了一个没有观念的概念,因而被置于困境的位置。

15. 小结

尽管大部分人都会赞同教育机会平等,但是在怎么实现这一目标上却存在着诸多的分歧。为了解释这一现象,我已经提供了有关"教育机会平等"概念的辩护,这一分析指出我们的问题不在于我们的平等概念,而在于我们有关教育和机会的观念上。确定这两个观点需要作出价值判断,很明显,对于教育观念而言,一般也是如此。然而,对于拥有一个机会的观念而言,不是那么简单就可以识别出的。我认为,有关机会的判断部分地是一个责任性判断,这种责任性判断又依赖于经验—事实(empirical-fact)判断,即依赖于经验—事实对于什么样的环境变化将产生差异、这种变化将产生何种后果的判断,而且这种责任性判断还依赖于对变化的合适聚焦点的判断。后一种判断由于它们是关于是否合适的判断,因而又是一种价值判断。

如果这一方法是正确的,那么我们就能更好地知道,在是否存在平等教育机会的争论中我们应将注意力聚焦到何处:聚焦于在确定教育的概念上,聚焦于什么可以产生差异及其结果的经验判断上,聚焦于有关改变的合适聚焦点的确定上。所有这些判断都很难作出并得到澄清,但是至少我们知道我们在做什么,我们能够抛弃笨拙的努力而去达成一个有关教育机会平等的定义。在我的经验中,这些笨拙的努力通常会导致混乱,而且人们谈论其中一个就会忘记另一个。

第二,如果这个方法是正确的,那么教育机会平等的拥护者就不必为没有一以贯之而感到愧疚——譬如,没有拥护对"早期养育、家庭规模,以及生育进行干预"。相反,他们可能认为,这些因素不是合适的变化趋势,因而不会成为机会的阻碍因素。

最后,除非一个立法机构假定科学家具有立法功能,否则,在要求科学家

（类似于詹姆斯·科尔曼）在其研究领域中进行教育机会平等程度的研究中,立法机构(譬如美国国会)没能给予这个科学家一些指导。立法机构并没有声明对什么样的教育目标(或各种系列的目标)感兴趣,对实现什么样的机会感兴趣,也没有声明对可能的变化途径的判断标准。一定程度上说,立法院虽然没提供这些声明,它其实是将其立法功能转交给了科学家。

在这篇文章中,我尝试描述了一幅更广阔的关于教育机会平等的画面,留下了许多尚待考察或仅仅是一笔带过的主题和问题。这仅仅是一系列调查研究的开始,而不是结束。我还会邀请其他人加入到这项工作中来。

注释

该文章的主题和论述得到 Darrell Cauley,Norman Care,Hugh Chandler,Ann Diller,Helen Ennis,Robert Halstead,Bruce Haynes,Robert Holmes,Michael Johnson,Adele Laslie,Robert Nomk,Ralph Page,Hugh Petrie,Suan Purcell,Martin Schiralli,Kenneth Strike,Ronald Szoke,以及 Donald Tunnell 文章的启发。

1. 在《教学中的逻辑》(Logic in Teaching)(1969)一文中,我已经考察了尝试去解决有关定义争论所产生的问题(尽管是在教学的情境中)。我认为当下这篇文章的方法构成了对那时所提出的计划性定义理论的一个更进一步的发展,这一方法源于 Scheffler 的《教育的语言》一书(1960,pp. 22—7),以及 Stevenson 的《伦理与语言》一书(1944,pp,206—26)。

2. 这个案例不经意间揭示了 Komisar 和 Coomb(1964)将教育机会情境中的"平等"视为合适之观点的错误。Hertford 伯爵可能从中会判定在汤姆和爱德华之间存在着一个合适的不平等。C. J. B. Macmillan(1964—5)已经探讨过这一问题了。

3. 生物科学课程研究(BSCS)在它所发展的一个课程标题中抓住了个体—环境的差异:我和我的环境。Ralph Page 将我的注意力引到这样的事实,即这一差异已经在其他人,如 Joel Feinberg(1973)和 David A. J Richards(1973)中得到认识。同我在本文的早期草稿中所做的一样,他们使用了"内在—外在"而不是"个体—环境",我抛弃"内在—外在"这一说法的原因仅仅是因为太多的人发现它会使人产生混乱;我认为两对术语都是可以接受的。

Richards 同我一样,在机会的情境中使用这个差异,他认为,说 A 的内在能力保证他去做 X,同有机会去做 X 是相同的,这是不合适的(p. 41)。

4. 从那以后产生了细微的精确性:一说 a 导致了 b,就等于是说:(1)考虑到其他情形,a 对 b 来说是充分的;(2) a 对 b 负有责任;这第二种情况包含着如果某个人想要并且能够干涉 b 所产生结果的地方(或者如果 b 是由多因素决定的,那么就是最好的地方之一),是对 a 的功能进行干涉(即,不是 a 就是 a 和 b 之间的联系)。这不是一个还原分析,但是我感觉它非常富有启发性。

5. 除非不做 Z 是由多种因素决定的。在这篇文章中,我只能考察非多重因素导致的结果。做一些调整就可以使他适应多因素决定的结果。但是考虑到提出一个无论如何非常复杂的问题的简洁性的需要，我这里不应该做这些调整。

6. 这一建议暗含了一个负责的归因中，如注释 5 所言，是一个有质量的建议。它可能仅仅是最不具有攻击性的有关变化的声明，并且它不能保证我们有不同的技术和资源。

第五部分
技术与工作

第十章　技术与教育价值
H. S. 布劳迪（H.S.Broudy）

第十一章　职业教育与工作的病态
托马斯·F. 格林（Thomas F.Green）

第十章　技术与教育价值

H. S. 布劳迪（H. S. Broudy）

人们认为现代技术是由机械小玩意组成的工具，它没有心灵，无涉价值，可以服务于主人规定的任何目的，这种看法几乎是陈词滥调了。然而，当人们这样认为时，技术与价值的关系却被大大地，或者说有害地简单化了。

一方面，人们可以撇开技术工具来对技术的好坏进行有意义的阐释。灵巧性、精密性，甚至一定程度的审美雅致也可以用来形容技术。此外，一项技术所内含的科学程度，既是技术的真正标志，也是其内在的标准。譬如，巫医所使用的合理化技术就远远低于现代医生。

另一方面，技术远不止是达成价值的手段。显然它还可以扩大商品和服务生产所附带的任何价值。然而即使不是那么明显，技术也还可以影响智力、美学以及道德价值领域。显微镜学（microscopy）、全息摄影术（holography）、碳测定年龄法（carbon dating）等许多方面的新技术可以扩大学术研究的领域。摄影术（photography）、外科整形术（plastics）、照明设备（lighting），以及建筑学（construction）等方面的新技术开启了美学新的可能领域。最不明显地变化是在道德领域，但在这个领域技术也可以或者已经带来变化。

在不断增强的技术控制经验的范围内，技术也在道德层面改变了人类的境况，但是随着技术控制的增强，出现了道德义务实践的可能性，或者是出现了制止那种控制的实践可能性。摩西（Mose）和苏格拉底（Socrate）可以对疾病和贫穷表示遗憾，但是在道德上他们所能做的只是保持行为检点以使自己不至于陷入疾病与贫穷。技术剥夺了我们对这些罪恶所表现的道德冷漠的特权，因此，即使是普通人，也可以或许也应该针对这些罪恶做一点事。

技术与教育价值的关系也是同样复杂含混。事实与价值、效率与正当性、原则与实用性问题交织在一起。仅靠理清这些关系的构成，并不能解决学校与它们的联系问题。然而，教育者既不能回避技术化教学（technologize instruction）的压力，也不能推延对技术的接受，对他们而言，澄清这些问题十分有益。

技术与教育的关系还不只是存在这些问题。技术对社会习惯及人的意识的影响会对教育产生作用。后一种因素还会引起与教学方法论或教学理论间接相关的问题。譬如，如果个体生活在一个社会中，其中由于复杂的相互依赖网络，人们不可能去塑造个体心智，维系个体生命，发展个体人格，那么个体能学习些什么呢？为了在这样的社会里行使民主的公民权，对于一个个体而言，他需要知道什么呢？在从个体层面上无法确定任何事情责任的社会中，道德上的正直意味着什么？在这个范围内，技术将大规模生产工具并强加于生活的各个方面，并使生活变得去个性化和去道德化（depersonalizes and demoralizes）。技术有没有可能也会重新塑造生命的个性与道德？在现代技术文化中，人类的境况如何？人们会把技术理解成什么样的形象，并以怎样的范畴去解释呢？

因而，有关技术与教育价值的谈论，可以转变为学校与学校教育所面临的挑战，以及技术式生活对教育任务的更广泛影响，在更广泛的范围内，它们是单独的两个问题，但由于以下两个原因两者又密不可分。第一，方法论问题（methodological issue）迫在眉睫需要解决，很多善于言辞的公民们所表达的技术对生活质量影响的极度愤怒也同样需要解决。第二，技术关注的上述两个领域被一个形而上学或至少是哲学的问题所联结：人类只是机器吗？就此而言，他是否就是纯粹的机器呢？尽管如此，本文将致力于研究技术社会对人性自觉，以及与此密切相关的教育影响。

1. 技术对人性（humanism）的挑战

对于技术的成就、前景和危险，可以说很多。有人希望，技术研究能给有关效率的诸多问题以确定性的回答。经济发展、教师组织的立场、税收结构的改变、职业流动模式的变化，以及双职工家庭（dual-salary households）的增多，这些是决定技术在教学以及学校系统的组织方面所扮演角色的因素。[1]

同这些问题一样重要的是，即使它们有确定的答案，也无法解决一个高度发达的技术社会强加给其制度与个体公民的更为根本性的问题。人们可以生活在技术社会而不被机械化、物化、机器化，被机械装置所操控吗？在对效率和有利可图的大规模生产的需求下，生活抱负、美学以及道德维度还能存在吗？还存在保持这些生活维度才是真实的这一信仰吗？如果这些方面是不朽的神话，那么教育能够丰富这些方面的经验吗？

或者换一种方式来提问：大规模生产的技术，是否使我们产生了重新定义价值、自由、个性、人格、责任、义务，以及其他与道德经验相关的思想的需要呢？或者说这些概念在前技术社会（a pretechnological society）中拥有的内涵依然合适吗？譬如，如果相互依赖性使得人们难以将责任具体到个人，那么道德责任意味着什么？正如 B. F. 斯金纳（B. F. Skinner）所言，我们应该"超越自由和尊严"，那么自由意味着什么？

最近有丰富的，包括反文化论者在内的文献，似乎认为人类或人性意识要想存在，技术必须受到限制、控制，甚至被抛弃。[2]

很多这样的文献通过强调保护自然环境的需要，来抵抗与技术有关的工业污染破坏。有些人强调，在看起来似乎是疯狂的社会中要保持理智，一些类似 R. D. 莱恩（R. D. Laing）的人则认为，理智本身就是那些可以界定社会认可行为的权力人士所塑造的传统态度。[3]

我将再叙述这些文献，但不会再试图揭示，技术在引发所有问题的同时也带来了种种益处。技术与人类事业关系的核心，是它是否完全允许我们采取道德的观点;如果它允许,它是否要承受一种全新的道德规范或人性观,或者说在新的行为方式下要表达出相同的道德规范和人性观。

对于成熟的现代技术社会/文化中的人而言,匿名(anonymity)和无能(impotence)是对意识的两个显著影响因素。人们对第一种因素非常熟悉,因而不需要引用太多的例子来说明它。个体所购买的产品无法追溯到某个具体的制造工人。这一过程非常复杂且又难以理解,一方面工人是可替换的,另一方面一些商品贴有商标,但是去追踪通用公司汽车(General Motors automobile)的生产过程,一点也不比追踪没有品牌的洗发水的生产过程更为容易。作为消费者和公民,人们收到来自工厂、出版社、立法机关以及难以理解的经济组织的匿名产品,工人在集体产品和生产过程中无法再次看到自己的贡献。[4] 错综复杂和可替换性——批量生产是其具体化——将导致人性的丧失。从个体角度而言,这些同质的现象被认为是不成熟的——是一种过时的泛灵论(outmoded animism)的实践。

伴随着匿名因素而来的是无能感。面对企业,个体感到没有力量去影响或改变结果。集体对个体而言过于强大,因而个体无法攻击集体,而集体对个体的攻击可能有效却不为人所知。无能感引起人们对他人依赖的恐惧,一个人会感觉到,没有人可以帮助别人。不管怎么说,如果目击过20世纪60年代晚期至70年代早期的有关爱情的思想意识,那么回应这点可能会让人绝望、无可奈何,或者是一种目空一切"去关心"他人的决心。人们不能嘲笑这种自大,但是对此而言很难说什么样的态度是合适的。

依赖性所带来的沮丧,导致了通过降低需求来达到自立的目的。但是对需求的降低也可能是对生命的贬低。安全感需要财富来购买。当自立和人生的完满需要通过雄厚财富和尊贵身份来抵抗命运无常和人们之间的冷漠才能实现时,人们会发现,不幸和灾难的力量是无法计算的。技术社会使得意外事件的数目以指数方式增加,因而也就会随机地影响善与恶。

对依赖的恐惧加上随机性的恶(善),引发了对生命的敌意性、怀疑性的警惕。这使得下面这些事情变得非常必要,即保护个体免于贫困、疾病、火灾、水患、台风、地震,免于野蛮、窃贼、歹徒,免于坏人、骗子、操控——以及用来保护我们而建立的官僚体制。越来越多的保险政策被颁布,以保护个体免于恶的后果,因为这些恶的影响范围已经变得越来越难以预测。

无能与人性丧失导致道德败坏或者摒弃与生命相关的责任,因为只有有效的机构(或人们)才会承担道德责任。这一令人悲伤的结论,对于那些陷入个人工作的组织责任伦理,以及坚持用这些术语来解释其世界的人们而言,是具有创伤性的。作为后继者,乔治·奥威尔(George Orwell)和其他人提醒我们,这一创伤将被与技术世界的机器化、集体化、理性化以及快乐主义式的和谐所取代。

这是技术对人类意识所产生的不可避免的后果吗?我认为不是,首先我试图揭示意识围绕着一定的模式运动,或是存在于保持不变的参数中:如特有的美德、人格的戏剧性紧张,以及自我的同一性;其次,尽管是在特定的情况下,但我认为这些人性意识的特点可以在技术社会实现。

2. 责任与因果功效

由于行动的原因在责任人之外的背景中，对责任的放弃也就使得在技术社会中寻找责任人是令人沮丧的。通俗地讲，就是推卸责任，这最后通常会导致对系统整体的谴责，因而使得其中的责任人也得到了开脱。另一方面，如果我们拒绝接受责任放弃者，并坚持认为一件特定的事情是由某个特定的责任人所为，他应为此承担责任，那么这一点就很重要，即所有群体都会同意在因果次序的边界上进行判断。因而在20世纪60年代的学生暴动中，有关谁是发动者这个问题的答案，就依赖于从哪里确定起点，这一"事件"是在第一块石头砸破政府大楼的窗户开始算起，还是从警察到来的时候算起，还是从炸弹落入越南境内就算起。

选择不同的时段进行判断会产生差异，这种差异在争论关于战争、经济萧条、生态灾难的责任时尤其明显。每个群体都坚持认为，如果某个部分被放大或缩小，责任将会旁落到其他地方，也就是说，责任的原因可能被定位于他自身、他的代理机构或他的国家之外。[5]

这一问题的另一个方面，可以通过将责任分配给具有特定功能的各种社会机构和职业的努力而得到说明。譬如，如果一名工程师或工程专业的同行认为，工程师只对行动的某一部分负责，即寻找到一个完成指定目标的合适的技术行为，那么他们将会拒绝对技术可能带来的任何社会损害负责任。律师、医生、建筑师，以及所有商人和公务员能够而且确定坚持他们的行为是一种特定的行为，他们的责任仅限于公众认可的程序、合法的规则，等等。基于这些理由，对于整个行动的责任而言是无法确定的，个体的责任相加永远无法等于总体责任。唯一能做的事情，就是将总体责任分配给政府，政府接受这种责任更多是形式上而不是实质上的。

因此，当生态问题被强加在工程师身上时，他们会拒绝对此负责任，工业上也是如此。他们会争辩，只有政府或公众才可以作出包括各个方面的共同福利的政策决定。作为其委托部门，政府要求享有为共同利益（the common good）立法的权力，并正式承担这一责任。但实质上，立法者则辩解说，他们的决定要取决于他们特定的选民，而这些选民发出的声音则是多种多样的。他们只能权衡选民中相对强大的声音，并在汽车文化与污染、能源需求与环境保护、停止通货膨胀的需求与保持高就业水平之间达成某种类型的宽容性的妥协协议。

因此归根到底，对某个问题持主流观点的大多数选民将需要最终负责任，但是在何种定义上，数以千计的选民可以被视为道德的代理人？他们中的一些人只对这些问题一知半解，一些人则被其他利益而不是共同利益所引诱，有些人则是按所支持的政党来投票而根本没有对问题深思熟虑。很难想象存在这样一幅图景：即个体会持有道德的观点，并在道德反思之后作出承诺。

然而诸多事件及新的政治选区选民（环境保护者、消费者、少数族裔）的压力，正在扩大着社会制度和行业所承担的责任边界。人们希望工程师去计算工程对环境造成的影响，律师要在少数族裔强大到可以挑战法律规则的时候，考虑这些规则的社会公正性。但是,因为在技术社会中居住的是隔离的高度专业化的劳动者,因此责任扩散的速度是缓慢的。考虑到它需要专业(律师、医生,等等)行会中新一代的实践者对这种扩散的默许,扩散的步伐可能更为缓慢。这是可以理解的,因为行会的功能越模糊,就越难定义进入和逐出同行业行会的规则,而对这些规则的控制对同行业行会而言非常重要。[6]

对于社会和道德责任的缓慢赞同指向了一个艰难的选择,即每个公民都必须作好准备以扮演两个角色:作为职业专家(a specialist vocationally)和民事通才(a generalist civically)。这意味着在事件因果链中较小的部分与到更大的部分(可能是非常大的部分,如民族与人类种族的未来)之间要变更判断。一般而言,尽管小学和初中主要强调通才教育,但是学校确实还是努力通过通识教育和职业教育来为个体的这两种角色做好准备。恰恰相反,中学后教育,乃至文科学院与理科学院则处在不断增长的培养个体成为明确的职业专家的压力之下。职业处于技术社会的中心,这使得通才的角色似乎变成了第二位的,是可以延缓的,甚至是不相干的角色。

技术对通才成为公民的唯一帮助就是电脑。通过电脑对各种模式中的多种影响作出分类和计算,使得对复杂的社会问题的分析成为可能。譬如,人们可以在敌人对各种各样环境可能作出的反应方式基础之上,系统地阐释战争可选择的战略。或者,人们可以用电脑去预测为了满足能源危机的不同政策,或为脱贫花费大量金钱产生的影响。所以在某种程度上,技术为人们提供了手段去处理它所造成的复杂性,或者准确地说,去清晰地理解我们的选择。在这种意义上,它保证了个体能够进行更有责任的选择。

就一定程度而言,对道德责任焦点的不同定义方式,摒弃了那种通过指出谁做了什么、对什么人、在什么时候来分摊奖励或责备的尝试。这种方法主张,不管用因果链中的哪一部分来界定被评判行动的边界,它都将包含并不是由责任人或者也许是任何责任人引起或感兴趣的事件。这些要素有助于判断大量是否值得以谦逊方式承担的善与恶的道德情境,谦逊作为一种道德上的美德,调节与缓和着我们的道德判断。[7]人们通常以宗教的术语解释谦逊,其实不必如此,公正这一美德似乎被不恰当的善与恶所伤害,它可以经由我们每个人所制造的、与其所接收到同样多的不恰当的善与恶的可能性而缓和。

如果对现有情形原因的追寻都能以谦逊的方式进行,那么重大的道德情境从现在就开始了。我的责任是什么?这个问题因而就部分地从谁是现有情况的制造者这一问题中脱离出来。但是他并没有从对我决定可能产生的后果考察中脱离出来,尽管如此,谦逊也将影响着我们的责任在将来究竟能扩展到多远。

因而严格地说,即使学生枪手并不对导致射击行为的事件负责,但是他应该被限制起来以防止他向警察开枪,因为他正在制造死亡,而且这是违法的行为,即使这个行为是由别人所激起的,这在道德上也是一件错误的事情。类似的,即使他不是导致这些灾难的原因,而且他的职业行会也已经使他不用对道德结果负责,工程师也应该对可能的生态灾难持道德的正义态度。无论我们如何承担历史的责任,我们对未来所应承担的责任和道德原则的一致性总是密切相关的问题。[8]

3. 人类意识的参数

人类的思想和感情的涌动可以追随多种路径,它的灵活性通常无法限制。然而,人类意识对自身产生了许多限制,这些限制在某种或其他形式上与自我和个体特质相符合。

指明一种思维是如何被另一思维所阻止的,这是非常有意思的事情。我心中的思维类型是由对一个特定趋势或对持续不确定过程的想象与向往所构成的。譬如,对原因的追寻会持续无限期地进行下去,并且只有谈论到必然存在着一系列事件原因的起点时,譬如第一原因(a First Cause),才会中断,也可能是由于疲劳才会暂停。一个人可以想象将一条线段分成若干份,再将这些若干份再分成若干份,循环往复直至无穷。当一个人认为相互依存导致更多的相互依存时,这种想法又转而产生出更多的相互依存,同样类似的循环也就出现了。或者我们想象到人性的丧失会产生进一步的人性丧失,直到没有人性存在,或者一个人尝试着去想象越来越渺小的人格部分。

然而,人类的理智能够中断这一重复的过程,因而它也产生了相反方向的趋势。在某一时刻,随着相互依赖性的增大,对它的需求也就相应产生或增大了;在人性丧失达到了一个特定点之后,个人特质的复苏也就变得极为紧迫。[9]

4. 作为限制的美德

在哪些点上意识开始抵制给定方向的运动趋势,并产生补偿式的运动趋势呢?这样的一些限制或参数就是美德,特别是道德上的德行。勇气、节制、明智、公正、诚实、真实、慷慨、忠诚——这里没有确定的列表——在任何文化里,这些美德都表示着使行为满足特定正式需求的素质。譬如,当判断这样做是合理的时候,勇气是面对困难的一种相当可靠的意愿品质。亚里士多德认为,在有勇气的行动中,对所应该担心的事情应作合理的预测,对于特定人在特定时间的行为而言,勇气完全介于懦弱与冲动中间。节制是对激情进行控制的品质,特别是对理性思考这一想法的控制——节制介于无拘束的放纵和完全的自我否定中间。这些以及其他的道德美德定义了人性的区域,超出这些区域的行动和思想会设置障碍来反对这些区域。

上述素质不被认为是来自于遗传,也没有必要去假设亚里士多德或其他任何人所曾经发现并命名的一系列美德永恒不变。我只想说,作为拥有这些素养,并与自己的道德观点(或者道德上的美德)保持一致来行事的人类而言,这些素养在不同的文化里具有不同的内容。可能这些美德被认为是人类行为的明确界限,并间接地被作为生存价值,因而它们变成了种族特征。譬如,假设我们曾经遇到过火星人(Martians),他们人性中关键部分可能不是智能或更不可能是心理敏感性,而是对行为规范的意识以及服从的义务。尽管时不时地可能会破坏规范,但只要他们认可这些规范,我们还是称其为火星人(Martians human)。如果他们宣布放弃遵守这些规范的义务,那么我们会称他们没有人性(inhuman);如果他们既没有遵守规范,也没有义务感,我们应该称他们为非人类(nonhuman)。

假如这个定义被用来制裁那些没有人性的和非人类的行为,那么这一定义的陀螺仪(a definitional gyroscope)就可能也和遗传发挥着同样的稳定作用。如果这个推测是完全合理的,那么不管技术社会的影响如何,人性意识将要求可能的德行生活,并将会努力寻找途径去表达它。譬如,如果社会降低了践行勇气的机会,那么人们将会找到或想象能够符合勇气这一德性所诉求的行为方式,这同样包括类似的符合节制、智慧、公正、真实、诚实、忠诚等等美德要求的行为。[10]

譬如,技术社会没有提供太多的机会让人们表现在斯巴达战役(the Spartan warrior)或基督教殉道中(the Christian martyr)表现出来的勇气,但是我们确实有战争的勇气,甚至是最终参加战争可能性的勇气。在现代战争中如何表现勇气?在越南战争(the Vietnamese War)中逃避征兵是懦弱还是美德?在无数的恐怖犯罪、暴力、意外,以及深陷自然灾害之中,介于懦弱与冲动之间的合适手段是什么呢?我认为,问题不在于勇气是否是好的,而是在给定的行为中能否表现出真正的勇气。探求合理的答案是道德反思的重要任务之一。

5. 戏剧性的当务之急

对宽容人性意识的第二类限制,是对戏剧性紧张的需求。生活必须是有趣的才能是可忍受的;悬念、惊喜、期望对兴趣而言是必不可少的。当人类事件展示出冲突、高潮和决心的时候,我们称其是富有戏剧性的,反之则是无聊的、昏昏欲睡的、缺乏张力的。当生活无法拥有足够的戏剧性时,诱惑善于通过对事实的伪装来填充它。通过提高惊险性,利用停顿、尖锐化的结局,小说可以变得富有意思。乐趣和戏剧性的敌人是墨守成规、整齐划一和具有易预测性。索伦·克尔凯郭尔(Soren Kierkegaard)曾经说过,没有什么比永恒的幸福更缺乏美学的力量。同样,戏剧性的缺失是技术的整齐划一、墨守成规,以及可预测性特质造成的。事实上,技术系统由于其缺陷,由于偶然的错误——人类错误——以及一连串不可预知的环境才变得有趣。

譬如,航空旅行依然是有意思的冒险,因为至今没人能预测在这些技术奇迹的旅行中所有可能会发生的事情。每一位空中旅行者都有他自己的令人惊异的故事来讲述意料之外的事情是如何发生的;有许多这样的空中旅行者,尽管有过成百次的旅行,但是他也几乎无法相信在某地会准时到达,或者无法相信他的航班已经和其他航班建立联系;或者在机长不清清嗓子报告天气、机械故障、交通、罢工或其他一些没有理由却真实发展的事实情况下,也几乎无法相信自己正在落地。但是技术系统中的偶然错误为闹剧(farce)而不是真正的戏剧提供了更好的材料。戏剧需要人们努力去创造意义,这种意义是被努力创造意义的其他人所试图封锁的,并且还需要以产生意义的方式解决冲突。尽管如此,戏剧可能产生的并不是某个人喜欢类型的意义。这一戏剧结构使得生活更富有意义。

道德生活是戏剧的天然剧本，它使生活有趣且引人注目。冲突中的英雄和恶棍（道德代理人）、不确定性的结局、英雄不可避免的胜利（真实的或象征性的）是剧本的标准材料。然而，如果技术社会制造了有关负有责任的道德责任人概念，同时又使得善和恶之间，或者爱好和责任之间，矛盾的职责之间的冲突变得毫无意义，那么生活中存在的戏剧性张力又根源于何处呢？

生活中存在着大量的冲突。战争、公司间的争斗、政党间以及代际间的斗争，这些都没有因为科技而减少。大众媒体尽他们全力提供无穷尽的机会，让人们去参与生活的戏剧或情节剧（melodrama）。然而，迟早有一天，每个人都将在他的生活中必然遇到一些戏剧性的紧张。至目前为止，生活的去戏剧化只能存在于设定好的反应开始之前。

对戏剧的真实性需求如此强烈，以至于重要人物诸如肯尼迪总统的被刺杀行为仍在产生着大量的阴谋论，尽管经验证据恰恰相反。戏剧性的是，肯尼迪遇刺案中所有事实皆仅仅是"错误的"，在这个舞台上将这一事件归咎于偶然的或不重要的原因是毫无意义的。因而，为它找一个阴谋的借口，使得这一事件具有了戏剧性的意义。

人们对戏剧性张力的寻求采取了各种形式。一些人幸运地在他们的生活中发现了它。对于那些没能如愿的人而言，登山、野外生存的自我测试、冒险，所有这些都创造了悬念和张力。其他的形式则带有幻想性：瑟伯（Thurber）笔下华尔德·密蒂（Walter Mitty）的英勇事迹，这种形象成为电影或小说等等形式中角色标志。人类的想象在制造戏剧性方面的多产能力是惊人的。当然了，并不是所有这些活动都是同样成功的。有些时候戏剧以无益的且带着巨大沮丧而不是冲突的闹剧收场。健康的个体所能承受的幻觉、升华以及幻想是无止境的。美德是对戏剧性紧张的正确回应，因为它们是个体使用理性以及真实原则的品质。尽管如此，美德仍是自我的品质，人们也许还会再加上一句，是健康自我的品质。

6. 自我的必要性

尽管分裂、匿名以及无能因素的数量是巨大的，但是就它们与人类意识可以共存地数量而言也有一定的极限。这里不需要去列举自我在受到威胁时所进行维护的种种难以计数的方式。精神病学（Psychiatry）一直致力于理清，人们所发明的用于自我宣称的迂回策略。迟早，自我会成为意义的真实中心，并且能在面对技术社会中的无能和匿名因素对个体的威胁时保持足够的强大。

自我的标准是什么？冒着重复一些已经提到或下面将要讨论观点的危险，我们认为有三个标准：自我决定（self-determination）、自我实现（self-realization）以及自我整合（self-integration）。显然自我决定承担着发起行动的真实自由，和实现这些选择的足够权力。既然脱离限制的愿望以及实现个人愿望的愿望被认为是理所当然的，那么权力就成为自由的一个有争议的构成部分。在技术社会中，个体权力是总体权力微不足道的构成部分；既然如此，个体如何才能获得足够的权力,以使得对自由的需求变得合理呢?

对于自我实现而言,其意味着是一种发展个体价值实现能力的过程。毫无疑问,这很抽象,但是人们对于无法实现自我潜能的失败之处却相当熟悉。一个人拥有高超的学术潜能却无法上大学,可以成为神经外科医生的人却在医院清扫走廊,这样的例子无穷无尽。自我实现的重要性可以通过这样一种信仰表现出来,即自我是被他的潜能所定义的,真正的自我就是一个人所能做的和事实上所做的相一致或者更多。

最后,成为自我意味着成为意义的中心。这当然需要各种力量、冲动和活动的统一。自我决定与自我实现之间可能会产生诸多分裂的、诸多离心的行动,以至于一种努力消耗掉了另一种努力。自我的这些行动可能会变得如此不可预测以至于人们称呼"自我"只是出于礼貌。

7. 技术社会中的人性潜能

在技术社会中,个体——平淡无奇的个体在哪里能够找寻到权力、自由,提供其道德责任的个性、社会意义,以及个人式的或自我式的审美情趣?

最后我认为,无能并不是技术社会中所必需的或不可避免的结果,它使人们认识到,要想在人生的许多领域产生影响,他必须集中许多领域的努力去影响这个系统。

在工业、商业以及政治领域中,有关技术系统运作的知识是学校教育所优先传授的。任何课程如果不提供这样的知识,并且不提供参与集体化权力运作的基本技能知识,这样的课程都是无用的。对我而言,这一点似乎是显而易见的,即所有人都应具有相应的知识、技能或素质,并会使用它们。

匿名、丢脸、单调乏味,这些问题都可以被视为道德败坏和人性丧失的问题。个体有在压力下朝向相反方向再道德化(remoralize)和再个性化(repersonalize)的经验吗?资料已经显示,对许多代人,甚至对于其中的道德精英而言,贫穷、奴役、疾病是没有道德意义的,这是因为对于他们而言,让他们作出重要选择的能力已经缺失了。

技术改变世界,但是个体在面对癌症、战争、贫穷以及其他社会丑恶时还能做些什么呢?同样的,答案是集体化的努力。研究需要花费大量的金钱,只有大量的参与者在集体研究的努力中才会产生巨大的差异,因此,必须组织好巨大数量的参与者,要让每个个体都有机会决定选择参与与否。同时,如果没有一场被一大帮人所观看的宏大的道德戏剧,那么或许对于所有人来说,也就无所谓英勇了。如果运用智慧和道德反思,那么作出给某项事业几个美元资助的决定和总统作出可以影响数百万金钱的政策选择具有同等的道德品性。事实上,缺少公众的赞美,可能恰恰会提升私人决定的道德性。经受匿名考验的谦逊同大众媒体杂志所报道的谦逊是不一样的。

对于个性而言,自我和戏剧性紧张,这些都是可能存在的,只是也许不是以它们通常的或传统的形式存在。如果个性意味着名望或远离平凡,那么事实上大部分人都难以获得个性。对于大多数人而言,考虑到一直在讨论的匿名、无能等,上述工作对于个性而言几乎无益;但是对于想成为与众不同的个体而言,他只需要努力发展自己的权力,以让自己可以进入到真实的自我选择模式之中就可以。而且,在一个复杂的技术社会中,潜在模式无论在数目上还是在种类上,事实上都是无限的。

一个拥有高度物质标准生活的成熟技术社会,有潜力释放去满足甚至是为流水线上的工人提供时间和资源进行非职业上的追求。他们也增加了体验和培养于各个价值领域内的机会:美学的、社交的、智能的、休闲的、公民的、道德的,以及宗教的。追求自我培育(self-cultivation)的生活在没有夸耀的情况下能富有戏剧性的张力吗?这一张力是美好生活——让生命有意义地生活,或者是期望着有意义的生活——所必需的。这里的一个隐喻可能会必然给出一种答案。艺术作品的乐趣之处在于它的形式功效,譬如通过何种方式,它将统一感或韵味赋予了复杂因素,它也建立了捕获美学家兴趣的冲突与决心。这里存在着这样一种意义,即个体通过利用技术社会力量的潜力优势,在相当大的程度上可以塑造出一种有趣的实例,这个实例展示着类似一件艺术作品的诸多特点。

但是个体需要两个要素去激活这些机会以让其现实化:一个是自我培养的教育资源,另一个是接受这种培育的意愿。

至于教育而言,尽管仍存在着巨大的不平等,但是这里的教育机会远远多于大多数年轻人与年长者所需要的。在这个国家的各个阶段的学校教育中,对学习动机的高度重视——是的,甚至是在大学教育阶段——显示了现存的学习机会在多大程度上正在被抛弃。准确地说,被抛弃的是学科知识训练,而这是传统的经常使用的培育个体的方式。

教育学家认为,这些学科训练是抽象的、人为的、学术的、远离青年自然本性的,对此青年们表示同意。当然教育学家们是正确的,但是他们没有注意到一个基本要点,即对人类能力的培养就是通过受到训练的思维和情感去影响那些未经教导的思维和情感。常识科学、常识道德、常识艺术不需要明确地、特意地培养;如果一个人生活在一种文化中,他就会被这些非正式的教育诱因所文化化。并且很显然的是,技术社会通过它在旅游、大众媒体、博物馆、电影、录音方面所提供的大量机会,为非正式的教育设置了异常丰富的环境氛围。

但是如果个性才是目标,那么显然大量生产的思想(mass-produced ideas),如大量生产的衣服一样,并不是实现这一目标的手段。与众不同的个性需要一种奇特的结合天资的培育,当然这种天资通过学科科学、人文主义以及艺术,已经被绝佳地思考着、表述着和加工着。[12] 被如此培育的个体生活是个性化的并具有独特性,但是它也是高度个人化的,道德化的,最重要的则是要使现在的生活与未来期待的生活有意义。在技术文化中,一旦敏感的个体意识到自我培育的可能性,并且进入到这种文化培育的辩证性中,他将要承受高度的压力。

这一辩证性由如下事实所建立起来,即自我培育并不是任何个体的义务,并且无法实现自我培育并不伴随着严厉的惩罚。相反,如果戴威尔(Devil)仍然活在今天,他会勾画出一幅栩栩如生的、具有说服力的优美画卷。在其中,人们无须通过自我培育就享受一种愉悦的生活。这就是技术社会最大的恩惠,但是它并不要求高度的理性去消费这种恩惠。良好的自动化技术使得操作者并不需要对其了解多少——这是操作者可以证明的。大量生产的思想和观点也是如此——它们是由富有天资的人所制造的,而使用它们只需要最低的天资和知识——它们是思想家的证明。

因而是否被培育是对自身最深与最严肃后果的决定;作出这一选择可以使生活重新道德化,并在某种程度上使其戏剧化。技术并不是简单的和最终的人性价值的破坏者,但是一个人不能对内在于生活中的丢脸、匿名以及去个性化的欺瞒盲目乐观。最好的承诺是自由、个性,以及一种可以真正实现的人类生活。

注释

1. The literature on this aspect of the topic is extensive. For example, see 'Planning for Effective Utilization of Technology in Education', ed. L. Morphet and D. Jesser (New York: Citation, 1968) as well as many articles in 'Educational Technology.'

2. To mention a few: Kurt Baier and Nicholas Rescher (eds), 'Values and the Future: The Impact of Technological Change on American Values' (New York: Free Press, 1969); Jacques Ellul, 'The Technological Society' (New York: Knopf, 1967); Lewis Mumford, 'Technics and Civilization' (New York: Harcourt Brace, 1963); Theodore Roszak, 'Where The Waste Land Ends'(Garden City, New York: Doubleday, 1969).

3. R. D. Laing, 'The Politics of Experience' (Harmondsworth: Penguin, 1967).

4. 在瑞士,工业正试图去缓和这些影响。Kockum 在马尔默的造船厂通过将多样性和责任带入无聊的制造工作中,来提供"工作娱乐"。卡尔马的沃尔沃工厂放弃了便捷的流水线作业,让一组工人组装成整部汽车来,而不是如同汽车经过每道生产线,每个人重复单一的操作那样。参见: Bowen Northrup, 'The Wall Street Journal,' October 25, 1974.

5. 显然,当涉及许多刺激的因果链,并且如果一些问题或它们的影响是相互作用的,那么寻找道德代理人的研究就会变得更加困难,因为我们现在被卷入了巧合与未预料到的影响之中。

6. An excellent discussion of this topic is found in Abraham Edel, Knowledge and Responsibility, a paper presented at the Conference on The Uses of Knowledge, Urbana, Illinois, 1974.

7. Cf. Peter A. Bertocci and Richard M. Millard, 'Personality and the Good' (New York: David McKay, 1963).

8. 将每个行动分开判断可以使对闹剧要点的责任具体化,譬如一名旅客被挤掉了飞机座位,而他已经确认过预订,他对着票务台狂怒地喊道,在他回到母亲身边之前她会死掉,或者他会丧失一份重要的合约。据此,他被以不恰当行为的名义逮捕。

9. 这一保持自身的趋势被称作辩证思维或逆向思维,它主要表现在黑格尔的辩证法和马克思的经济学思想中。对于黑格尔而言,思维需要从主题到对立面,从自我到他人;对马克思而言,经济活动制造了阶级间的冲突,因而在一切形式的产品(奴役、资本主义等等)中孕育着它自身的敌人,埋藏了毁灭自身的种子。我不敢断言这些理论是否正确,但是思维确实会因为一些原因而改变它的焦点和方向。其中一个原因是思维不会被限制在一个意义框架之中,并且一旦想象通过一个思想,譬如鲜血,开始奔流,没人能知道它将流向何方。生命、战争、死亡、火灾都是具有血的美学意蕴。另外一个原因是对自我的需求将限制强加于思维的宽容性上,因而,譬如我们允许自己被控制,只要我们不知道我们正在被控制,而一旦获知,那么对控制的强烈抵制就开始了。

10. 人们可以想象突出不同的一些特性的文化。譬如航海文化将勇气视为最高价值。热带天堂则不强调温度和工作的职责。但是如果人们可以想象一个"社会",在其中所有的德性都是不相关的,作为人类,居民们将会创造倾向性与职责之间的差异(就像亚当和夏娃),否则他们将体验不到这种差异。

11. 标准的自由学习是在这种意义上的训练,但是可能存在其他的方式来教导一代人获得被思考、表达和制作的最好的东西。

第十一章　职业教育与工作的病态

托马斯·F. 格林（Thomas F. Green）

1. 一些有用的区分

　　病理学是一门关于疾病的科学。它所关注研究的对象是疾病的病因及其后果。病理学的概念除了与一些可以理解的健康、卫生、正常等概念密切相关外，再无其他意义。因此，谈论工作的病态，是指就工作本身而言的疾病、紊乱，或者不健康的状态。换言之，当我们谈论这些时，已经预先假设这里存在着健康、健全与正常的工作。

　　工作病理学这一概念也是一个规范的概念。它并不是简单地描述事件的一种状态。更准确地说，它描述的是个体关于事件良好状态的想法。当我们说，一个个体在一定程度上是病态的，我们意指我们知道个体的这种状态是非正常、不健康、无益处的，即它不是良好状态的。而且，它还表明，我们拥有关于什么是好的、正常的、健康的概念。因此，换言之，当把工作的病态无论描述成何种事情时，一个人必然会有关于何种工作是健康的、正常的、健全状态的概念，或者也可以说，在一个特定的社会中就有了关于何种工作角色是健康、正常和健全的概念。

　　我们不可能过多地详细讨论一个良好社会的构成，也不大可能过多地讨论职业教育由什么构成。这看起来似乎无法在职业教育与工作的病态之间推导出任何具有说服力的观点，同样，我们也不大可能去考察，从职业教育中可以理性地期望找到什么治疗效果。

　　然而，这种希望也并非全无可能。我们完全可以采用不同的方法。无论何时，当我们说病理学时，我们必定总是准备讨论病态的什么事情或者其他。我们必须始终能够回答什么事情或其他状态是病态的。因此，不管我们是否可以详细地辨识工作的病态，不管我们指的是工作的病态、就业制度的病态，还是一定社会中工作与业余生活之间的割裂，以及其他数不胜数的事情，我们必须准备好去解释它。值得注意的是，这里可能会存在某些可以被描述为病态的事情，但它们却源于个体生存条件本身的性质。换句话说，这里可能有些人是通过工作寻求可实现的诸多希望、志向和期盼，但是就工作本身的性质而言，却依然令人不满意。在这种情况下，许多工作的病态事实上就是个体自身的病态，明白这一启示将是有意义的。如果这里有诸多的工作病态,那么职业教育不可能,甚至任何类型的教育也不可能更彻底地改变这种病态。我不赞成这种改变的可能性,因为我相信上述判断是准确的,但需要指出的是,为了证明职业教育与病态工作之间的关系,为了言明在现实中我们可以对职业教育有所期盼,我们对一些概念作出基本的区分将非常有用。

但是,需要进行何种类型的区分呢?这里需要在①工作(work)与劳动(labor),以及在②工作(work)、工作职位(job)、事业(vocations)和职业(careers)之间作出可以理解的重要区分。作出这些基本的区分,将有益于帮助我们区分和整理在职业教育与工作的病态之间产生的诸多问题。

工作与劳动

在某种程度上讲,"工作"这一概念的含义是模棱两可的,而"劳动"这一概念的含义却是明确的。一谈到工作,我们或者指一种活动本身,也可能是指源自于某种活动而完成了某件"事情"。工作这个单词可以是一个动词,也可以是一个名词。我们可能谈及的是去"工作"或者是去做一份"工作"。事实上,对于工作这一概念本身而言,其本质在于两个基本因素之间的关系——即活动和由这个活动产生的产品或者结果之间的关系。事实上,如果你努力去想象一个毫无工作的世界,那么你想象的将不得不是这样一个世界,即在这个世界里,两个基本元素——活动和一些由此活动所产生的持久结果,其中一个元素或者两个元素都不存在。你想象到的将是这样一个世界,在这个世界里只有能量的消耗,却没有产生任何产品结果,或者在这个世界里,所有人当下都在工作,但是却没有消耗任何能量,换言之,就是当下不存在的人类工作。

这里没有必要在广泛的意义上去详细讨论这些设想。但是,在它们之间却有许多重要的观点必须解释清楚。第二个设想真算是一个非常良性的自然形式的想法。我们被要求去想象一个这样的当下世界,在这个世界中绘画作品、房屋、工具以及器具等都是人们的当下工作产品,但是所有的这一切都不是人们努力的结果。它们如此简单地存在于此处,就如同平原、山脉和河流一样存在于彼处。食物是准备好的,餐桌也被安置好了,但是却没有任何人准备或安置这些。事实上,没有人制造餐桌。在这些情况下,对于文化自身这一观念保持不变而言,是令人疑惑的,因为对于文化这一观念而言,需要的不仅仅是那里存在着人造物品,而是那些人造物品同样也是人们努力的结果。对于工作这一概念本身而言,它就像文化的概念一样,需要的不仅仅是人们的努力,而且还需要一些持久存在的结果,这些结果是努力工作的结果或者目标。

如果第二个设想真是良性的自然形式的概念,那么,第一个设想则是一个特定的自我无法实现的自然形式的概念;对于第一个设想而言,我们被要求去想象这样一个世界,即在这个世界中消耗人们的能量去生产一些产品,但是这样做却无法成功。可能房屋消失的速度正如它建造的速度一样快;没有任何工作的产品能够存在足够长的时间以便于完成它。在这样的世界中,个体是无能为力的,他的能量被徒劳地消耗掉。

在一些持久的工作中,人们的能量可能被消耗却没有任何结果,这样的概念恰恰界定了劳动的概念。劳动就是此种类型的活动,这种活动永远不会结束,因为这种活动不能够产生任何可以持久的工作本身。有许多类似于此的活动。制造桌子仅仅是因为它们还未被完成。古人接受奴隶制度不是因为他们不喜欢工作,而是因为他们认识到,存在特定的活动确证了人是动物而不可能是人的事实。上述这些就是劳动类型的活动。从本质上来讲,它们是奴隶性质的活动,一定意义可以说,它们是永无尽头的、徒劳无用的但却是必要的。这些活动并不符合如下事实,即人是一个社会的、政治的、宗教的或者艺术的动物,但它们却表明,人是一个生物学意义上的动物。因此,如果一个人自由地去工作,那么这个人必须从劳动中解脱出来。

大家不需要去认同我作的这些区分,但是,却非常需要去理解这种差别,因为这里作出区分的目的是阐明一些事情。这是人类的潜在能力(potency)与徒劳无用(futility)的劳作之间的差别。我们所有人都认识到,生命的悲哀在于被消耗去完成一些伟大的工作,而这些伟大的工作仅仅在一个小时的灾祸中就会消失不见。同时,当我们看到那些不是因为他们自身的错误而表现无能的人们,这种悲伤就将被简单地转化为道德上的过错。可以这样说,工作使人们拒绝承认他的生命是无用的、无意义的,毫无影响的,是人们拒绝承认一个人的能量被消耗殆尽却毫无益处……那是一种关于人们总是对着蔑视喊叫的状况。这或许可以被看做是人们对自身的界定,即在所有的生物当中,他的最大要求是逃离劳动而进入工作状态。

因此,工作最为严重的病态,是所有那些源于将工作退变为劳动的趋势。这样的情况比比皆是。稍后我将更为详细地讨论其中一些情形,但是,在接下来的观点中将能够看出其中的道理。当这种情况发生时,以前被生产出来的有用物品现在被生产出来仅仅为了将其耗尽,在某种程度上,过去消耗能量将产生结果,现在消耗能量却一无所获。这就是将工作转变成为劳动。工作的对象从使用对象转变成为消费的对象,这种消费的对象意味着它的暂时性和试探性。从现象学意义上来讲,这个结果就是工作与劳动之间的差别。或再言之,它有时发生在过度合理化的工作—任务(work-task)之中,在某种程度上,任务中消耗的能量在结果目标中被移除,因此这一结果只能被理解为是一种劳动的行为。我们常常忽视这一事实,因为当描述一项工作—任务时,我们通常试图在其努力与目标之间建立一种联系。我们不会将一项任务描述为"将这个物体插入这个装置并且阅读表盘",而是将任务描述为"测试电路元件"。或者我们也不会说"我想让你以这样一种方式将这些纸扔进这个狭槽中",我们常说的是,"我希望你整理信件并分发到各个不同的部门"。这显然涉及描述工作任务的诸多规则原理,这是我们所认可的;但是在多数情况下,在一些稳定的或者持久的结果中,在要完成的任务与其目标之间并没有指明其清晰、明了的关系。也就是说,人们从事的任务与劳动间的相似之处远甚于他们正在从事的工作。我们发现,为了将活动描述为工作,给出活动与它的目标之间的诸多联系十分必要。如果没有这种联系,社会职业结构中所需的诸多活动,都将被看做是为了活动本身,换句话说,当活动被简单地视为活动本身时,它也就变成了荒唐的活动。最后,我们可以观察到,当一个特定的工作岗位中所要从事的具体任务不需要使用人的任何能力,诸如智力、判断力或者技术感等时,工作就变成了劳动。

工作、工作职位、事业和职业

对于职业内涵的理解,有两种基本上是截然相反的途径,它们之间有着天壤之别。当前,无论你希望持何种观点,关于每个人甚至绝大多数人都拥有一份职业的看法,可能会冲击着许多人将职业看做是一种过分壮丽的,也可能是未必严肃的、雄伟的人生观念。但是,为了理解这样一种观点,从历史的角度对工作职位、事业和职业等概念如何发展变化作出一些评价是有价值的。

我们无需对这些概念曲折变化的过程予以详细呈现。就其本质而言,与它们一样发生变化的事情有哪些呢?起初——也就是说,在新教改革(Protestant Reformation)之前——事业这一概念简单地说就是"天职"(calling)。而且从本质意义上讲,社会上也只有一种类型的天职活动,即神职人员的宗教天职活动,尤其是寺院人士的宗教天职活动。因此,不能将鞋匠、酒店清洁工,甚至是地位较高的法学家等工作称为"天职",这是没有任何问题的。共同生活中的日常工作职位,甚或是地位高级的领导工作职位,都不能被称为"天职"或者事业。这些仅仅是工作职位。它们是人们努力谋生的途径,当然人们有许多谋生途径。

然而,马丁·路德(Luther)首先将这些概念混合在一起使用,一定意义上讲,这也造成了一次社会革命。如今,这场社会革命带来的后果依然与我们的生活紧紧相伴。我们关于职业教育的概念就是这场社会革命强力塑造而成的。当时路德做的工作,就是拓展了"天职"或者"事业"这一概念,使其包含了日常性的工作职位或者角色,而平民百姓就利用这些职位填充着社会的结构。因此,今天我们才有可能讨论酒店清洁工、女仆、家庭主妇、教师、律师等职业角色时,并将其作为事业。也就是说,它们可以变成天职。当然了,过去每个基督徒的核心事业是"履行着对邻人的爱和帮助",现在依然如此。但是,一个人对他周围邻人的爱与帮助的途径是通过他特定的工作职位或职务来实现的。一个人不可能像基督徒那样通过在修道院静修,或者通过朝圣之旅来逃避世界从而履行其事业职责,个体是在特定的工作岗位中履行其事业职责的。

基督徒应该在他认为是履行天职的地方中"承担他的'天职'"。这是圣·保罗(St Paul)写下的对于公平的描述。他使用的单词是召唤(klēsis),这是一个希腊词汇,其意思是指上帝召唤人们跟随他,要对周围的人施予爱和帮助。这个词与工作职位毫无关系,也与人们的谋生方式毫无关系。但是,我可以想象出,当路德阅读圣·保罗的作品时,当他第二次看到"天职"这一单词时,就在那段话中,他可能认为其意义是宗教的召唤,并想到了拉丁单词"地位"(status),同时写下了德语单词"立场"(stand)。于是,他也就有如下想法,即"基督徒应该在他的工作职位(或者职务或者角色)中履行他的天职,在其中基督徒也将实现他的天职"。因此,个体的工作职位就是他在其中可以履行其天职的地方,从这一观念中可以看出,把一个人履行的工作职位看做是其天职,其中的距离仅仅只是一步之遥。因此,关于工作职位的想法逐渐从仅仅是一种谋生的方式转换过来,同时也逐步被宗教义务的全部力量所填充。这种变化具有重要的意义。事实上,这也是一个人确定他是谁的一种方式。

因此,工作职位这一概念,从仅仅是经济角色变成了给予邻人一些有用的宗教服务的情境,它们同时也开始使人产生了沉重的心理负担,即不得不通过工作获得自我认同。路德对我们认识工作和事业有着重要贡献,在他关于这个问题的通常论述中谈到:他通过在事业中注入宗教观念改变了日常工作的地位。那是正确的。但是,路德思想观念中更加重要的部分,首先是他倾向于通过工作职位来确立人的工作。他同时也将谋生的观念转变成了宗教性的工作。

在许多社会中,关于工作和工作职位之间的区别是非常强大和有益的。将工作职位与履行宗教职责联系在一起,他已经大大提高了技艺(craftsmanship)的标准,并提高了社会的期待,即期待工作应该做得更好。但是,工作和工作职位之间的联系却成为严重割裂知识与实践之间关系的根源。确实,我们下面将要看到的第二种类型的病态就是来自于上述两种观念之间的联系。

我将通过举例说明其中的三个方面。一般而言,人们经常建议将"事业"扩展理解为"日常生活的天职",这样,工作(work)就获得了一种以前它从未有过的尊严,而这在现代工业社会的发展中具有非常重要的价值。但随之而来的还有责任(liability)问题。事实上,工作自身从来没有尊严可言。通常说的尊严是指工作者(worker)的尊严。混淆这二者,就使社会保持如下的观点成为可能,即也许不管怎样贬低一个人的工作职位,他都可以某种方式设法找到工作成就中的尊严。这样的结果立刻导致第二种类型的病态。

一种观点认为工作本身是有尊严的,另一种观点则认为一个人应该在他的工作职位中发现他的工作,这两种观点不可避免地共同导致这样的观念,即工作者应当在他的工作职位中找到自己的尊严。它会导致如下的观点,即一个人的自尊将会在他完成的工作过程中,以某种方式被展示、发现或公布于众。这就是观念和性情(dispositions)的结合,它使我们可以分辨出一个人是谁,他在从事何种工作职位。例如,在当代教育实践中,实际上,我们会问一个孩子:"你长大后,想做什么?"而不是问:"你将来打算如何谋生?"在一个需要从事很多工作却不能获得自我认同或不能获得重要生活资料的社会中,这种教育途径不仅不正常,而且相当冷酷。有大量的证据表明,如今在美国,许多工作职位(也许大多数工作,甚至包括一些专业岗位)无法给人们提供足够的自我认同感或提供令人满意的维持生活的收入。这种结果通常被描述为"工作的异化"(alienation from work)。更恰当的描述应该是工作职位的异化或就业体系的异化。事实显然是,当前人们正在发现,将工作生活从他们的业余生活中分离出来,这变得越来越必要了。他们倾向于寻找他们自己的工作——如果他们有一份的话——但事实上,他们在某些活动领域的生活兴趣和自我认同感却远离了他们的就业岗位或者是他们的工作职位。

从工作与工作职位的历史关联产生的、心理学的和道德的"争执",也已经导致了一些让人忧虑的教育观念和实践。在这样一个世界中——即人的工作职位是实现自我认同和自我表现的手段,随之而来的便是工作职位将不得不接受一些社会和道德的评判。换言之,我们必须寻找一种途径来证明——举一个极端的例子——如对安装电话这种职位的真正评判,是因为它是"联系人们"的重要途径。仅仅说它是一种体面的谋生方式显然是不够的。你必须说它是一种有社会和道德价值的活动。如果对人的个体评判存在于对工作职位的评判中，那么工作职位就必须依靠它的社会和道德重要性来进行评判，而不是仅仅将其看做是一种谋生手段。选择某种工作职位只是因为他擅长于此，并且有足够多的收入让他能做工作以外的其他事情，这种判断观点是让人们难以接受的。反之，他不得不为他选择的工作职位寻找某些合理化的基础，即这个工作职位本身是有价值的。在这种情况下，当个体在追求完全利己的目标时，部分必要的教育任务就变为了教会人们如何赋予工作以令人满意的道德和社会评判。

在现代工作世界与现代教育中或许相当需要的内容是，在理论和实践上遵循工作与职位之间的清晰界限。确实，在现代世界，越来越多的人不能在他们的工作职位中找到任何有意义的重要生活兴趣或值得毕生追求的事业。但如果我们开始意识到这个事实，并且吸纳到教育实践中，那么我们将发现，询问孩子"你期望你一生的工作是什么"和"你将来打算如何谋生"之间的差异。第一个问题确实是教育中关于工作方面的基本问题。第二个问题则是进入就业系统方面的基础性问题。这两个问题是不同的。它们不需要同样的教育策略或同样的教育规划。它们的区别体现在"你打算做什么"和"你打算如何挣钱"这两个问题的对比上。

最后一点紧接着引出第三个差别，这种差别并不是事业和职位或工作和职位之间的对比，而是职业和工作职位之间的对比。我们必须认识到，拥有一份毕生从事的工作和有一个具体的工作职位是完全不同的事情。在现实生活中，一类人在人生规划中是将他的生活视为成功地完成某些工作，而另一类人在回顾往事时将自己的一生看做仅仅是他做过的许多工作职位的接续，这两类人之间有着巨大的差别。在严格意义上来说，只有第一种工作可以被称为职业。以他做过的职位来确定其职业的人，与致力于具有连续性的工作（因为这些工作有助于他的职业）的人形成鲜明对比，他们之间是有区别的。从事一项职业与受雇于一项工作是不同的，即便这项工作是稳定的或是一辈子都稳定的工作。确实，为什么每个人都应该在他的工作形态中，或是通过工作找到他的职业呢？这里没有必要的理由。当教育理念是指向为了工作职位或就业训练时，职业教育（career education）就不应该与事业教育（vocational education）相混淆。可以肯定地说，职业不可能离开就业岗位而发展；但也不应该将为了职业的教育与为了就业的教育相混淆。因为，他们是两类教育任务，需要予以区分——这种区分是：为了工作或职业的教育（education for work or careers）与为了职位或就业的教育（education for jobs or employment）。

2. 职业教育与工作的病态

当前，病态实际上并不是工作本身的病态，也不是职业教育的病态。这种病态可能是在一个不断变化的社会中所形成的，即人们的岗位或工作生活不再清晰，以及用于解释工作职位和就业岗位的传统观念也不能再驾驭日常信念。

这些就是现代社会就业结构（employment structure）和就业制度（the institutions of employment）的病理问题。如果要问，我们可以在多大程度上期望职业教育的发展能适度地改变这些导致病态状况的环境条件，那么，答案肯定是我们不要抱太大的希望。

作出这个判断的原因可以简单列举如下。首先，教育从未被证明是一种可以有效改变基本社会制度的政策工具。一个原因是，教育成效的显现太过于间接、太过于漫长，以至于在基本制度的短期或中期变革方面，难以成为一个非常有效的力量，而在这期间，教育政策又可能被制定出来并获得原有制度的支持。第二，就业体系的结构将影响工作和工作职位在教育过程中表现的形式，这通常比教育体系影响就业体系的行为更有可能。因此，如果工作的重要病态问题的根源在就业体系自身，那么我们就不应该期望把革新的焦点放在职业教育上，并进而期望在基本就业体系中引起非常重要的变化。

这里还有一个最后的预防措施。当前，许多职业教育方面的文献资料都强调，必须打击工作的各种异化状态。我认为，这种强调从根本上说是错位的。就我所知，在美国社会几乎没有证据表明工作存在着任何根本的异化状况。另一方面，正如我在前文中试图解释的，有重要的证据表明，工作制度或工作职位的异化状况正在与日俱增，这是结构性与组织性的问题。还有就是就业体系的异化状况。而且，我已经试图解释了为什么这种异化状况总是有正当的理由，以及为什么不可能在职业教育方面通过任何教育体系的改革来减少这种异化状况，更不用提扭转这种状况了。

我认为，职业教育运动是其中重要的一种教育运动。它对美国教育以及使人们过上健康、快乐的生活，即使不是真正有用的生活而言，都具有潜在的巨大意义。但除非这些改革学会区分不同的类型，这些类型我在前文中已试着描绘出来，否则这样的承诺就不可能实现。更重要的是，除非他们学着照这样去做，否则我将担心，关于这个主题相关的文献和实践研究，将听起来还会像是一种恳求，即恳求使教育系统成为美国商业部门（Chamber of Commerce）的一个特殊机构。[1] 这不仅是不可能的，而且也是一个没有希望的改革运动。

有一点是可以坚持的。当代教育的发展主题之一，即是所谓的"掌握学习（mastery learning）"*的发展。掌握学习理论基于这样的假设：只要学习足够长的时间，任何人都可以学习其他人能够学习的内容。因此，在教学中应该成为变量因素的，不是个体要达到的掌握水平，而是达到一个令人满意的掌握学习水平所要花费时间的总量。所有的程序学习（programmed learning）和个别化指导学习的形式都是基于掌握学习的原理。显然，几乎所有的就业体系也包含了同样的原理。但试想一下，它是在这样的情境中运行的，即学习者已经掌握了学习的课程内容，而且这个课程没有与后续的课程贯通（即这个课程和后续课程没有关联）。人们仅仅被要求不断重复地学习相同的内容，其结果将是持续的、剧烈的、极度的愤怒。然而，事实却是大量的蓝领岗位（blue-collar po-

---

* 参见例如：Hoyt, Evans, Mackin and Mangin, 'Career Education: What It Is and How To Do It', Olympus Publishing, 1972.

sitions),甚至是服务行业的岗位正好属于这个类别。他们没有后续的课程学习,做的是没有出路的工作职位。在这样的环境下,这种工作的异化实际上是工作职位的异化,这样说才更合理。

对这样一个问题只有两种可能的解决办法。一种方法是,放弃试图去克服这种工作职位异化的做法,放弃试图赋予它们某些道德或社会的评判意义,而是开始尝试着整合社会资源,帮助人们找寻在工作职位之外去发展自身能力的创造性途径(通常这些创造性途径被认为是没有什么效果的途径)。另一种方法是关注工作职位结构本身的隐性课程(the hidden curriculum),尽力去理解这样的事实,即没有任何工作职位拥有一个完整的掌握学习系统的特征,因此也无法产生后续的学习课程。当然,这就意味着就业工作制度的结构,必须依据它们作为人们学习和发展条件所应具有的教育潜力来加以审视。

这两种试图解决工作病态(pathologies of work)的方法策略似乎都不能在学习中实现。尤其是后者,这意味着开展职业教育的最佳场所,并不是学校,而是在主要的雇主机构的就业办公室(employment offices)和政策计划执行办公室(executive planning offices)。在上述两个策略的指导方面,最近有一些新的发展。在德国,以及最近在美国,雇主们已经尝试不同版本的工作日程安排。尤其是在德国,更有意思的进展之一是,为所有层次的雇员们重新制定考勤打卡钟,只要求他们一周总共完成40个小时的工作量,只要在"核心时间"即上午10点到下午2点之间必须在岗,就可以在早上7点到晚上7点之间自行安排上班的时间段。这一尝试已取得显著的成效。病假次数减少了,生产效率和工作满意度提高了。现在,人们可以自由安排他们的时间,而且他们已经学会这样做了。他们可以一早起来工作或晚一些工作,这使他们可以在工作职位之外,通过其他的途径发展自己的工作创造力。这样的话,因为它不需要占尽一天中的"黄金"时间,就可以减轻对职位的疏离感,而且因为它鼓励人们运用评价和作出决定的能力,所以也提升了人们的尊严感,在这个实验中,解决的是一些真正的工作病态问题。

许多观察者把所谓的日本"经济奇迹"主要归因于雇主用心倾注发展的、紧密的(几乎是家庭般的)合作忠诚度。结果是在公司之间跳槽成为不忠诚的唯一标志和晋升的障碍。而且,日本公司的加班时间在全世界都属于最高的。如今,这两个特征都在发生剧烈的变化。跳槽的数量急剧增加,并且不再被视为晋升的障碍,而被看做是教育的手段。因此,就业系统等级制的结构也正经受着严峻的考验。另一方面,当日本员工面临到底是加班工作,还是拥有更多时间远离工作而做自己的事情时,他们往往选择后者,这样的例子也越来越多。事实上,现在他们经常选择后者,一些公司不得不限制加班时间的总量,每个员工都可以自己累积加班时间。

这些证据表明,在这两个也许是世界上最强调"以工作为导向"的社会里,许多工作病态是以抹杀差异的方式出现的,这在本文开头已经指出。在现代生活中,它们成为界定工作地点的新途径,在重要的方面,它们抛弃了那些造成工作病态的所谓的"职业道德(work ethic)"。但是,无论在哪种情况下,这些试图解决工作病态问题的尝试都是在教育中,或是通过教育系统来实现的。然而,在任何情形中,它们都含蓄地承认,在重构就业系统这种方式中可以探索教育的构成要素。就我所知,它们是应对工作病态问题最直接、最有效的方式。

如果一个教育计划不能使年轻人做好准备,并在成人社会中承担起可靠的、有责任心的社会角色,那么这样的教育计划在任何社会都不能称之为是成功的。接下来要讨论的是,在所有的社会中,凡是令人满意的教育计划,为工作所作的准备都必须成为关注的焦点。因此,在一个社会中,工作角色是绝大多数成人角色的主要方面,那么教育的过程就必须重视为工作作准备。的确,这个看似不大可靠的结论表明,在某些重要的途径中,教育的基本任务不应该通过学校系统自身来完成。但这又如何能做到并由此关注工作的病态呢?

南斯拉夫(The Yugoslavian)的经验表明,核心的问题是如何将学校组织起来,这样,无论它们传递何种内容,都要通过一种社会组织的过程和系统来实现,这一社会组织模拟着人们如何组织安排职业角色。对美国人而言,这应该是一个老办法了,它们的学校根据为工业企业输送工人这种思路来设定培养模式、时间、评价以及具体运行方式。但是今天,对于职业教育而言,它意味着一份更富有弹性的学校运行的时间表,意味着实现教育目标中更有灵活性的教学管理技能,意味着重视合作而非竞争的活动,意味着因为竞争而提供更加多类型的职业角色,意味着更快、更容易地进入就业系统并且能更快、更容易地回归到教育系统之中。我认为,这些似乎是用职业教育的理念来举办学校和引导学校发展最基本的要求。但我却几乎没有看到这些理念和做法出现在计划、政策或改革方案中。

注释

1. 参见例如:Hoyt, Evans, Mackin and Mangin, '*Career Education: What It Is and How To Do It*', Olympus Publishing, 1972.

索 引

美国大学教授协会：31,35
学术自由：28
适应性政治：117
阿德勒：104
成年期：96
法定成人年龄：52—54
艾肯，H.D.：87,88
奥尔波特，G.：49,50
美国化：112
无政府主义认识论：81,82,85,86,89,91
失范：103
亚里士多德：48,146
阿诺德，M.：4,100
"奥里亚纳"：60,61,62,67,69
自治（自主）：28—110
情感的：81,86
智力的：80—109,124,135,142
道德的：80,86
个人的：12—111
理性的：14,23,60—98,128,133,134

拜厄，K.：87
巴斯，R.：82
贝尔，D.：116
伯杰，P.：82
比伦鲍姆，W.：31,35
比斯尔，C.：29
布勒克，J.：36

加缪，A.：97
职业：16—161

索引

职业教育：18—158
天主教徒：4
儿童期：47
儿童权利：47，49
公民自由：28，31，32，33，36
克里沃，E.：98
科尔曼 J.：134，135，136，137
强制性能力：72
义务教育：60—75
保守主义立场：128，136
情境性定义：125
库姆斯，J.：126
认同危机：114—118
克里滕登：37
文化多样性：109—121

达伦多夫，R.：116
迪尔登，R.：81
去族群化：112
杜威，J.：30，120
割裂的信息：11
唐利维，J.P.：100
戏剧性的当务之急：147
迪尔凯姆，E.：11，103

受过教育的人：9
教育机会平等：124—138
种族：109
欧几里得：7

范伯格，J.：102，103
费尔巴哈，L.：103，104
费耶阿本德，P.：81
自由：47—54，60—74
学生的学术：28—39
自由人：13，14
自由学校：94—105
弗洛伊德，S.：6，94，104

加德纳，J.：101

163

通识教育：4,11—14,145
基因决定的自然能力：132
金斯伯格：88
金蒂斯，H.：73
格雷泽，N.：114,115,118
戈德温，W.：64,65
歌德，J.W.冯：100
古德曼，P.：54,66,96,101
格林，T.：111,126,134,153
格林，D.：64,66

汉森，M：114,115
享佩尔，M.：125
赫斯特，P.：4,11,85
霍尔特，J：47,48
胡克，S：28
人类意识：146
人性：143
人性潜力：149

伊利奇，I.：65
个人主义：13
信息：24
作为机构化的理由：31
信息整合：16—18

工作：156
学生权利与自由联合宣言：31

康德，I.：65,86
克尔凯郭尔：147
为了知识自身发展：5—9,24
为了实践目的：6—8
最有价值：11—14
科尔伯格，L：86
卡莫萨，B.：126
克泽尔，J.：96
库恩，T.：81,82

劳动：154

索引

莱恩,R.D.：142
合法理由：31
莱佩尔,M：64
自由主义民主：31
自由教育：79
自由主义的中立：17－26
自由主义立场：128
利伯曼,M.：126,134
路德,M：169,170

麦基弗,R.M.：31
曼海姆,K.：84
思想市场：23
马克思,K.：94
成熟：49
米德,M：56
密尔,J,S：102
米勒,T：35
莫尼彭尼,P.：31
摩西：141
莫伊尼汉,P.：114,115
默多克,I.：80,84

尼尔,A.S.：86,98
中立：17－26
公正的：22－25
自由的：17－26
结果：19－24
观点：19
纽曼,J.H.(红衣主教)：4
诺瓦克,M.：113－115,118,119

奥克肖特,M.：39
客观性：87
奥尔曼,B.：104
机会：128

工作病态：158
珀金斯,J.：32
彼得斯,R.S.：100,134

皮亚杰,J.：86
皮尔肯,G.：35
波特曼,J：73
普拉梅纳茨,J：49
可能性：18
  逻辑上：18
  事实上：18
王子与乞丐：123
托勒密：22

罗斯伯恩：82—85
罗尔斯,J.：123,125
瑞威德,M.A.：115,116
裁判员：22
责任：144—149
种族复活：113—119
罗杰斯,C.：96,98
罗萨克,T.：82
卢梭,J-J.：82,96,104
罗素,B.：94

萨特,J.-P.：80
人文学科项目学校委员会：14
塞尔,J.：31
利己主义：5—155
莎士比亚,W.：94
西布里,W.：32
斯金纳,B.F.：96,142
社会服务大学：25
苏格拉底：81,141
斯宾塞,H.：11
斯图尔特,C.：60
学生学术自由：28—39
学生权利：47—49
主观认识论：81
最高法院：47

技术：141—152
托尔斯泰,L.：96
崔格,R.：83

索引

吐温,M.：123

实用主义：5

范·埃尔斯丁,W.：31
美德：146
服务的志愿者：55
事业：156
自愿教育：71,72

沃诺克,M.：4,8
怀特海,A.N.：10,28
完整的人：11
威廉姆斯,E.G.：31
维特根斯坦,L.：81
沃尔夫,R.P.：17,20,35,81
工作：153

狂热分子的伎俩：21

译 后 记

一定意义上来说,《伦理学与教育政策》更应该算是一本教育哲学方面的著作。因为该书虽然关注的是西方当代教育领域中的政策议题,但是无论从其讨论的内容还是讨论的方式来看,均是从教育哲学的角度对这些政策主题及其核心概念进行的规范研究。这本书中的诸多文章都是由美国教育哲学界的知名学者撰写的,他们集中讨论了自由与大学,学生权利,自治、自由与学校教育,平等与多元主义,技术与工作等五个方面的主题。这些探讨既与教育哲学中经常受到关注的概念,如自由、权利、平等、文化多样性等紧密联系,也与自由、权利、平等、文化多样性等概念在其中发挥作用的制度背景与政策辩论密切相关。在此意义上,本书对于教育政策制定者来说十分重要。因为教育政策制定者如果对政策议题中的核心概念及其价值有着一定的理解,将更加有利于从教育理论研究中汲取营养,促进教育政策制定与执行的科学化与合理化。

我的博士论文探讨的也是"教育政策伦理"问题。在准备博士论文期间,我查找到《伦理学与教育政策》一书并初步进行了阅读,该书对我的博士论文有很多启发。2007年博士毕业后,我有幸留校工作,并继续开展"教育政策伦理"方面的相关研究工作。2010年初,华东师范大学教育学系组织本系教师翻译系列国外教育伦理学经典著作,我很荣幸受邀参加这项重要的工作。因为此前的博士论文研究与工作后的相关研究,我接受了翻译《伦理学与教育政策》一书的任务。

翻译是在不同语言系统之间的转换工作。许多容易读懂意思的英文文献,要"信、雅、达"地翻译成中文却并非易事。对于这本教育哲学意味颇浓的著作来说,阅读起来都有一定的难度,翻译的难度则更大了。为了更好地完成这项重任,我们邀请了教育学系英文较好的部分研究生参与此项工作。呈现在读者面前的译稿是集体智慧的结晶。参加本书翻译的人员有:刘世清副教授,硕士生张慧,博士生李云星、周全、邓璐以及硕士生苏娟等同学。具体各章节译者如下:主编语、前言(刘世清)、第一、二、三、四章(张慧)、第五、六章(李云星、苏娟)、第七章(李云星)、第八章(苏娟、李云星)、第九、十章(周全)、第十一章(邓璐、刘世清)、索引(刘世清)。硕士生陈静同学还对第五、六、七章的译稿进行了初步的校对工作。各章翻译完成后,我又对全部译稿进行了校对与修改。

在本书翻译过程中,我们首先要感谢华东师范大学教育学系的领导与同事的信任和帮助,让我们承担了此项工作。同时,还要感谢李云星等诸多同学的积极参与和鼎力支持。张慧硕士虽然已经毕业,现在中国科学院上海微系统与信息技术研究所工作,在繁忙的工作之余还是欣然接受邀请翻译任务。感谢本书主编之一的 K. Egan 教授,多次通过电子邮件为我们解答翻译过程中的疑难困惑,在此一并表示感谢。感谢北京大学出版社的赵学敏和邱懿编辑,是你们的督促与耐心,使得本书的中译本得以顺利出版。

由于水平有限,译稿中难免存在纰漏与不足之处。在此,恳请学界同人和广大读者批评指正!

刘世清
2012 年 4 月
于华东师范大学文科大楼 1012 室